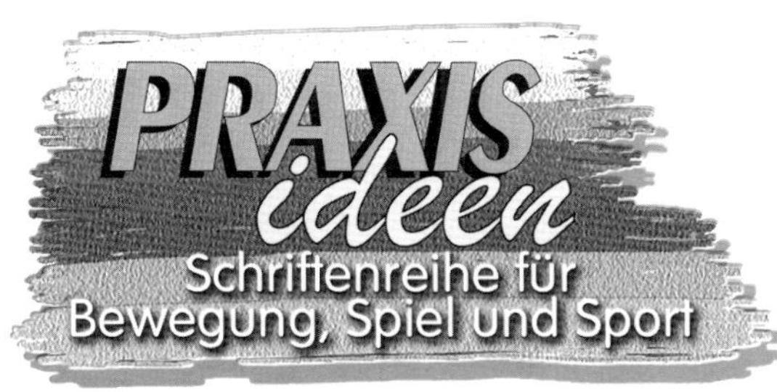

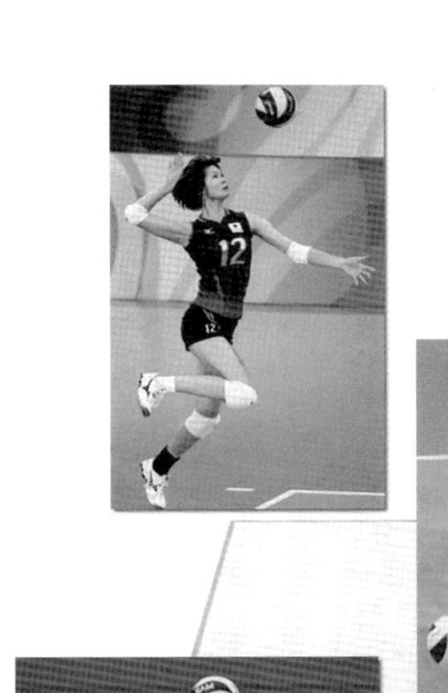

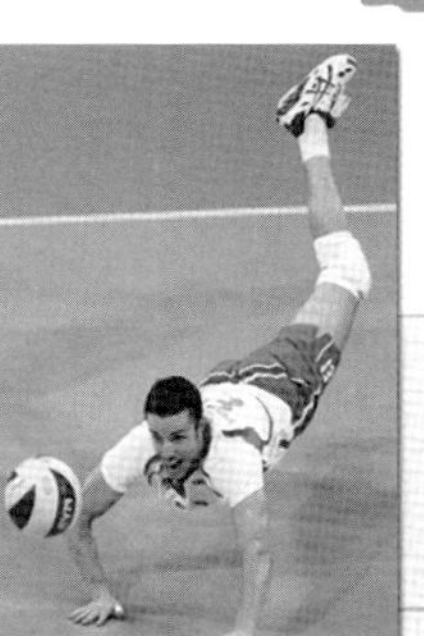

Sportspiele

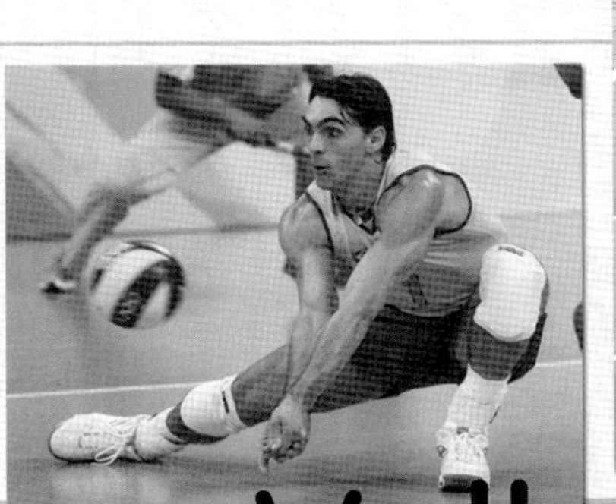

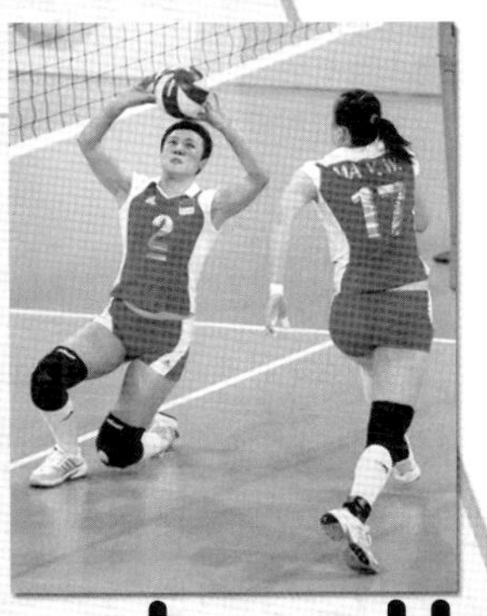

Volleyball

Ein spielgemäßes Vermittlungsmodell

Christian Kröger

hofmann.

Bibliografische Information der Deutschen Nationalbibliothek
Die Deutsche Nationalbibliothek verzeichnet diese Publikation in der Deutschen Nationalbibliografie; detaillierte bibliografische Daten sind im Internet über http://dnb.d-nb.de abrufbar.

Bestellnummer 0331

Erschienen als Band 33
der PRAXISIDEEN – Schriftenreihe für Bewegung, Spiel und Sport.

Grafik, Layout und Satz: KHC-Design

Druck und Verarbeitung: Druckerei Djurcic, 73614 Schorndorf
Printed in Germany · ISBN 978-3-7780-0331-2

INHALT

Kapitel 1 **Einleitung** **8**

Das ABC des Vermittlungskonzepts **9**

1.1 Spielstrukturen im Volleyball 9
1.2 Ziele und Inhalte für Spielanfänger 12
1.3 Methodische Leitlinien für Spielanfänger 18
1.4 Ratschläge zur Organisation 28

Kapitel 2 **Die Basisspiele** **37**

2.1 Das Basisspiel 1:1 38
2.2 Die Basisspiele 1:1+1, 1+1:1+1 und 1:2 59
2.3 Das Basisspiel 2:2 (2:2+1) 65
2.4 Das Basisspiel 3:3 70
2.5 Das Basisspiel 4:4 73

Kapitel 3 **Spielereignis Aufschlag** **77**

3.1 Taktische Empfehlungen 79
3.2 Methodische Ratschläge 79
3.3 Techniken 80
3.4 Spiel- und Übungsformen 87

Kapitel 4 **Spielereignis Annahme** **97**

4.1 Taktische Empfehlungen 98
4.2 Methodische Ratschläge 99
4.3 Techniken 100
4.4 Spiel- und Übungsformen 104

Kapitel 5 **Spielereignis Zuspiel** **117**

5.1 Taktische Empfehlungen 118
5.2 Methodische Ratschläge 119
5.3 Techniken 120
5.4 Spiel- und Übungsformen 123

Kapitel 6 **Spielereignis Angriff** **141**

6.1 Taktische Empfehlungen 142
6.2 Methodische Ratschläge 143
6.3 Techniken 144
6.4 Spiel- und Übungsformen 149

Kapitel 7 **Spielereignis Block** **161**

7.1 Taktische Empfehlungen 162
7.2 Methodische Ratschläge 163
7.3 Techniken 164
7.4 Spiel- und Übungsformen 167

Kapitel 8 **Spielereignis Feldabwehr** **177**

8.1 Taktische Empfehlungen 178
8.2 Methodische Ratschläge 179
8.3 Techniken 180
8.4 Spiel- und Übungsformen 182

Anhang **Literaturverzeichnis** **191**

Kapitel 1

Einleitung

Das ABC des Vermittlungskonzepts

1.1 Spielstrukturen im Volleyball

1.2 Ziele und Inhalte für Spielanfänger

1.3 Methodische Leitlinien für Spielanfänger

1.4 Ratschläge zur Organisation

Einleitung

Der vorliegende Band wendet sich an Lehrer und Trainer, die Anfänger in das Volleyballspiel einführen möchten. Da es bereits eine nicht geringe Anzahl von Veröffentlichungen zu diesem Bereich gibt, stellt sich berechtigterweise die Frage, was denn nun das Besondere an diesem Buch ist. Wodurch grenzt es sich von anderen Publikationen ab?

Was ist neu in diesem Buch?

Die Antwort fällt kurz aus: Es wird ein Vermittlungskonzept vorgestellt, das Spielanfängern von Beginn an das Volley-Spielen ermöglicht. Kinder wollen möglichst früh schon „richtig“ Volleyball spielen. Zugegeben, auch dies ist nicht unbedingt ein einzigartiger Gedanke. Roth (2005) stellt beim Vergleich von aktuellen Vermittlungsmodellen fest, dass sich in nahezu allen modernen Ansätzen die klassische Kontroverse „Spielen oder Üben“ nicht mehr stellt und stattdessen „Spielen vor Üben“ als Parole für die Anfängerausbildung ausgegeben wird (vgl. Wurzel, 2008; Bruner, 2009). Das Neue an diesem Buch ergibt sich aber daraus, wie je nach Ausgangssituation der Anfängergruppe das Spielen vor Üben in methodischer Differenzierung verwirklicht wird. Aus Erfahrungen, die aus mehreren Jahrzehnten mit Anfängergruppen in Schule und Verein resultieren, ist ein Spielvermittlungsmodell gereift, das den Schlüssel für spannendes, freudvolles, angepasstes und intensives Volley-Spielen bereithält.

Lust statt Frust

Der häufig beklagte Frust bei Anfängern, der infolge eines langweiligen Aufschlag-Standspieles entsteht, wird ersetzt durch die Leitdevise „Lust auf mehr Volleyball“. Die Umsetzung soll über ein Spielkonzept gelingen, bei dem das 6:6-Spiel auf dem Normalfeld zunächst keine Rolle spielt. Stattdessen werden die Kleinfeldspiele (1:1 bis 4:4) als idealer Weg für 7- bis 14-jährige Vereinssportler und die gesamte Schullaufbahn betrachtet.

Nach einer ausführlichen Begründung des Vermittlungsmodells (Kapitel 1) werden die Kleinfeldspiele und deren Variationen (Kapitel 2) präsentiert. Es folgen taktische Empfehlungen, methodische Ratschläge, Technikbeschreibungen, sowie umfangreiche Übungsrepertoires für die sechs Spielereignisse Aufschlag, Annahme, Zuspiel, Angriff, Block und Feldabwehr (Kapitel 3 bis 8).

Mein besonderer Dank gilt dem SHVV, Adler Kiel und den vielen Wegbegleitern in der Mission Volleyball.

1 Das ABC des Vermittlungskonzepts

1.1 Spielstrukturen im Volleyball

Spielweise

Einen anfliegenden Spielgegenstand (Ball, Puck) volley zu spielen, ist uns aus vielen Spielen wie Tennis, Fußball, Hockey oder Eishockey sehr vertraut. Aber nur im Volleyball wird diese Spielaktion zu einem all umfassenden Fundament des Spielgedankens. Hallen-Volleyball ist ein *„3(–4)-Kurzkontakt-Rückschlag-Team-Spiel“* mit einer typischen Szenerie nach erfolgtem Aufschlag:

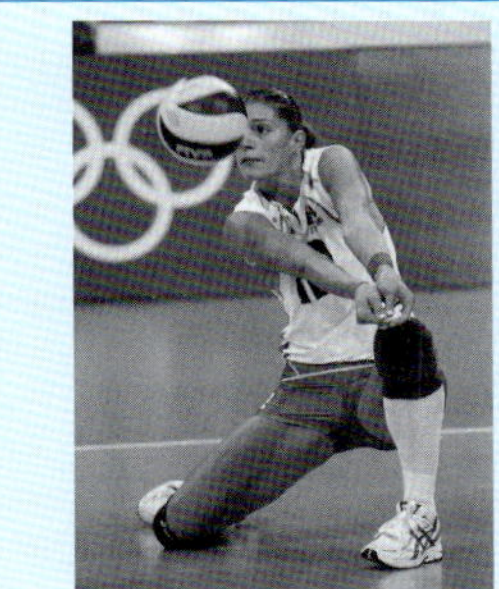	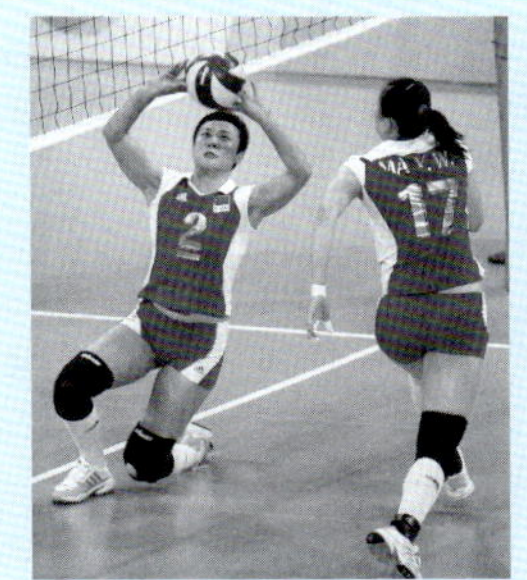	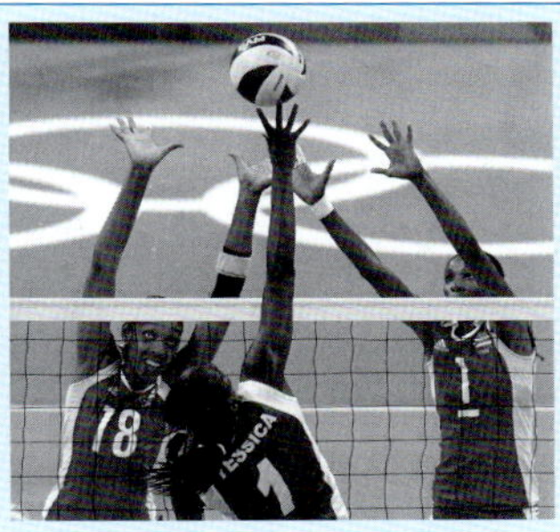
1. Kontakt Defensiver Ball (Netz- und Boden-Verteidigung) Abdecken des Spielfeldes & Ball zur Zuspielposition bringen	**2. Kontakt** Kontrollierter Ball (Zuspiel im 1., 2., 3., 4. Tempo) Ball zu einem Angriffsort bringen & Vorteil herausspielen	**3. Kontakt** Offensiver Ball (netznaher und netzentfernter Angriff) Lücke erkennen und ausnutzen & Ball nach unten ins Ziel treffen

Spielgedanken

Der Kern des *Spielgedankens* ist es, den Ball auf den Boden des gegnerischen Spielfeldes zu platzieren. Der Ballweg und dadurch auch der Laufweg eines Spielers werden bestimmt durch die Spielfeldgröße, durch die Begrenzung der Ballkontakte pro Spieler und pro Ballwechsel sowie durch die räumliche Trennung vom Gegner mittels eines überreichhohen Netzes.

Spielraum

Im Vergleich zu anderen großen Mannschaftsspielen müssen die Spieler auf einem recht engen Spielraum kooperieren (Normalwettkampffeld der Erwachsenen mit 13,5m^2/pro Spieler und Kleinfeldgröße in der Regel zwischen 16–18 m^2/pro Spieler). Neben den äußeren Bedingungen ist für die Spielstruktur die Art der Ballbehandlung von entscheidender Bedeutung. Sie tritt bereits als Namensgeber für das Spiel in Erscheinung. Da der Ball nicht längere Zeit unter Kontrolle gehalten oder geführt werden darf, ist für das Volley-Spielen ein hohes Maß an Präzision in der Bewegungsausführung notwendig.

Über die charakteristische Kurzkontaktspielweise hinaus fallen wiederholt auftretende Spielereignisse in einer typischen Reihenfolge auf. Die Abfolge Abwehr-Zuspiel-Angriff kann auch als *Handlungskette* bezeichnet werden und bildet das Grundgerüst für die Planung und Durchführung eines taktischen Unterrichts- oder Trainingsschwerpunktes (vgl. Abbildung 1).

Handlungsketten

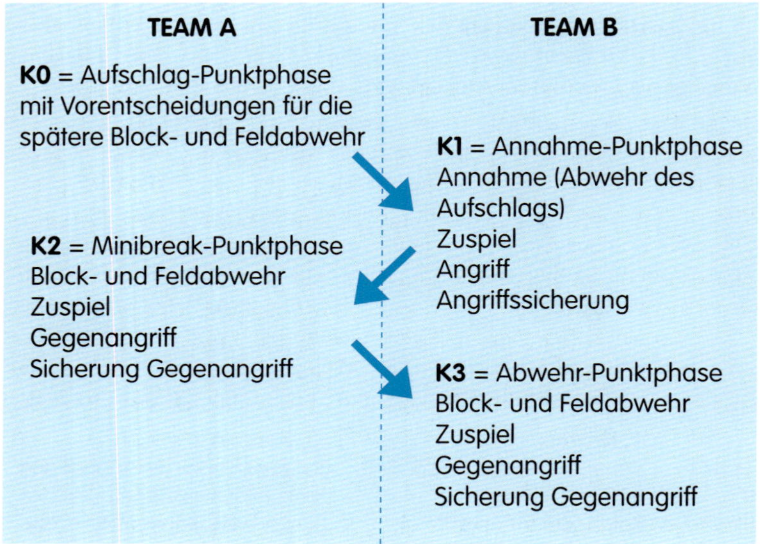

Abb. 1: Handlungsketten als typische Spielstruktur im Volleyball

Vorteil von K1

Das rückschlagende Team (K1) ist angesichts des Zeitdrucks gegenüber der aufschlagenden Mannschaft (K0) deutlich im Vorteil (Voigt, 2000). Die Anzahl der erzielten Minibreaks entscheidet in der Regel über den Spielausgang. Wenngleich längere Ballwechsel (mehr als 15 Sekunden) die Ausnahmen in einem Wettkampfspiel darstellen, steigt bei allen Beteiligten die Spannung und das Interesse am Spiel. Kurze Ballwechsel (bis 5 Sekunden) provozieren insbesondere im Anfängerbereich dagegen Langeweile und Inaktivität. Hieraus ergeben sich weitreichende Konsequenzen für die Methodik (vgl. 1.3).

Studien im Jugendvolleyball

Auf der Grundlage der – zumeist schon etwas älteren – Untersuchungen zu *Spielstrukturen im Jugendbereich* (zeitliche Dynamik, Spieltechniken und Fehlerquoten in der E-, D- und C-Jugend) (Westphal, 1984; 1985; 1986a; 1986b; Voigt & Richter, 1991) lässt sich zusammenfassend folgendes Bild skizzieren:

- die Dauer der Ballwechsel sind auf dem Kleinfeld im Vergleich zum Großfeld etwas länger

- die Dauer der Ballwechsel sind in der Jugend durchweg kürzer als bei Erwachsenen
- Angriffs- und Blockaktionen sind bei den jüngeren Altersgruppen noch relativ gering ausgeprägt
- im unteren Zuspiel treten die meisten Fehler auf
- in der Jugend dominiert der Aufschlag das Spielgeschehen
- auf dem Kleinfeld wird der normale Spielaufbau mit drei Ballkontakten deutlich begünstigt

Volleyball im Sportunterricht

Neue Schulsportstudien (Windhövel, 1996; Digel, 1996; Menze-Sonneck, 2001; Wydra, 2001; Wolters & Kolb, 2002; Klenk, 2004) zu den subjektiven Einschätzungen der Schüler bezogen auf die behandelten Unterrichtsinhalte weisen auf einen Siegeszug von Volleyball gegenüber anderen Spielsportarten im Sportunterricht hin. Befragt man allerdings die Schüler nach den gewünschten Inhalten schwächt sich diese dominierende Stellung etwas ab, wobei die Sandvariante in der Prioritätenliste weiterhin oben vertreten ist. Eigene Untersuchungen (Kröger, 2001; Kröger & Magnussen, 2001), in denen 46 Klassen mit insgesamt 68 Unterrichtsstunden zum Thema Volleyball analysiert, 758 Schüler über ihre Einschätzung befragt und 111 Sportlehrkräfte interviewt wurden, erbrachten folgende Resultate:

Schulstudien

Spielperspektive

(A) Spielcharakteristika

- in der Spielform 6:6 werden die geringsten Nettospielzeiten erreicht (27 %)
- in der Spielform 6:6 sind mehr als 2/3 der Ballwechsel innerhalb von fünf Sekunden und knapp die Hälfte aller Ballwechsel innerhalb von drei Sekunden beendet. Ein höherer Anteil längerer Ballwechsel ist in den Kleinfeldspielformen zu finden
- Der „Vorwurf" eines Standspieles wird in vielen Fallbeispielen völlig bestätigt (z. B. zwei Ballkontakte in einem rund 8-minütigen Spiel)
- Volleyball 6:6 als Aufschlagspiel ist in der Sekundarstufe I besonders prekär (knapp 30 % Spielanteile)
- Kleinfeldspiele – insbesondere das 2:2 – offenbaren wesentlich günstigere Häufigkeitsverteilungen in den Spielereignissen
- knapp 70 % der Spielabbrüche auf dem Normalfeld sind dem Aufschlag und dem Bagger zuzurechnen (2:2 Spiel mit 57 %)
- der Spielaufbau mit drei Ballkontakten ist überwiegend im Spiel 2:2 zu beobachten
- die räumliche Verteilung der Aufschläge im Spiel 6:6 ergibt eine Konzentration im Zentrum des Spielfeldes

(B) Subjektive Spieleinschätzungen

Schülerperspektive

- ➜ trotz der „Bewegungsarmut“ in der Spielwirklichkeit wird das Spielgeschehen mehrheitlich als befriedigend erlebt mit ausreichender Bewegung bei geringer Anstrengung
- ➜ für den Großteil der Befragten (insbesondere in der Sekundarstufe II) war das Spiel mit viel Spaß verbunden
- ➜ je älter die Schüler werden, um so mehr präferieren sie Volleyball

(C) Spielvermittlung

Lehrerperspektive

- ➜ mehrheitlich wird eine Einführung im 5. Schuljahr befürwortet
- ➜ 80 % der Lehrkräfte benutzen das Obere Zuspiel als Einstiegstechnik
- ➜ Vermittlungsprobleme sind in erster Linie: hohe technische Anforderungen, mangelhafte koordinative Voraussetzungen, Motivation
- ➜ die Lehrkräfte versuchen mit Zusatzaufgaben, Stationsbetrieb, Regelvereinfachungen, Kleinfeldbetrieb diesen Schwierigkeiten in der Praxis zu begegnen
- ➜ knapp 30 % der befragten Lehrer bevorzugen allerdings das Großfeldspiel
- ➜ bei der geringen Bewegungsintensität und der schlechten Spielqualität werden von ca. der Hälfte der Befragten die Vorteile im sozialintegrativen und erzieherischen Bereich gesehen

Beliebtheit

Unabhängig von der erstaunlichen Beliebtheit des Volleyballspiels seitens der Schüler muss davon ausgegangen werden, dass vor allem das Spiel auf dem Großfeld an den schwächeren Mitspielern häufig vorbei läuft. Ähnliche Verhältnisse sind bei Freizeitvolleyballern anzunehmen (vgl. Krüger, Gasse & Fischer, 2001; Saile & Vollmer, 2008).

1.2 Ziele und Inhalte für Spielanfänger

Orientierungsziele

Gemäß dem Motto „Wer nicht weiß, wohin er will, braucht sich nicht zu wundern, wenn er ganz woanders ankommt“ (Mager, 1972, S.1) benötigen wir für die Planung und Steuerung von Training oder Unterricht *Ziele*. Für das Aufspüren von Orientierungszielen benötigen wir Antworten auf die Fragen:

„Was unterscheidet ein Spielanfänger von einem fortgeschrittenen Spieler?“ und „Welche Merkmale beeinflussen die Leistung?“

In Kenntnis oder Unkenntnis dieser charakteristischen Merkmale manifestieren sich jeweils bestimmte Auffassungen über das Volleyballspiel. Diese Auffassungen sind spezielle Deutungen und bilden in der Regel die Grundlage für die didaktisch-methodischen Vorgehensweisen im Unterricht und Training. Die Auffassungen beruhen auf Erfahrungsqualitäten und Wissensbeständen und münden in individuell ausgewiesene, dynamische „Spiel-Philosophien".

Im Mittelpunkt: das Spielen-Können

Das Zentrum des Spielkonzepts, das in diesem Band vorgestellt wird, und damit auch die grundlegende Zielvorgabe bildet das *Spielen-Können* der Anfänger. Allgemein und in Kurzform ausgedrückt umfasst das Spielen-Können im Volleyball das Vermögen, unter Zeitdruck Spielsituationen richtig zu *lesen* und angemessen zu *lösen*. In einem konkreteren Verständnis beziehen sich die wesentlichen *Teilziele* darauf, Spielanfänger in die Lage zu versetzen:

Teilziele

1. eine spezielle Spielkonstellation rechtzeitig zu erkennen (z. B. der 1. Ballkontakt in der Rückschlagsituation kommt nicht ans Netz zur Zuspielposition)
2. die zweckmäßige Lösung zu wissen (z. B. kurzer, explosiver Antritt zur netzentfernten Zuspielposition, Drehung der Schulterachse senkrecht zum geplanten Angriffsort auf den Außenpositionen, Impulsunterstützung durch die Beine, Angriffssicherung in der Nachfolgehandlung)
3. gemäß den technisch-taktischen Voraussetzungen die gedankliche Lösung auch realisieren zu können (z. B. Einnahme einer stabilen Körperposition vor Ballkontakt) sowie
4. nach dem erfolgten Ballkontakt die gesamte Spielhandlung bewerten zu können

Tätigkeitsanalyse

Mit diesen Zielformulierungen ist die Frage nach den *Unterrichts-/Trainingsinhalten* noch nicht eindeutig beantwortet. Die Suche nach ihnen, also nach den leistungsrelevanten Merkmalen, kann über eine so genannte „Tätigkeitsanalyse" (Voigt, 2003, S. 15) erfolgen. Mit ihr werden die Anforderungen in den Mittelpunkt gestellt, die die Ballwechsel an die Akteure stellen. Jeder Ballwechsel besteht aus mehreren Spielereignissen. Von Interesse ist die mehrperspektivische Beschreibung der Bewältigungskompetenzen für singuläre Spielereignisse sowie für Handlungsketten innerhalb typischer Ablaufszenarien (vgl. Abbildung 1). Dies soll an einem Beispiel verdeutlicht werden.

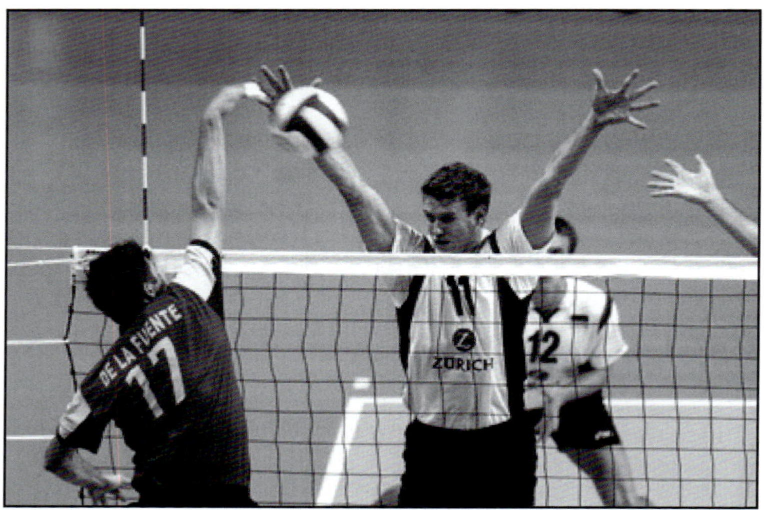

Anforderungen für den Angriff

Aus der Sicht des Angreifers lassen sich folgende – sicherlich nicht für jeden Einzelfall gültige –Anforderungen an die zu erbringende Leistung in dieser Momentaufnahme des Spielereignisses ableiten:

(1) Für die Bewältigung des Spielereignisses ist die *Wahrnehmung* durch gezielte Aufmerksamkeitslenkung (Ball – gegnerisches Feld/Block – Ball – Block/Ball) und die nachfolgende Impulsübertragung im Sinne einer Auge-Ball-Hand-Körper-*Koordination* entscheidend.

(2) Auf der Grundlage einer entsprechenden athletischen Ausbildung (insbesondere Rumpfstabilität, Schnellkraft/Explosivkraft) kann die Auswahl von Lösungsmöglichkeiten (Abschlaghöhe, -winkel, -härte) erhöht werden: *Kondition*.

(3/4) Je nach Qualität des anfliegenden Balles, je nach gegnerischer Spielanlage und Spielstärke sowie je nach entwickeltem Spielniveau bieten sich dem Angreifer viele variable Lösungen zur Schlagausführung: *Technik-Taktik*.

(5) In Abhängigkeit von den Spielbedingungen (Spielbeginn oder Big-Point-Gelegenheit oder mehrere Blockkiller) und in Abhängigkeit von weiteren Rahmenbedingungen (z. B. Tagesform, Teamgeist, Frustrationstoleranz) ergeben sich unterschiedlich wirkende Befindlichkeitszustände: *sozial-emotionale Kompetenzen*.

In der Abbildung 2 sind die fünf – exemplarisch dargestellten – elementaren Voraussetzungen für das Spielen-Können nochmals verallgemeinernd aufgelistet.

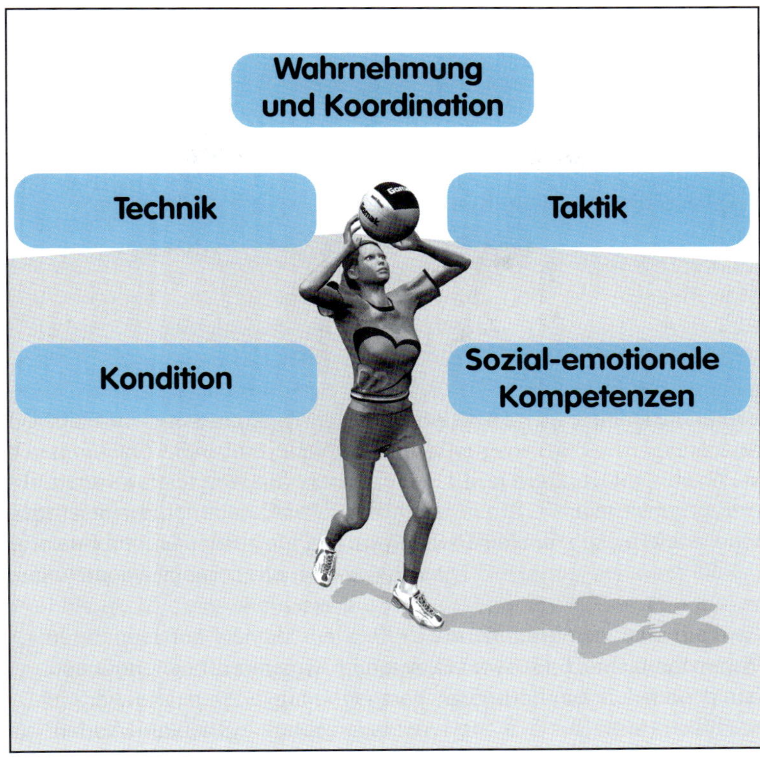

Abb. 2: Elementare Voraussetzungen des Spielen-Könnens von Anfängern

Koordination

Die Bedeutung der *Koordination* für das Spielen-Können wird in der Literatur vielfach hervorgehoben (vgl. Christmann, Fago & DVV, 1987; Krüger, Gasse & Fischer, 2001; Voigt, 2003; Nieber, 2004; Harbrecht & Warm, 2008). Es wurde eine Fülle von Systematisierungsvorschlägen zur Koordination vorgelegt (vgl. Roth, 1998; Neumaier, 2003). In Anlehnung an Roth (1998) sowie Kröger und Roth (2005) wird hier von einem Strukturmodell ausgegangen, das einerseits die Anforderungen bezüglich der Informationsaufnahme und Informationsverarbeitung aus den Sinnesorganen (optisch, akustisch, taktil, kinästhetisch, vestibulär) und andererseits die Druckbedingungen einer Bewegungsaufgabe (insbesondere Zeitdruck, Präzisionsdruck usw.) umfasst. Für die Ermittlung der koordinativen Voraussetzungen sind somit grundsätzlich zwei gezielte Betrachtungen notwendig. Erstens: „Welche Anforderungen an die Informationsverarbeitung müssen in den unterschiedlichen Sinnesorganen für die jeweilige Bewegungsaufgabe bewältigt werden?“ und zweitens: „Welche motorischen Druckbedingungen ergeben sich aus der Zielstellung, den Bewegungsformen und den Ausführungsarrangements der Aufgabenstellungen des Spiels?" Werden zeitliche Analysen zur Verteilung der Spielzeit im Rally-Point-System (Papageorgiou & Czimek, 2001; Zimmermann, 2001) und der Ballflugzeiten (Westphal, Gasse & Richtering, 1987; Alberda, 1995; Voigt, 2000) mit einbezogen, dann erfährt das Profil der koordinativen Voraussetzungen für das Spielen-Können weitere Konturen.

Zeitdruck

Für die *Informationsverarbeitung* ist der vorherrschende *Zeitdruck* von ausschlaggebender Bedeutung. Da Ballflugzeiten auf der einen und Reaktions- sowie Bewegungszeiten auf der anderen Seite häufig nicht übereinstimmen, ist das Lesen von Körpersignalen zwecks Vorausnahme der Bewegung (Antizipation) leistungsentscheidend. Wahrnehmungsstudien (z.B. Westphal, Gasse & Richtering, 1987; Voigt & Jendrusch, 1993) belegen, dass sich Volleyballspieler im Vergleich zu Nicht-Volleyballspielern bzw. erfahrene im Vergleich zu unerfahrenen Spielern signifikant in ihrem Blickverhalten unterscheiden: Situationsspezifische Informationen werden konzentrierter (relevantere Blickfixationen, geringere Blicksprünge) wahrgenommen und führen zu schnelleren und angemesseneren Entscheidungen. In Anlehnung an Kottmann und Stuhlmann (1990) sind für den Anfänger folgende Wahrnehmungsobjekte von Bedeutung: Schulterachse, Beckenachse, Blickrichtung, Ganzkörperstreckung, Ballflug, Schlagarm. Die Schlüsselsignale können auch als „Verrätersignale" betrachtet werden, da aus diesen Wahrnehmungsobjekten insbesondere bei Anfängern die Angriffsorte und Angriffsrichtungen abgeleitet werden können. Dementsprechend werden Hinweise für das Stellungsspiel in der Netz- und Feldabwehr geliefert. Für das Spielen-Können im Anfängerbereich herrscht ein spezieller Zeitdruck. Mit steigendem Spielniveau wird das Spiel schneller, d.h. die Zeitspanne zwischen zwei Spielereignissen innerhalb einer Handlungskette wird kürzer: „...von ca. 1,6s im unteren Leistungsbereich auf ca. 0,9s im internationalen Spitzensport" (Voigt, 2003, S. 21).

Blickverhalten

Bewegungspräzision

Unter *motorischen Aspekten* ist auf Grund der räumlichen Enge und der Volley-Spielweise der Stellenwert der *Bewegungspräzision* hervorzuheben. Um die im Sekundentakt wechselnden Spielsituationen zu bewältigen, ist „eine hohe Anforderung an Aufmerksamkeitskonstanz zur Fehlerminimierung" (Voigt, 2003, S. 21) notwendig. Am besten gelingt dies durch das Aufspüren von Schlüsselsignalen. Natürlich müssen die Spieler nicht nur sehr schnell ablaufende Gedankenspiele leisten, sondern ihre Bewegungen auf die rasch wechselnden Situationen möglichst fehlerfrei anpassen. Angesichts der Schnelligkeit einer Ballaktion

(Richtung und Geschwindigkeit des zu spielenden Balles) sind Steuerungen während der Ausführung kaum noch möglich, sodass vom Spieler „sowohl automatisch als auch bewusstseinspflichtig geplante und ausgeführte Aktionen abverlangt" (Voigt, 2003, S. 31) werden. Im Volleyball ist für die Ausführung einer Ballaktion neben der Zielpräzision auch die Ausführungspräzision von hoher Bedeutung. Anforderungen für die Zielpräzision liegen z. B. in dem Spielereignis Zuspiel vor: In Kooperation mit den Angreifern wird eine detaillierte Ziel-Vorgabe für die räumlich-zeitliche Ausführung des gestellten Balles vereinbart. Anforderungen für die Ausführungspräzision ergeben sich häufig in der Vorbereitungszeit vor dem Ballkontakt: z. B. Ausrichten der Stellfläche beim Bagger oder beidarmige Ausholbewegung beim Absprung zum Angriffsschlag. Hier spiegelt sich die Übereinstimmung einer Ballaktion mit einer technisch optimierten Bewegungsstruktur wider (Kapitel 3–8).

Zielpräzision

Ausführungs-präzsion

Kondition

Der Einfluss der *Kondition* erklärt sich in erster Linie aus den äußeren Bedingungen. Das Spiel wird in der Luft und am Boden entschieden. Ballwechsel jenseits von 15 Sekunden sind die absolute Ausnahme und es tritt das 7 bis 12-Intervall (Dauer des Ballwechsels und Dauer der sich anschließenden Pause) als Rhythmusgeber in Erscheinung. Angesichts nur weniger Ballkontakte für einen Spieler pro Minute Spielzeit sowie der körperlichen Belastungen – z. B. ca. drei bis vier Sprünge pro Netzpassage pro Spieler, Beschleunigungen über kurze Entfernungen – ist eine alaktazide Energiebereitstellung nicht weiter verwunderlich. Die Herzfrequenz beträgt im Durchschnitt zwischen 150 und 190 S/min und Laktat fällt in der durchschnittlichen Ausprägung von 2 bis 4 mmol/l an (Herzog, Voigt & Westphal, 1985). Aus konditioneller Hinsicht wird in erster Linie verlangt (vgl. Voigt & Richter, 1991): (1) eine *aerobe Grundlagenausdauer* für die gesamte Dauer der Spielzeit, (2) eine spezielle *anaerobe Spielausdauer* für die Kurzzeitintervalle, (3) ein hohes Ausmaß an *Schnellkraft* für kurze Antritte sowie für explosiv ausgeführte Sprünge und Schläge und (4) eine hohe Ausprägung der *Beweglichkeit* zur Optimierung der biomechanischen Voraussetzungen für die Spieltechniken.

Technik

Ohne ein Mindestmaß an *technischen* Grundlagen wird ein Spieler nicht in der Lage sein, am Spielgeschehen teilzunehmen bzw. den Spielgedanken zu erfüllen. Während in anderen Mannschaftsspielen der Ball anfänglich mit geringen technischen Fertigkeiten im Spiel gehalten werden kann, führt ein technischer Mangel im Volleyball schnell zu einem Bruch im Spielfluss. Gerade darin ist ein Grund zu sehen, warum sich viele Kinder nach den ersten anfänglichen Versuchen innerlich von dieser Sportart abwenden. Stehen bei den Anfängern noch die Basistechniken im Vordergrund, verschieben sich die Trainingsziele bei Spielern zu mehr Variabilität der bereits gekonnten Techniken. *Aber Vorsicht:* Das Spielen-Können ist nicht die Summe aller Einzeltechniken. Es ist ein Irrglaube, dass zunächst alle Techniken gelernt werden müssten, um dann erfolgreich spielen zu können.

Taktik

Damit die Aktionen auf dem Spielfeld nicht zufällig ablaufen, wird ein Plan, eine Absicht benötigt. *Taktische* Leistungsfaktoren ermöglichen es, die vorliegenden Kompetenzen in den Bereichen Koordination, Kondition, Technik und Psyche für Punktgewinne einzusetzen. Dies wird entweder durch die Betonung der eigenen Stärken und das Ausnutzen der gegnerischen Schwächen oder durch die Verhinderung der gegnerischen Stärken und der eigenen Schwächen erreicht. Der Stellenwert der Taktik nimmt im Entwicklungsprozess des Spielen-Könnens kontinuierlich zu.

Kooperative Fähigkeiten

Da Volleyball eine Mannschaftssportart ist, tragen Fähigkeiten wie *Kooperation* im Team – die Einordnung des Individuums in das Team – aber natürlich auch die Akzeptanz von verbindlichen Regeln im Umgang untereinander zum Spielen-Können bei. Für den Prozess der Teambildung (siehe Alberba & Murphy, 1997; Wilhelm, 2006) sind Fähigkeiten zur *Kommunikation* und zur *Frustrationstoleranz* sowie das Aufbringen von gegenseitigem Respekt unabdingbar. Ein Topscorer im Team wird zwar durch die Angriffsschläge glänzen, er ist aber schließlich nur das Ende einer Handlungskette, die auf der Leistung der Teammitglieder beruht. Nur im Miteinander wird man im Gegeneinander des Wettkampfs bestehen können. Neben diesen eher gruppenspezifischen Voraussetzungen sind natürlich auch *individuelle Merkmale* für das Spielen-Können bestimmend. In der Volleyballliteratur werden in diesem Zusammenhang „Willensqualitäten“ (Fiedler, 1985); „Aktivierung, Aufmerksamkeit, Leistungsmotivation“ (Christmann, Fago & DVV, 1989); „Konzentrations- und Entspannungsfähigkeit, Selbstkontrolle der psychophysischen Aktivierung, Motivation und Wille“ (Weiner, 1995); „innere Wachheit und Selbststeuerung“ (Voigt, 2000); „Motivation und Stressregulation“ (Krüger, Gasse & Fischer, 2001) aufgeführt.

Individuelle Fähigkeiten

1.3 Methodische Leitlinien für Spielanfänger

Nachdem ausgewählte Merkmale der Spielstruktur und des Spielen-Könnens als Orientierungsbasis für die Ziele und Inhalte im Anfängerbereich skizziert wurden, stellt sich die Frage, wie diese Voraussetzungen des Spielen-Könnens entwickelt werden sollen?

Methodische Entscheidungen beziehen sich auf den Weg vom Ausgangsort (= augenblicklicher IST-Zustand) zum Zielort (= angestrebter SOLL-Zustand). Das vorliegende Spielkonzept (Abbildungen 3 und 4) basiert auf einer Reihe von Leitlinien:

(1) Spielen von Anfang an!

Spielen und nochmals Spielen!

Anfänger sollen und müssen spielen, spielen und nochmals spielen. Bereits in den ersten zwingenden Situationen – ob kooperativ oder konkurrenzorientiert – eignen sie sich nicht nur den Kern der Spielidee an, sondern lernen, dass Technikkorrekturen notwendiger Bestandteil für ihre weitere Entwicklung sind. Das Spiel 2:2 hat als „Königsspiel" eine exponierte Rolle im Spielkonzept. Doch muss nicht erst die komplette Reihung sämtlicher 1:1-Spiele durchlaufen werden, um dann zum 2:2 zu wechseln. Vielmehr bedingen sich beide Spielformen einander und können gleichzeitig in der Vermittlung berücksichtigt werden. „The game is the main component of learning and will have to be always present in every age bracket" (Paolini, 2000, S.14).

(2) Spielidee soll im Kern möglichst unverändert bleiben!

Unveränderte Spielidee

Die Spielanfänger müssen durch zunehmend höhere Anforderungen von Spiel-Folgen an Lösungen für komplexere Aufgabenstellungen im Wettkampf herangeführt werden. Sportliches Spielen lernt man nur durch Spielen mit leicht überhöhten Anforderungen (vgl. Hoss, 2008). Das große Repertoire von 1:1- und 2:2-Spielen (Kapitel 2) bietet im Zusammenhang mit den Regelveränderungen (Tabelle 1) und Zusatzanforderungen (Tabelle 2) eine Fülle von differenzierten Aufgaben.

(3) Taktische Dominanz gegenüber der Technik!

Taktik vor Technik

Der Lernprozess der Volleyballtechniken muss früh auf eine sinnvolle und zweckvolle Anwendung im Spiel gerichtet sein: Eine Technik wie der seitliche Annahmebagger ist nur aus einer speziellen Spielsituation heraus zu verstehen und zu begründen. „Deshalb werden Technik und Taktik … nicht als zwei eigenständige Faktoren in die Leistungsstruktur eingeordnet" (Stiehler, Konzag & Döbler, 1988, S. 51). In diesem Verständnis sind Techniken wie der seitliche Annahmebagger oder der Flatteraufschlag nur Hilfsmittel, um das eigentliche taktische Ziel, z. B. Druck erzeugen oder Ballkontrolle erlangen, verwirklichen zu können. „Sportliche Techniken sind nichts anderes als Lösungen situativer Aufgabenstellungen" (Hossner, 1999, S. 67).

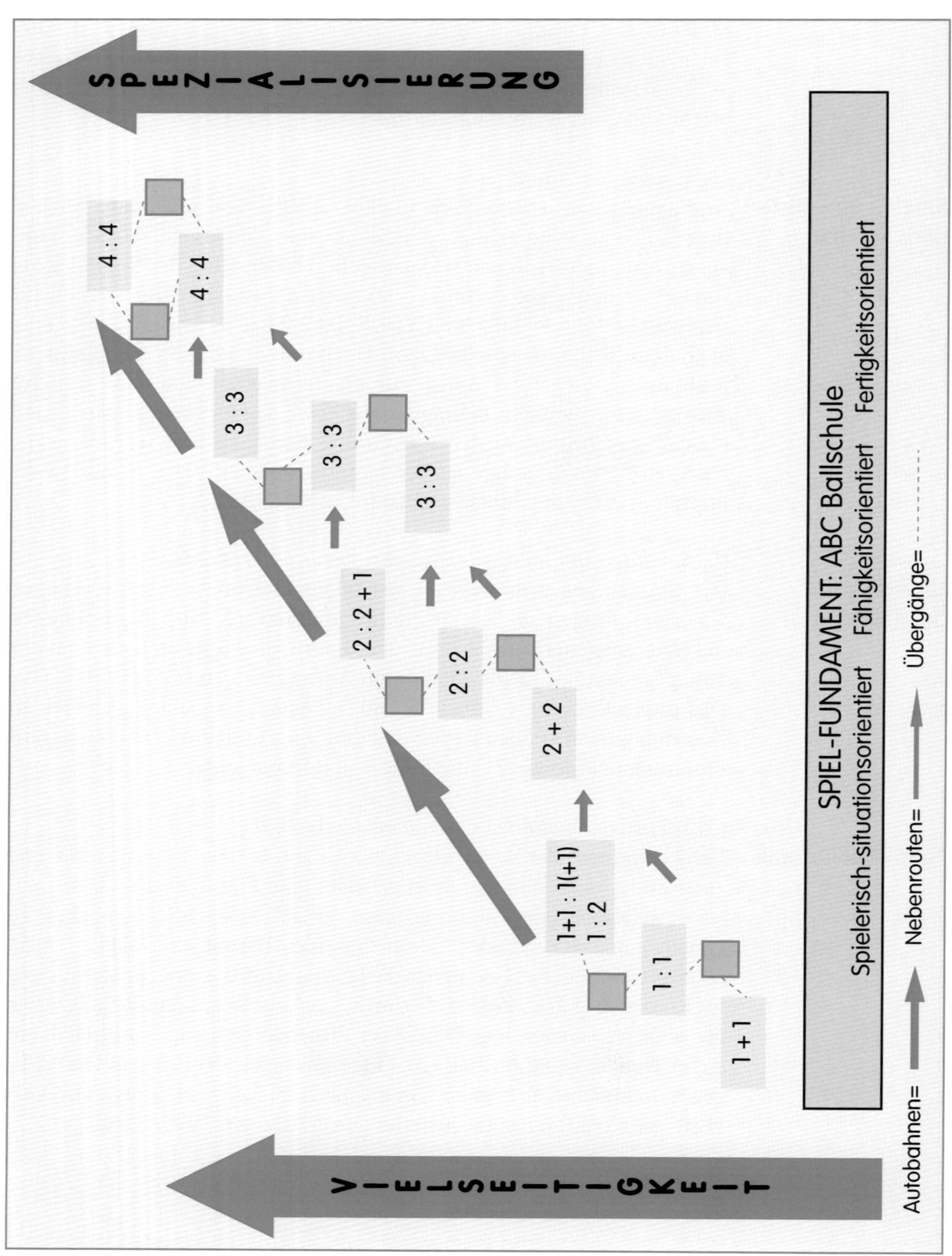

Abb. 3: Vereinfachtes Schaubild des Spielkonzepts

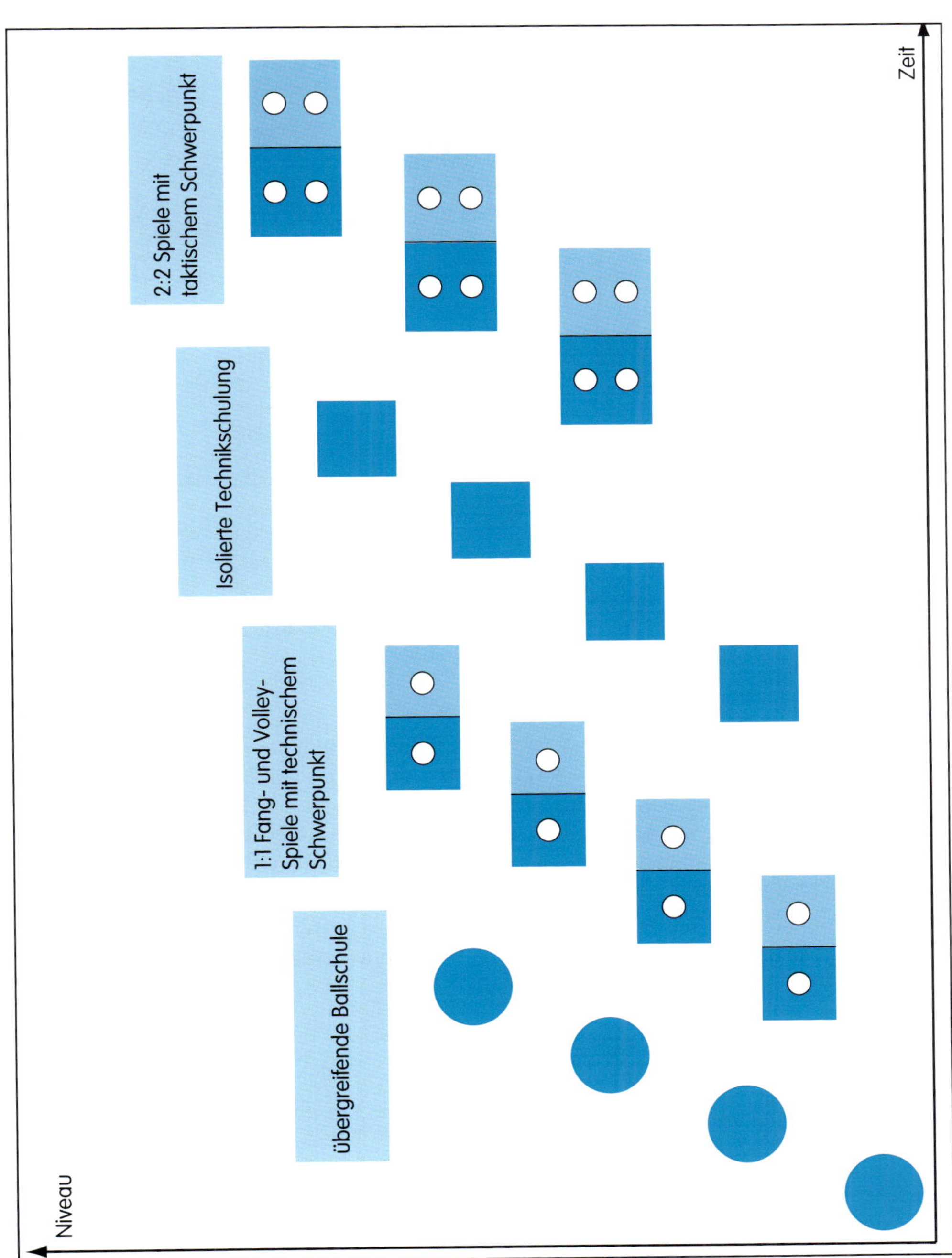

Abb. 4: Charakteristika der ersten Ausbildungseinheiten (Wochen-Monate)

(4) Variabilität der Technik als Mittel der Spielgestaltung und als Ausdruck unterschiedlicher Spielkonstellationen!

Variationen

Spieltechniken sollen im fortgeschrittenen Lernstadium durch Üben unter variablen Bedingungen entwickelt werden (vgl. Hossner & Szymanski, 1994; Meusel, 2007; Schöllhorn & Paschke, 2007; Paschke & Schöllhorn, 2008; Römer u. a., 2009). Auf der Grundlage von Bewegungserfahrungen, die durch Variationen in den normierten Volleyballtechniken zustande kommen, kann die Effektivität des Bewegungslernens gesteigert werden. Monotone Anforderungen enden in einer Sackgasse. Wer immer nur gelernt hat, einen Hammerschlag als Angriffstechnik zu benutzen, wird sich später in der Auseinandersetzung mit einem starken Block schwerer tun, taktische bzw. verdeckte Angriffstechniken zu erlernen.

(5) Verwobenheit von Einzeltechniken: Handlungsketten!

Handlungsketten

Im Spiel sind nicht in erster Linie Einzeltechniken bedeutsam und wirkungsvoll, sondern durch den Spielfluss korrespondieren mehrere Einzeltechniken miteinander. Deshalb sollen einzelne Technikelemente – wie das untere Zuspiel – nicht zu lange isoliert, getrennt vom Spielzusammenhang geschult werden, sondern frühzeitig mit vorangeschalteten (Aufschlag oder Angriff) und nachfolgenden Spielelementen (Zuspiel) gekoppelt werden.

(6) „Autobahnen" und „Nebenrouten" beachten!

Haupt- und Nebenstrecken

Je nach Bedarf der Anfänger und je nach den Rahmenbedingungen (z. B. Sportunterricht oder dreimaliges Training pro Woche im Verein) wird neben dem spielerischen Zugang auf der „Autobahn" isoliertes, aber spielnahes Üben von technisch-taktischen Spielereignissen auf den „Nebenrouten" praktiziert. Das entspricht der klassischen Kopplung von „Spielreihen" und „Übungsreihen", wobei mit Nachdruck auf die Dominanz des spielerischen Vorgehens verwiesen wird. Loibl (2009) hat unlängst die Problematik einer stärker technikorientierten Vermittlungsweise gut veranschaulichen können.

(7) Vereinfachungen des Zielspieles beleben den Fortschritt!

Vereinfachungen und Erschwerungen

Vereinfachungen und im Umkehrschluss Erschwerungen werden hauptsächlich im Bereich der Spielregeln (Tabelle 1) geschaffen. Von entscheidender Bedeutung ist der flexible Umgang mit der Netzhöhe und der Spielfeldgröße (Kröger, 1986; Mallick, 2003). Die Basisspiele (von 1 mit 1, über 1 gegen 1 bis 4 gegen 4) sind geeignet, dass Volleyball so strukturgerecht wie möglich von der ersten Stunde an gespielt werden kann. Im weiteren Verlauf können unter Berücksichtigung des Lernfortschritts Vereinfachungen aufgehoben werden, um schließlich zum Volleyball nach internationalen Regeln (Großfeld 6:6) zu gelangen. Allerdings ist das 6:6-Spiel für den Alltags-Schulgebrauch ungeeignet, um Bewegungsintensitäten, lange Ballwechsel, spannende Ballwechsel usw. zu erreichen. Im Verbandsbereich dagegen wird das Großfeld im ersten oder zweiten C-Jugend-Alter (ca. 14 Jahre) im Spielbetrieb etabliert. Auch hier könnten Überlegungen für den Nachwuchsbereich getroffen werden, das Großfeld erst mit dem B-Jugend-Alter einzuführen.

(8) Passung ist das Handwerkszeug des Trainers bzw. des Lehrers!

Ausgangsbedingungen beachten

Das Vermittlungsmodell ist für alle Anfängergruppen (Sportunterricht, leistungsorientierter Vereinssport, Freizeitsport) geeignet. Dennoch müssen die Sequenz der einzelnen Spiele, der Einsatz und Umfang der technischen Übungsformen, die Auswahl und der Schwerpunkt der sportspielübergreifenden Ballschule auf die Ausgangslage und das Entwicklungstempo der jeweiligen Gruppe abgestimmt werden. Mit anderen Worten: bei Bedarf können einzelne Schritte übersprungen, oder umgekehrt, die Verweildauern bei einzelnen Sequenzen verlängert werden (vgl. die Übergangs-Symbole in Abbildung 3). Nicht alle Spiele werden auf Anhieb das Ziel erreichen. Sie bedürfen einer mehrmaligen Wiederholung. Die Trainer und Lehrer müssen sich nicht als „Animationskünstler“ verstehen, von denen quasi in jeder Stunde etwas Neues erwartet wird. Spiele, die zunächst den Schwerpunkt einer Einheit gebildet haben, können zu einem späteren Zeitpunkt als Warm-up-Spiel (z. B. Baggerrundlauf) eingesetzt werden.

(9) Grundlagen werden benötigt!

Ballschule

Welcher Einstieg weist den richtigen Weg zum Spielen-Können? Dieser Frage hat sich die Ballschule gewidmet (Kröger & Roth, 2005). Heute erwerben Heranwachsende das ABC des Spielens nur noch selten auf Straßen, in Parks oder auf Schulhöfen. Die Ballschule will hier Abhilfe schaffen und „ersatzweise“ eine solide und facettenreiche Anfängerausbildung gewährleisten. Ganz vereinfacht ausgedrückt, lernen Kinder in der Ballschule „Spiele zu lesen“ (taktische Grundkompetenzen) und „sensomotorisch zu schreiben“ (koordinative Leistungsvoraussetzungen, Technikbausteine). Aus dem umfangreichen und bunten Katalog von Spiel- und Übungsaufgaben der grundlegenden Ballschule und der sportspielgerichteten Rückschlagschule (Roth, Kröger & Memmert, 2002) sind in Abbildung 5 je zwei Beispiele für die drei unterschiedlichen Zugänge aufgeführt.

(10) Mut zur Vielseitigkeit!

Vielseitigkeit lohnt sich

In nahezu allen methodischen Konzepten für die Anfängerschulung (vgl. Andresen & Kröger, 1983; Kröger & Memmert, 2004) wird das Verhältnis zwischen Vielseitigkeit und Spezialisierung thematisiert. Auf allen Leistungsebenen und Abschnitten des langfristigen Leistungsaufbaus besteht eine Wechselbeziehung zwischen diesen beiden Aspekten. Es gibt keine Spezialisierung ohne Vielseitigkeit. Der zuweilen mühevolle Aufwand der Vielseitigkeit bringt aber erst spät den Ertrag zum Vorschein. Vielseitigkeit im Sinne der Ballschule erfolgt zielgerichtet, ansonsten kann man vieles, aber nichts richtig. Die Relation dieser Pole ist in den Abbildungen 3 und 4 illustriert. Ein weiteres Augenmerk betrifft die Spezialisierung der Spielfunktion. Hier gilt es klar zu stellen: die universelle Ausbildung im Sinne eines Allrounders ist ein absolutes Muss. Die Spezialisierung als Zuspieler, Mittelblocker, Libero usw. erfolgt frühestens unter speziellen Rahmenbedingungen in der 4:4-Spielform.

Kleinfeldvolleyball

Kleinfeldspiele als Vermittlungswege zu benutzen, um Anfänger an das Zielspiel heranzuführen, hat eine gewisse Tradition. Bereits Jansen (1985) hat in seinem speziellen Literatur-Wegweiser (S. 111–141) 19 von 25 Publikationen aufgeführt, die diesen methodischen Weg gewählt haben, wobei das älteste, dort einbezogene Einführungskonzept von Baacke aus dem Jahr 1957 stammt.

Kritik an Vermittlungskonzept

Allerdings müssen – wie bereits die dynamische Entwicklung der Spielweise am Beispiel der schnelleren Ballkontakt-Zeiten zeigt (siehe S. 21) – auch bei den methodischen Vermittlungskonzepten *dynamische Anpassungen* vorgenommen werden. Der hier vorgestellte Vermittlungsansatz befindet sich – um zur Verkehrsmetapher zurück zu kehren – auf der Überholspur gegenüber Aussagen wie: „Das Spiel 3:3. In dieser Ausbildungsetappe werden die Techniken der Aufgabe frontal von unten und das untere Zuspiel (Bagger) eingeführt“ (Frohreich & Fritzenberg, 1995, S. 286) oder „Am Ende des Lehrganges (4:4, Anm. d.Verf.) steht die Aufgabe von unten“ (Papageorgiou & Spitzley, 1992, S. 33). Denn es gilt die Anfänger möglichst frühzeitig mit dem typischen Volleyballspiel vertraut zu machen und da bieten 1:1- und insbesondere 2:2-Spielformen einen riesigen Fundus von individualtaktischen Spielerfahrungen.

Spielerisch-situationsorientierte Säule der Ballschule

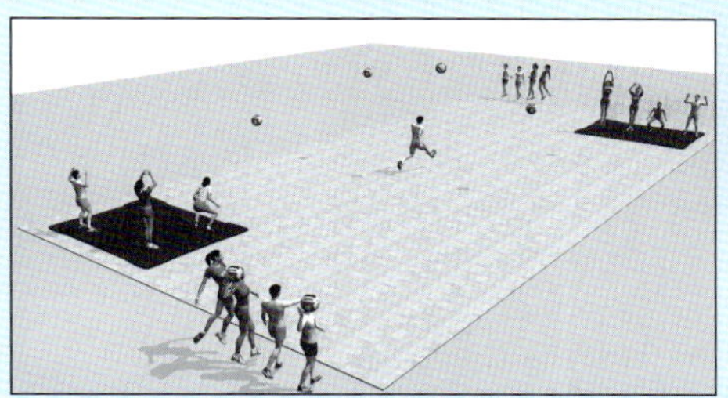
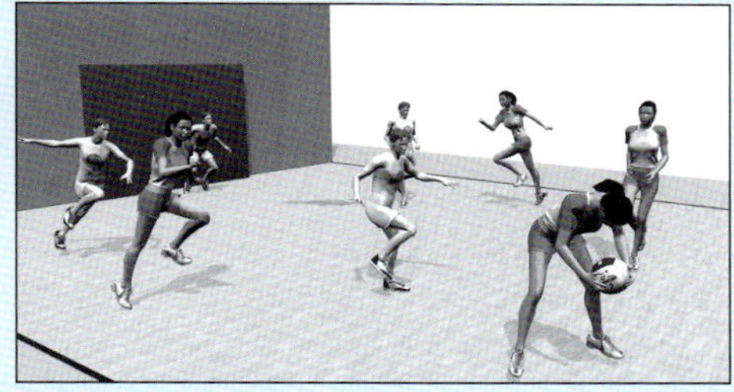

Fähigkeitsorientierte Säule der Ballschule

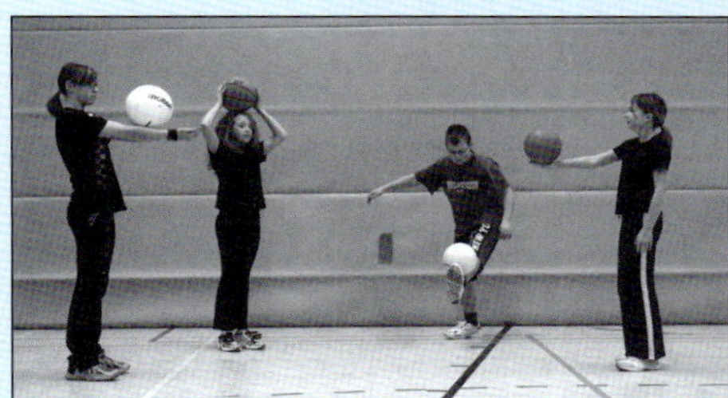
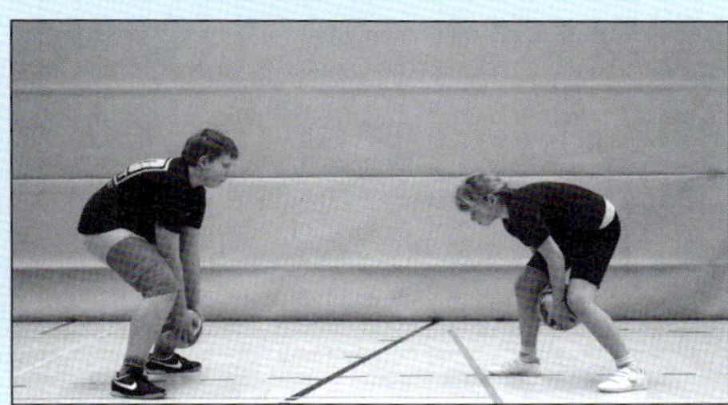

Fertigkeitsorientierte Säule der Ballschule

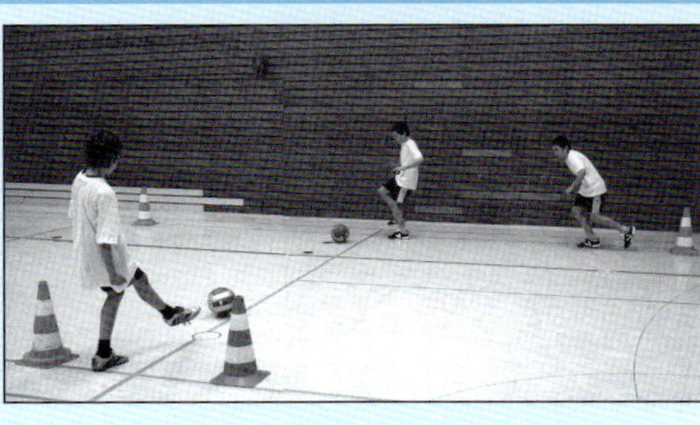
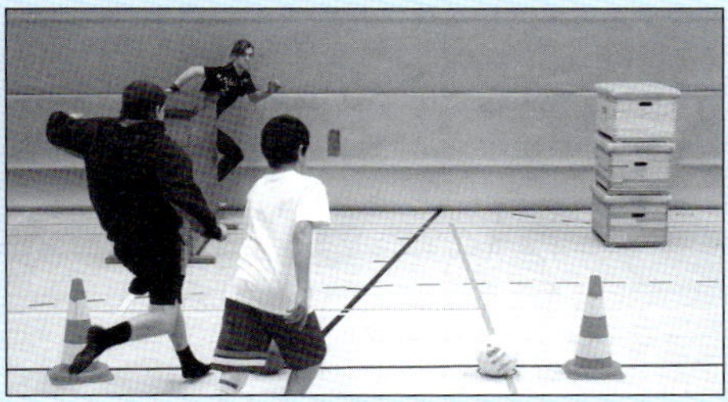

Abb. 5: Beispiele aus der Ballschule (Kröger & Roth, 2005)

Macht der Aufschlag von unten Sinn?

Kritik besteht auch gegenüber der Einführung des Aufschlages von unten. Damit wird der systematische Erwerb einer Technik vorgeschlagen, die ziemlich schnell im weiteren Entwicklungsverlauf kaum noch Sinn macht und im wettkampfbezogenen Vereinssport nur selten zu sehen ist. Stattdessen wird in der Konzeption dieses Bandes am Ende der 1:1- und 2:2-Spiele der *Sprungaufschlag* als Regelvariante betrachtet. Anfänger wollen schon bald das Typische im Volleyball spielen, sind aber nicht in der Lage, das Gewollte umzusetzen. „Kunst kommt von Können und nicht von Wollen, sonst würde es vermutlich Wunst heißen“ (Kröger & Roth, 2005, S. 30). Aber die Triebfeder für das Üben und damit für die Beherrschung eines Aufschlages im Sprung ist immens, auch wenn anfänglich noch viele Zugeständnisse in der Qualität der technischen Bewegungsausführung toleriert werden müssen. Hier gilt es Zeit auf den Nebenrouten (Kapitel 3 bis 8) zu verbringen.

1:1-Spiele vs. 2:2-Spiele

Aber: Spielen ist nicht gleich Spielen. Damit soll der jeweilige Eigenwert eines Spieles betont werden. Im Vergleich der 1:1-Spiele und der 2:2-Spiele (vgl. Abbildungen 4 und 6) ergeben sich gravierende Unterschiede, die ihren Niederschlag im methodischen Weg finden müssen. Wie zuvor festgestellt, ist es nicht erforderlich, dass die Spielanfänger erst sämtliche 1:1-Spiele durchlaufen, bevor sie zu den 2:2-Spielen wechseln. Sobald die ersten technischen Grundlagen der Ballkontrolle mit den Händen und Armen in der tieferen Handlungsebene (vor allem abwehrende Ballsituationen) und in der oberen Handlungsebene des Körpers (insbesondere zuspielende und angreifende Ballsituationen) in den 1:1-Spielen geschaffen sind, kann die Verknüpfung zu einem „Mehr“ an Partner/Gegner und Raum/Zeit erfolgen. Darüber hinaus gibt es noch einen wesentlichen Unterschied in den Spielen: *Miteinander* und *Gegeneinander*. Spielanfänger müssen zunächst das gemeinsame Spielen als Lernprozess erfahren, bevor sie in einem Wettkampf gegeneinander antreten. Dies ist eine Besonderheit, die insbesondere in den Rückschlagspielen Beachtung finden sollte (vgl. Kern & Söll, 1995).

Kooperation vs. Konkurenz

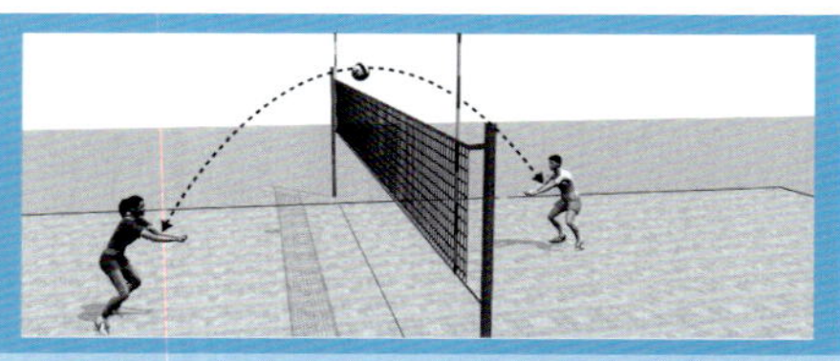

1 : 1 Spiele

Einzel

Technikorientiert

Konzentration auf eigenes Spielverhalten
Wahrnehmung von Schlüsselsignalen eines Gegners

Überwiegend frontales Bewegungsverhalten

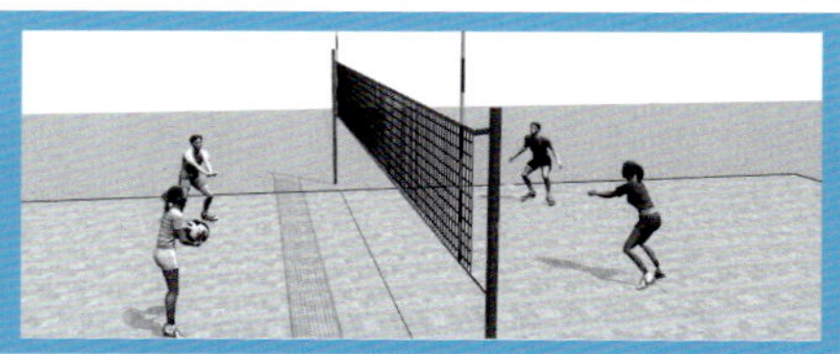

2 : 2 Spiele

Kooperation

Taktikorientiert

Miteinbezug der Spielvariable Partner

Höhere Anforderungen an das Blickverhalten

Vielseitigere Ausgangsstellungen zum Ball

Abb. 6: Vergleich der 1:1- und 2:2-Spiele

Variation der Spielregeln

Mit Hilfe von *variablen Spielregeln* eröffnet sich dem Lehrer und Trainer eine Vielzahl von Lerngelegenheiten, mit denen Einfluss auf den Spielverlauf und die Dynamik ausgeübt wird (Tabelle 1). Spielfeldgröße und Netzhöhe korrespondieren untereinander und wirken sich auf das Gleichgewicht von Angriff und Abwehr aus. Spannung im Spielverlauf wird dann erzeugt, wenn der Ball mindestens viermal das Netz überquert. Die Abwehr wird erleichtert bei kleineren Spielfeldern und höheren Netzen. Die Spielfeldzone (lang-schmal vs. kurz-breit) bestimmt die Flugbahnlänge, die Abspielwinkel und die Akzentuierung der Abwehrbewegungen. Mit den Regeln zur technischen Ausführung sowie der Vorgabe der Ballkontakte lässt sich der Spielfluss bei Anfängern wie bei Fortgeschrittenen sehr gut steuern.

Tab. 1: Veränderungen von Spielregeln

Intention	Beispiele
Technikausführung	• Fangen & Werfen (beim Aufschlag oder in der 1. bzw. 2. Rückschlagsituation) • Eintritt Spielfeld, wenn der Aufschlagraum weniger als 1m beträgt • Doppelberührung auch beim 2. oder 3. Ballkontakt • Angriffshandlung mit der Gegenhand • Bonuspunkt (Blockpunkt etc.)
Inventar/Wahrnehmung	• Netzhöhe • Spielfeldmaße (beide Regeln korrespondieren miteinander zwecks Entwicklung von Angriff und Abwehr) • Balleigenschaften (leichter, schwerer, größer, kleiner) • Verhängtes Netz • Fenster (Antennen, Klebestreifen) • Spielfeldzonen (diagonal, Tabubereiche dürfen nicht betreten werden, „Inseln" dürfen nicht verlassen werden)
Entscheidungsoptionen	• Anzahl Spieler • Lücken werden durch Zusatzaufgaben (Rotation oder Linien-; Wandberührung nach Netzüberquerung) provoziert • Bodenkontakt des Balles (Angriffs- oder Rückraumzone oder generell)

Am Anfang kein Großfeld

Folgende Gründe sprechen *gegen* den zu frühen Einstieg auf das *Großfeld* (9 x 9m):

(1) in technischer Hinsicht:
- Dominanz des Aufschlages
- ungenügende Beherrschung der Grundtechniken (hohe Fehlerquote des Baggers usw.)

(2) in taktischer Hinsicht
- interaktives und kooperatives Overload
- auffallende „Ping-Pong-Spielweise" in räumlicher Netznähe

(3) in koordinativer/konditioneller Hinsicht
- Orientierung von Flugbahnkurven und Körperstellung zum Ball
- Kopplung von Bein- und Armimpulsen für weiträumige Ballbewegungen
- Differenzierung von Techniken mit großen Abspielwinkeln und Präzisionsanforderungen
- Umstellung auf viele überraschende, nicht „geplante" Situationen
- angemessene Verarbeitung gleichzeitig auftretender Reize wie Ball, Netz, Mitspieler, Gegner

(4) in motivationaler Hinsicht
- statisches Spiel erstickt Begeisterung und Freude
- viele Misserfolgserlebnisse

1.4 Ratschläge zur Organisation

Stellenwert der Organisation

Ob die Organisation einen höheren Stellenwert haben sollte als die Inhalte oder die Methodik (vgl. Wolf, 2001), mag einen Streitpunkt darstellen. Doch angesichts des Bewegungsdranges, des „richtigen" Spielen-Wollens, der häufig kurzen Konzentrationsfähigkeit für das Üben, aber auch auf Grund der anzutreffenden Egozentrik von Spielanfängern können organisatorische Entscheidungen erheblichen Einfluss auf die Motivation und damit den Erfolg des Vorgehens ausüben.

Einsatz der Checkliste

Es werden im Folgenden – quasi in Form einer *Checkliste* – Empfehlungen für den Einsatz von Spiel- und Übungsformen im Unterricht bzw. Training gegeben. Sie werden in der Abbildung 7 zusätzlich illustriert und orientieren sich an der Leitdevise: Spaß am Spielen und Üben. Jedes Spiel und jede Übung sollte mindestens drei Grundforderungen erfüllen:

(1) eindeutige Zielvorgabe
(2) ausgeprägte Spielnähe
(3) viele Wiederholungen

Diese sich wechselseitig bedingenden Forderungen müssen bei der Planung und Gestaltung von Spiel- und Übungsformen als Gradmesser benutzt werden. Nicht zuletzt wird auch den Spielern selbst ein konkreter Soll-Ist-Vergleich durch die im Spiel bzw. in der Übung enthaltenen Kontrollvorgaben geboten. In der Tabelle 2 sind Möglichkeiten aufgeführt, die der Lehrer/Trainer bei der Durchführung von Übungsformen und Spielen nutzen kann. Unterbrechungen, die anfangs häufig durch mangelnde technische Voraussetzungen entstehen, sind geradezu willkommen. Dadurch fordert und fördert man, dass sich fehlerhafte Bewegungsmuster nicht automatisieren und dass sich zugleich die Selbstständigkeit der Spieler als „Problemlöser" entwickeln kann. Mehr Transparenz über den Lernerfolg schafft zusätzliche Freiräume!

Bedeutung der Spielfeldgröße

Die *Spielfeldanforderungen* sind überwiegend symmetrisch: Vom 2:2 zum 6:6 wachsen die Spielfelder quadratisch, wobei je nach Spielniveau und Spielvariante auch Abweichungen Sinn machen. Wenn z. B. in der jeweiligen Variante mehr die Vor- und Rückwärtsbewegung oder vermehrt die seitliche Bewegung spielerisch gefördert werden soll, verlangt dies jeweils andere Spielfeldmaße.

Wenngleich es nur wenige unbekannte Übungen zu geben scheint, besteht das Handwerkszeug eines Trainers überwiegend darin, eine ausgewählte *Übung zur Übungsform* zu verwandeln. Diese „Metamorphose" geschieht im Regelfall durch die Festlegung folgender Kriterien zur Übungsgestaltung:
(1) präzise, leicht verständliche, messbare Aufgabenstellungen
(2) qualitative und quantitative Erfolgskriterien
(3) Übungsdosierung – Intensität, Umfang, Charakteristik der Erholung

Belastung

Die *Belastungsvorgaben* können im Vergleich zur tatsächlichen Spieldynamik im Wettkampf betrachtet und eingeteilt werden:
(1) „über Spielniveau" = die Belastung der Übungsform ist höher als im Spiel,
(2) „auf Spielniveau" = ziemlich identische Belastung,
(3) „unter Spielniveau" = die Belastung der Übungsform ist geringer als im Spiel.

Aufgaben für passive Spieler

Spieler, die nicht aktiv im Unterricht oder Training teilnehmen, können folgende Aufgaben wahrnehmen:

(1) Zielpunkt einnehmen
(z. B. Zuspielposition bei Annahmeübungen)

(2) Rückmeldung geben
(z. B. Zählen korrekter Versuche – siehe Tabelle 2)

(3) Bälle sammeln
(z. B. im engen Spielbetrieb rollende Bälle aufnehmen)

(4) Bälle zureichen
(z. B. bei vermittlergeleiteten Übungen)

(5) Bälle zuwerfen bzw. zuschlagen
(z. B. für die Schulung der Feldabwehr)

(6) als Schiedsrichter fungieren

Aufgaben bei der Vermittlung

Für die Wirkung einer Übungsform spielt auch die „Art der *Führung* und *Kontrolle* der Übung" (Baacke, 1993, S. 9) eine Rolle. Hier gilt es zu unterscheiden, welche Aufgaben der Vermittler bei der Realisierung der Übung zu leisten hat. In Abhängigkeit davon, ob sich der Trainer/ Lehrer für eine

(1) vermittlergeleitete Übung (= gute Ballfertigkeiten werden verlangt, da der Lehrer/Trainer aktiver Bestandteil der Übung ist) oder

(2) vermittlerinitiierte Übung (= der Ballwechsel wird durch den Lehrer/Trainer eingeleitet. Die Steuerung erfolgt ansonsten von außen) oder

(3) spielergeführte Übung (= die Spieler sind auch maßgeblich an der Kontrolle beteiligt)

entscheidet, werden sein veränderter Standort und die unterschiedliche Übungsintention auch veränderte Beobachtungsaufgaben bewirken. Bei (3) ist er womöglich auf dem Nachbarfeld, bei (2) verfolgt er z. B. bestimmte Transitionen (z. B. Übergang aus der Blockabwehr in den Gegenangriff) und bei (1) könnte er spezielle Technikdetails in der Abwehrposition bei einem einzelnen Spieler wahrnehmen.

Je nach verfügbarer Hallenkapazität ist es durchaus lohnenswert, dem Großteil der Gruppe Spielaufgaben zu übertragen und sich mit einer Kleingruppe an der Technikverbesserung zu beschäftigen. Nach einigen Minuten erfolgt ein Wechsel mit der nächsten Kleingruppe.

AUSWÄHLEN
Festlegen des Schwerpunkts für den Unterricht/das Training
Festlegen der Übung
Gestaltung der Übung zur Übungsform

VORSTELLEN
Präzisierung des Ziels
* Akzent verdeutlichen:
Worauf kommt es an?
* Korrektur-/Steuerungsvorgabe für Lehrer/Trainer
* Kontrollvorgabe für Spieler (z. B. Tabelle 2)
Organisieren
* Wer? Anzahl der Spieler
* Wo? Taktische Einbindung + Handlungsraum
* Wann? Raum- und zeitliche Struktur von Ball und Spieler
* Was? Material

ROLLEN ZUTEILEN
Art der Führung in der Übung festlegen
Verantwortlichkeit und Konsequenzen präzisieren
Exemplarisch Ballorganisation, Laufwege vorzeigen

AUSFÜHREN
Zeit geben, um Rhythmus finden zu lassen
Beobachtungsstandort(e) beziehen
Zeit für Reflexion berücksichtigen

STEUERN
Übereinstimmungen/Abweichungen mit den Zielvorgaben suchen
Rückmeldungen geben
Konsequenzen ziehen

Abb. 7: Ablaufschema zum Einsatz einer Bewegungsaufgabe (Übungsform-Spielform)

Tab. 2: Erhöhte Anforderungen der Zielvorgabe

Übungsformen
• Einwandfreie Wiederholungen (= Übereinstimmung mit Zielvorgabe) (Bsp.: 4 von 10 diagonalen Angriffen werden vom Block gekillt)
• Einwandfreie Wiederholungen in Folge (Bsp.: 5 optimal bis gut verwertbare Annahmen nacheinander)
• Einwandfreie Wiederholungen in einer Zeiteinheit (Bsp.: Der nächste Punkt in dieser Spielkonstellation wird mit einem Linienschlag gelöst)
• Einwandfreie Wiederholungen pro Gesamtzahl (Bsp.: Wie viele Versuche werden benötigt, um 20 druckvolle und zielgenaue Aufschläge zu platzieren?)
Trainingsspiele
• Punktevorsprung für das gegnerische Team, das andere Team muss gewinnen
• Wie zuvor, nur innerhalb einer Zeitspanne
• Nur zwei nacheinander erzielte Punkte werden als ein regulärer Punkt gewertet
• Endkampfverhalten simulieren: Spielstand bei 19:19 oder 19:20
• Das andere Team darf nicht mehr als 15 Punkte machen
• Zwei direkte bzw. indirekte Aufschlagasse pro Satz werden verlangt
• Bonuspunkte für direkte Blockerfolge
• 100%-Prozent-Erfolg nach Danke-Ball-Situation
• Doppelpunkt wenn durch den Angriffsschlag kein zweiter Kontakt beim Gegner mehr zustande kommt
• Gewinner des Ballwechsels erhält per Zuwurf von außen eine Danke-Ball-Chance, um den Punkt erst zu bestätigen

Einsatz von Materialien

Für die Durchführung von Spielen und Übungsformen bieten sich folgende *Materialien* an:

- Ballbehälter (großer Sprungkasten mit umgedrehten Kastendeckel oder zwei kleine Kästen)
- Plattform für Lehrer/Trainer am Netz (zwei oder mehrere Kästen für raschen Wechsel verschiedener Netzpositionen)
- Spielfelder und Spielzonen (Zauberschnur mit Bändern, Baustellenband, Pads, Sprungseile, Langnetz, Klebeband, Antennen)
- Zielmarkierungen (Gymnastikreifen, Pylonen, Matten)
- Visualisierung von Lauf- und Ballwegen (Kreidetafel, Magnettafel)

Langnetz

Die mit Abstand wichtigste Materialhilfe ist das Langnetz, das längs durch die Halle gespannt wird, um mittels vorhandener Linien oder zusätzlich geklebter bzw. gelegter Linien die benötigten Kleinfelder zu schaffen. Eine kostengünstige Investition ist der Einbau einer Schiene mit beweglichen Schraubhaken (Höhenverstellung) an der Wand sowie ein Flaschenzug als Spann Spielvorrichtung (vgl. Saile & Vollmer, 2008).

Wettkämpfe

Kleinfeld- wie Großfeld-Volleyball sind ein *Wettkampfspiel*. Das Salz in der Unterrichts- und Trainingseinheit stellt der Wettkampf (Tabelle 3) als klassisches Prinzip der Leistung dar. Der Spannungsgehalt einer Spielform lässt sich oft allein dadurch aufrechterhalten, dass eine konkrete und gerecht durchgeführte „Es-geht-um-etwas-Situation" vorliegt. Die Spielregeln müssen so ausgewählt werden, dass ein offenes und abwechslungsreiches Spiel entsteht. Um Ranglisten durchzuführen oder Leistungsentwicklungen zu verfolgen, macht es Sinn, die Ergebnisse der Wettbewerbe in einem Trainingsbuch, auf einem Plakat usw. festzuhalten. Regionale bzw. überregionale Wettkämpfe, die nicht im Einklang mit dem augenblicklichen Leistungsstand der zu betreuenden Gruppe stehen, sind abzulehnen. Ohne stabile Grundlagen besteht die Gefahr einer Frühspezialisierung gemäß dem Motto „Das Team mit den besten Aufschlägern ist der Sieger". Statt frühzeitige Erfolge in Verbindung mit sekundären Anreizen (Pokale, Reisen) zu erzielen, ist die Gestaltung der Wettkämpfe immer in Verbindung mit der Ausbildung zu setzen.

Tab. 3: Wettkampfformen

	Wettkämpfe	
Bezeichnung	Kurzbeschreibung	Variationen
(1) 1 mit 1 2 mit 2 3 mit 3	* Welchem Paar gelingt es, den Ball am längsten in der Luft zu halten? * Übergang: die ersten 4 oder 5 oder 6 Netzüberquerungen miteinander, dann gegeneinander	• Mit/ohne Doppelspiel • Mit Doppelspiel: Platzwechsel • Im Sitzen • Über die Hallenwand
(2) 1 gegen 1 2 gegen 2 3 gegen 3 4 gegen 4	* als Schleifchenturnier (Gegner wird per Kartenspiel ausgelost)	• Verschiedene Einwürfe • Tabuzone am Netz? • Netzhöhe und Feldgröße
(3) 1 gegen 1 2 gegen 2	* Sieger wechseln aufSiegerseite, Verlierer auf Verliererseite, dann Wechsel um 1 Feld im Uhrzeigersinn (=Kaiserspiele)	• Verschiedene Einwürfe • Tabuzone am Netz? • Netzhöhe und Feldgröße

Wettkämpfe		
Bezeichnung	Kurzbeschreibung	Variationen
(4) Round about (Rondo) in 4er, 5er, 6er, 7er Gruppen	* Rundlaufspiel: Nach Ballabspiel übers Netz auf die andere Feldseite wechseln * Wer Fehler macht, scheidet aus	• Auf der eigenen Feldseite bleiben • 2 Ballkontakte mit Vorgabe • Ausscheiden erst nach 2./3. Fehler • Fehler kann durch „Punktball" ausgeglichen werden
(5) Round about mit Auf- und Abstieg in 4er, 5er, 6er, 7er Gruppen	* es werden 3-4 Ligen (Gruppen) gebildet * Punktzahl vergeben pro Durchgang (Sieger 5 Punkte, 2.Sieger 4 Punkte usw.) * nach einer entsprechenden Anzahl von Durchgängen Auf- und Abstieg in den Ligen	• Bestenlisten in einem Turnus anfertigen
(6) Round about als Teamwertung	* dito 4) bzw. 5) * statt Einzelwettbewerb erfolgt nun Teamwertung	• siehe oben
(7) Tischtennis-Doppel 2 gegen 2	* wie 1) oder 2), nur 1 Spieler in der Spielfeldhälfte, während der andere Partner außerhalb des Feldes steht und dann den nächsten Kontakt übernimmt	• Wechsel erst nach jedem Ballwechsel
(8) King of the court Ideal auch für drei bis vier Teams (3:3, 4:4) bei nur einem Spielfeld	* Der Gewinner des Ballwechsels bleibt im Feld auf der Königseite, Verlierer muss wechseln	• Serienlänge (ohne Wechsel) entscheidet über den (die) Champion(s)
(8) King of the court Ideal auch für drei bis vier Teams (3:3, 4:4) bei nur einem Spielfeld	* Der Gewinner des Ballwechsels bleibt im Feld auf der Königseite, Verlierer muss wechseln	• Serienlänge (ohne Wechsel) entscheidet über den (die) Champion(s)

Zusatzaufgaben

Die bei den Wettkämpfen häufig eingeflochtenen *Sanktionen* sind in Trainerkreisen und in der Lehrerschaft umstritten. Sie dürfen von den Spielern nicht als Strafe empfunden werden. Die kontrollierbare, aber konsequente Anwendung von Zusatzaufgaben bedeutet eine höhere mentale, psychische und körperliche Beanspruchung, die falsch verstanden und schlecht dosiert eher das Gegenteil als das ursprünglich verfolgte Ziel hervorrufen wird. Wenn vom Ziel der systematischen Leistungsentwicklung ausgegangen wird, können *Zusatzaufgaben* – als vom Spieler verstandene Hilfen, um beim nächsten Mal „besser sein zu können" – durchaus einen festen Platz in der Unterrichts- und Trainingsgestaltung einnehmen. Der Einsatz von Zusatzaufgaben sollte nicht monoton erfolgen. Der Effekt auf das Aktivierungsniveau der Spieler ist in der Regel nicht zu leugnen. Dem Lehrer und Trainer steht hierfür eine Vielzahl von Möglichkeiten zur Verfügung (Tabelle 4).

Tab. 4: Einsatz von Zusatzaufgaben

(1) Aufgabenstellung der Übungsform oder der Spielform:
- Verlängerung Ballkontakte
- Verlängerung Zeit
- Erhöhung der Anzahl einwandfreier Wiederholungen je nach Fehleranzahl
- ...

(2) Dehnung und Kräftigung:
- Rumpfvorderseite, Rumpfrückseite
- Oberschenkelrückseite
- „Schönheitsmuskel" (Bizeps)
- seitliche Rumpfmuskulatur
- Sprungmuskulatur
- Schulterbereich
- ...

(3) Übernahme von trainingsorganisatorischen Aufgaben:
- Aufbau
- Abbau
- Getränke am Wettkampftag tragen
- Bälle aufpumpen
- Poster für den nächsten Wettkampf aufhängen
- Führung der Mannschaftskasse für den nächsten Zeitraum
- ...

(4) Funorientierte Aufgaben:
- Ross und Reiter um das Feld
- Schubkarrenrennen
- Gewinner werden aus der Halle getragen
- ...

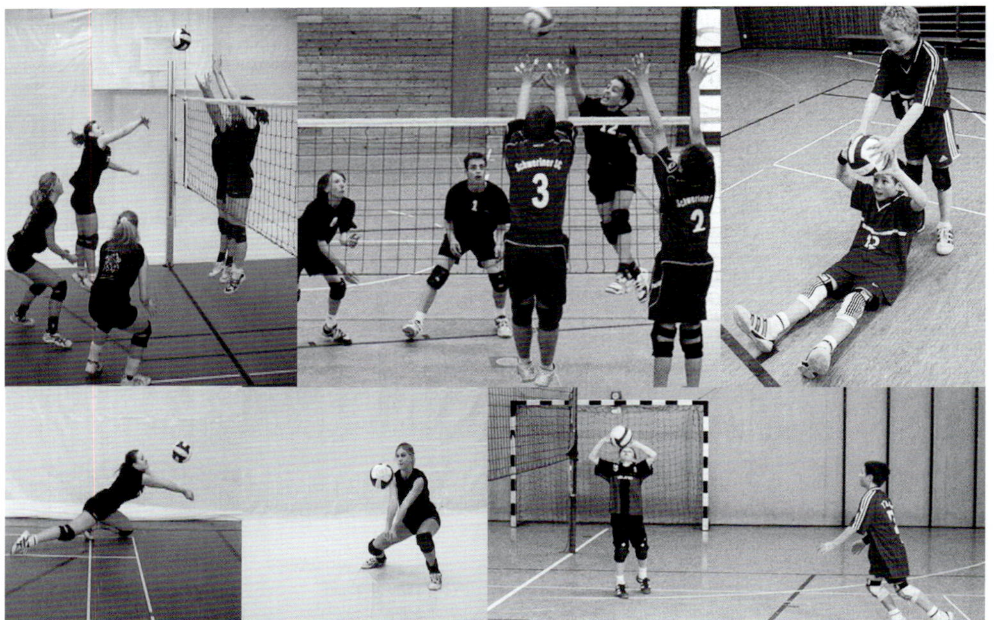
Schweriner SC
3
2

Kapitel

2

Die Basisspiele

2.1 Das Basisspiel 1:1

2.2 Die Basisspiele 1:1+1, 1+1:1+1 und 1:2

2.3 Das Basisspiel 2:2 (2:2+1)

2.4 Das Basisspiel 3:3

2.5 Das Basisspiel 4:4

2.1 Das Basisspiel 1:1

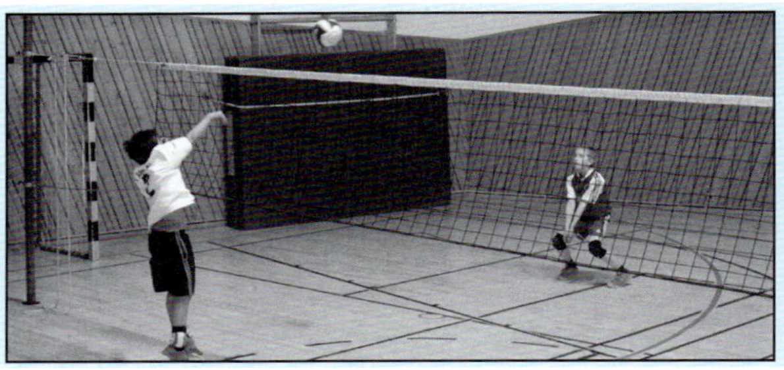

Spielfeld

Spielfeldhälfte:
3,00 m breit (vereinzelt 1,50 m und 2,00 m) 6,00 m lang (vereinzelt 3,00 m und 9,00 m)
Netzhöhe: 2,20 m bis 2,50 m (vereinzelt 2,00 m bis 2,20 m)

Charakteristik

Charakteristika:

- Einführung in die Zählweise und die grundlegenden Spielgedanken
- einfache Anforderungen an individuelle Taktik (nur ein Gegenspieler und kein Mitspieler)
- Vermeidung von technischen Fehlern, da diese in diesen Spielformen über Sieg und Niederlage entscheiden
- von anfänglich stark reduzierten technischen Anforderungen hin zu anspruchsvollen Spielen, d. h. bei Einkontaktspielen geradlinige Ballflüge und senkrechte Rückschlagbewegungen und bei Mehrkontaktspielen Optionen für Winkelspielrichtungen
- hohe Bewegungsintensität (viele Wiederholungen in kurzer Zeitsequenz)
- Orientierung im Spielfeld (Stellungsspiel)
- Ballflugeigenschaften erkennen
- typische Bewegungsformen: **Bewegungsformen**
  - kurze explosive Antritte über wenige Meter (insbesondere vorwärts, rückwärts)
  - Abstoppen mit etablierter (Balance) Körperposition
  - Drehbewegungen
  - ein- und beidbeiniges Springen
  - Tiefgehen
  - Gleiten & Fallen
  - Abrollbewegungen
- balltechnische Fertigkeiten (Schwerpunkte): **Fertigkeiten**
  - ein- und beidhändige Wurfarten (Schock-, Schlag-, Druckwürfe in unterschiedlichen Ausgangspositionen, überkopf, Stirn, Brust, frontal, seitlich

- ein- und beidhändige Ballannahme (Fangen) in unterschiedlichen Ausgangspositionen (hoch-tief; frontal-seitlich; im Stand-in der Bewegung)
- oberes Zuspiel frontal, seitlich, überkopf, Eigenzuspiel-Gegnerzuspiel
- unteres Zuspiel ein- und beidarmig, frontal, seitlich und überkopf
- Aufschlag (insbesondere Kleinfeldvarianten siehe Kapitel 3)
- oberes Zuspiel im Sprung (Angriffspritschen)
- Lob (einhändiger, „gelegter" Angriffsball)
- Vorbereitung Angriffsschlag und Block

Netzhöhe

- überwiegend hohes Netz bzw. Zauberschnur (ca. 2,50 m), um mehr Beobachtungszeit zu erzielen. Dadurch werden Bedingungen erreicht, die es dem Anfänger gestatten, rechtzeitig am Spielort zu sein; im weiteren Verlauf flexible Netzhöhen, je nachdem ob das obere oder untere Zuspiel geschult werden soll

Angriffstaktik

- individuelle Angriffstaktik:
  - Gegnerbeobachtung und in Lücken spielen
  - variabel spielen (kurz-lang; links-rechts; hoch-flach)
  - überraschende Spielsituationen initieren (Körperfinten, Blickfinten, Wurf- bzw. Rückschlagfinten)

Abwehrtaktik

- individuelle Abwehrtaktik:
  - optimale Abwehrposition im Feld (2/3Weg vorwärts 1/3Weg rückwärts) anstreben
  - fortwährende Spielbereitschaftsstellung verlangen
  - eigenes Spielfeld gemäß Spielort und Aktion des Gegners abschirmen
  - Antizipationsfähigkeit, d. h. Blickstrategien entwickeln
  - Ballkontakte aus dem sicheren Stand anstreben

Methodik

Methodischer Aufbau:

- von kleinen Spielräumen zu größeren Feldern
- von sehr hohen Netzen zu Netzhöhen mit 10 bis 20 cm über der Reichhöhe
- vom Fangen zum Kurzkontakt
- vom Spiel mit Aufprallen zum Spiel ohne Aufprellen des Balles
- vom Spiel miteinander zum Spiel gegeneinander
- vom Uno-Kontakt zum Mehrfachkontakt
- vom Einwurf zum Aufschlag
- von beidhändigen zu einhändigen Ballkontakten im Angriff
- vom defensiven zum offensiven Spielcharakter

Kurz-oder-Lang-Spiel

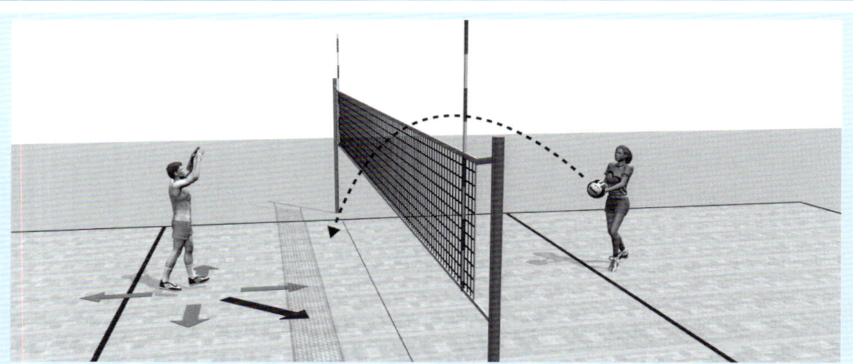

Der Ball soll mit beiden Händen so über das Netz geworfen werden, dass der Gegenspieler den Ball nicht fangen kann. Mit dem Ball darf nicht gelaufen werden, d. h. die Fangposition ist mit der Wurfposition identisch. Zur Eröffnung wird der Ball beidhändig rückwärts ins gegnerische Feld geworfen.

Hinweise

- Größe des Spielfeldes dem Könnensstand anpassen
- Bälle im Fallen zu fangen bedeutet keinen Fehler
- Sprungwürfe sind zunächst nicht erlaubt
- alle Wurfarten (Schockwurf von unten, Brustwurf, Überkopfwurf) vorstellen
- für diese klassische Ball-über-die-Schnur-Idee gibt es mehr als ein Dutzend Variationen (Kröger, 1985)

Variationen

- unterschiedliche Bälle einsetzen
- Werfen und Fangen nur mit einer Hand (li – re)
- Fang- und Wurfposition nur vor der Stirn

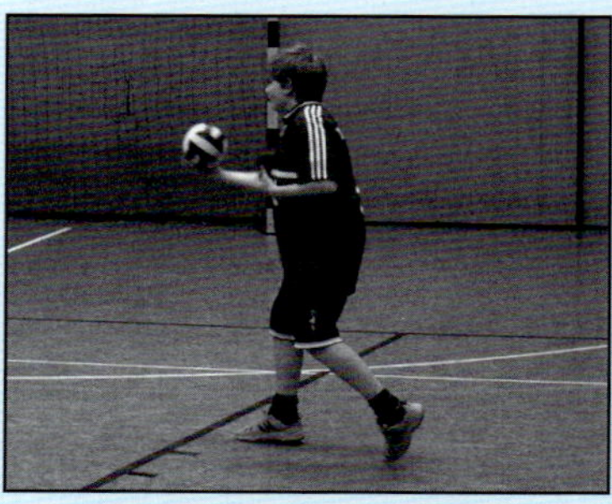

kleinerer Ball, einhändig

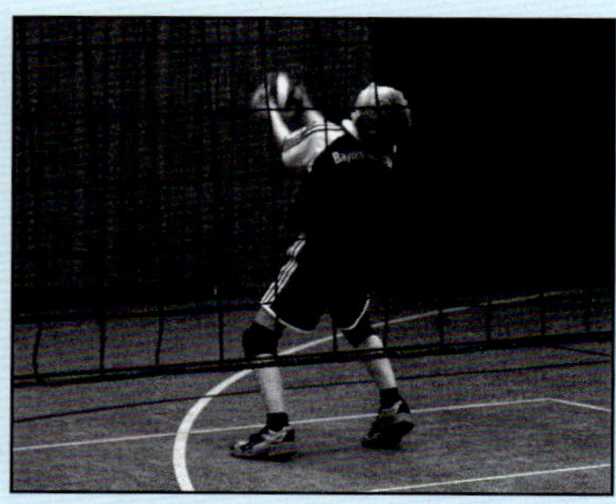

Überkopfwurf

Sprungwurf-Spiel

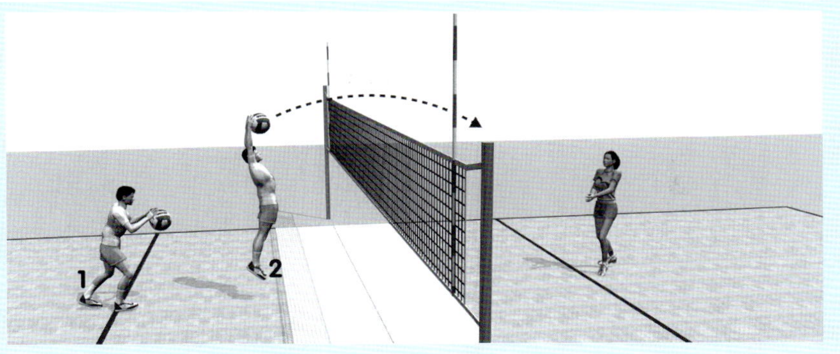

Der Ball soll mit beiden Händen so über das Netz geworfen werden, dass der Gegenspieler den Ball nicht fangen kann. Der Wurf erfolgt nach einem beid- oder einbeinigen Absprung. Von der Fangposition aus macht der Spieler zunächst einen Zwei-Schritt-Rhythmus zur Absprungposition. Zur Eröffnung wird der Ball beidhändig rückwärts ins gegnerische Feld geworfen. Parallel zur Mittellinie wird auf beiden Feldseiten eine 1m-Tabuzone markiert, die nicht betreten und in die der Ball nicht hineingeworfen werden darf.

Hinweise

- Rhythmisierung des Anlaufes betonen, d. h. für Rechtshänder langen Impulsschritt mit rechts und folgendem Beistellschritt mit links
- Wurffinten sind für das Spielziel dienlich

Variationen

- unterschiedliche Bälle einsetzen
- Werfen und Fangen nur mit einer Hand (li – re) und kleinen Bällen
- Drei-Schritt-Rhythmus (li – re/li)

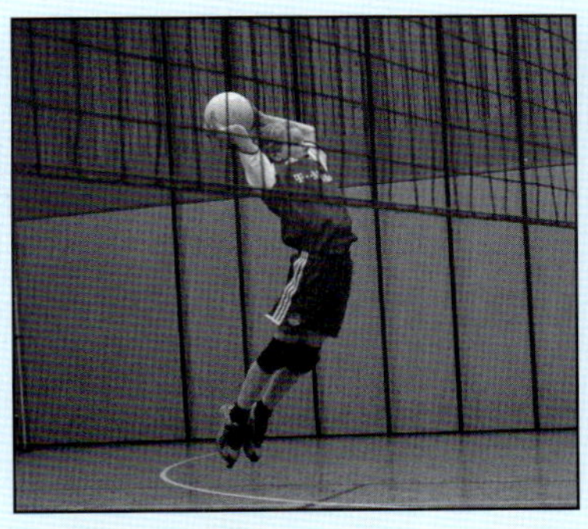

Bogenspannung

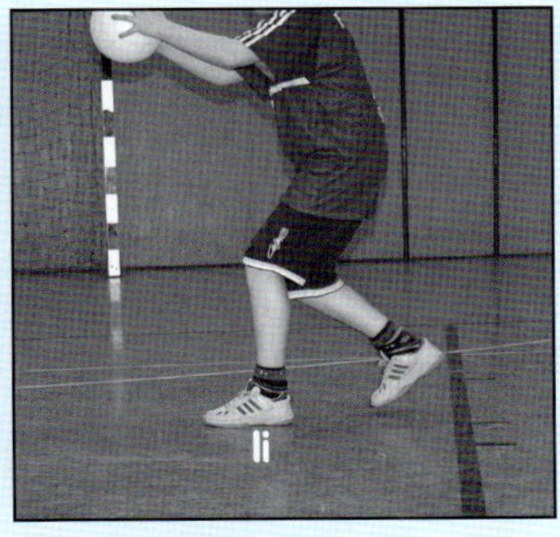

Schrittrhythmen

Fang-Pritsch-Spiel

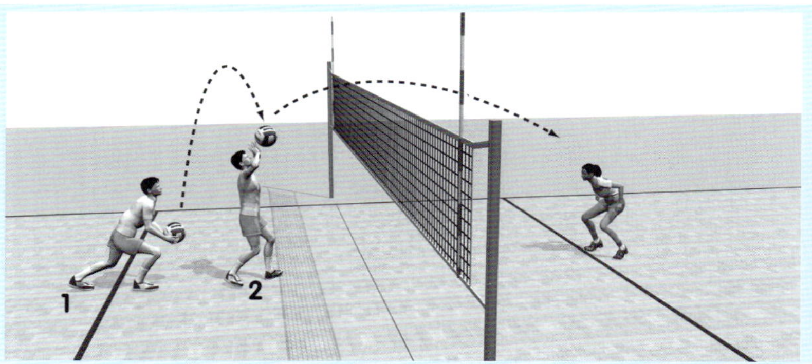

Der Ball soll mit beiden Händen so über das Netz gepritscht werden, dass der Gegenspieler den Ball nicht fangen kann. Nach dem Fangen wirft sich der Spieler den Ball als „Kerzenwurf" an und pritscht ihn anschließend im Stand über das Netz. Mit dem Ball darf nicht gelaufen werden, d. h. die Fangposition ist mit der Pritschposition identisch. Zur Eröffnung wird der Ball beidhändig rückwärts ins gegnerische Feld geworfen.

Hinweise

- Größe des Spielfeldes und Netzhöhe dem Könnensstand anpassen
- Bedeutung von kurzen „Pritschwegen" (Handgelenk) und langen „Pritschwegen" (Gesamtkörperstreckung) hervorheben
- Ausführung des Pritschens in der Überstirn-Position beachten

Variationen

- unterschiedliche Bälle einsetzen
- zunächst nur Abspiele senkrecht zur Schulterachse, dann freie Optionen
- Fang- und Wurfposition nur vor der Stirn erlaubt

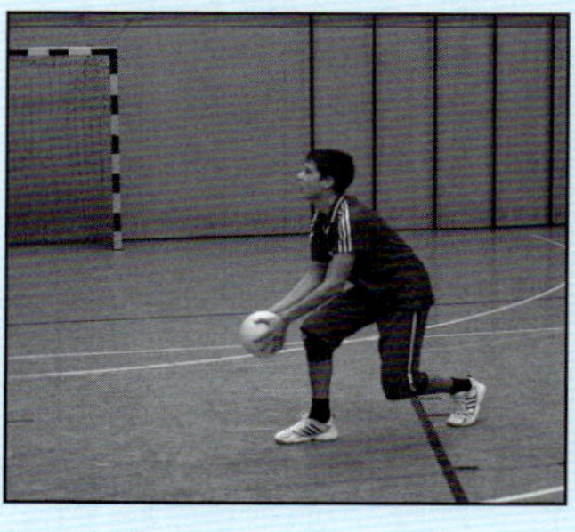

Anwurf

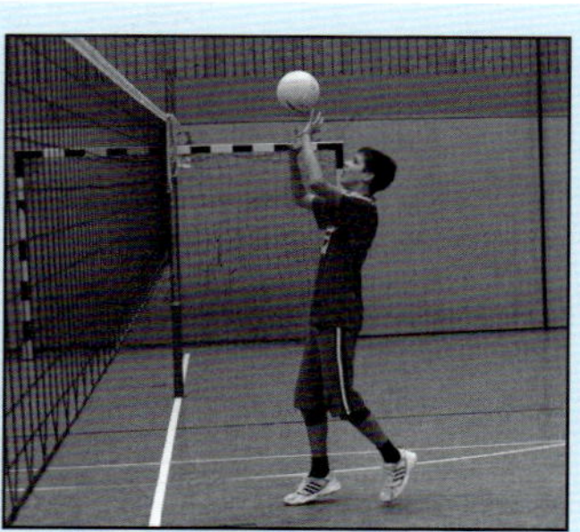

Pritschaktion

Sprung-Pritsch-Spiel

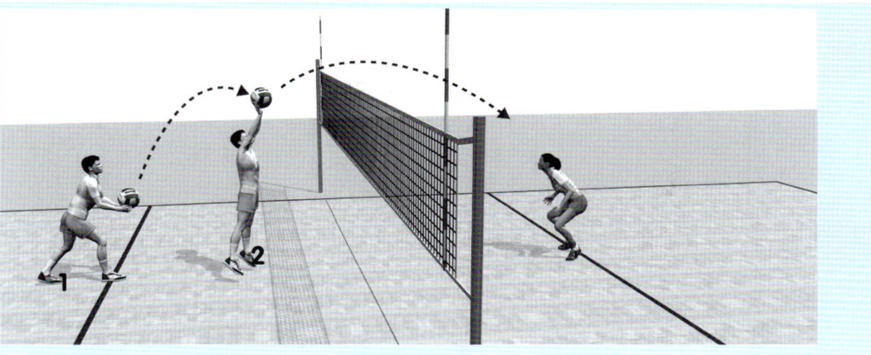

Der Ball soll mit beiden Händen so über das Netz gepritscht werden, dass der Gegenspieler den Ball nicht fangen kann. Nach dem Fangen wirft sich der Spieler den Ball leicht nach vorn oben an und pritscht ihn nach einem Zwei-Schritt-Rhythmus im Sprung über das Netz. Zur Eröffnung wird der Ball beidhändig rückwärts ins gegnerische Feld geworfen.

Hinweise

- Größe des Spielfeldes und Netzhöhe dem Könnensstand anpassen
- je nach Spielniveau mit oder ohne Tabuzone am Netz
- Sprungpritschen ist notwendig, um einen Punkt zu erzielen, d. h. die Option für ein Standpritschen kann situativ genutzt werden

Variationen

- unterschiedliche Bälle einsetzen
- Drei-Schritt-Rhythmus (li – re/li)

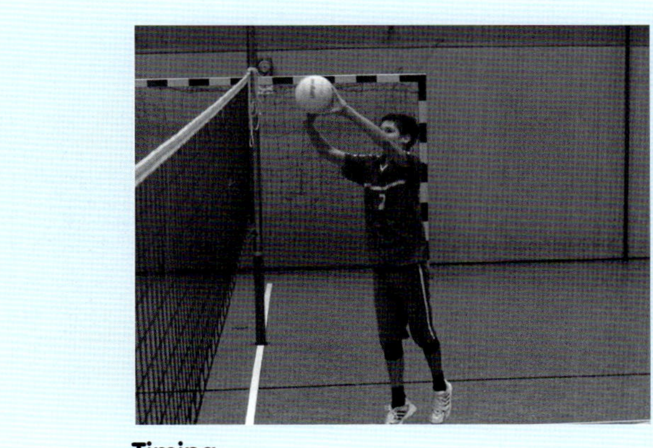

Timing

Anwurf-Spiel

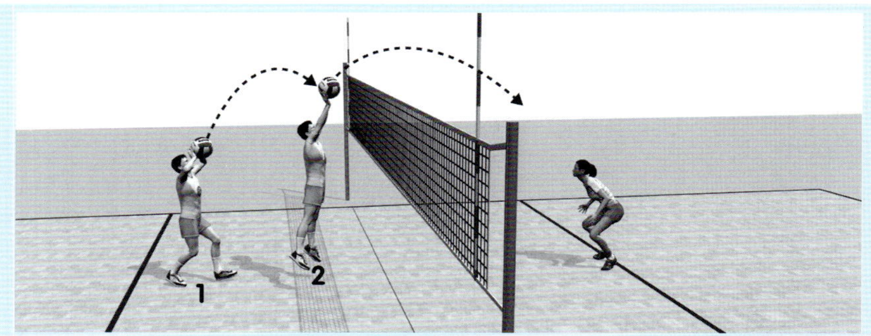

Der Ball soll mit beiden Händen so über das Netz gepritscht werden, dass der Gegenspieler den Ball nicht kontrolliert hochpritschen kann. Nach dem Fangen wirft sich der Spieler den Ball leicht nach vorn oben an, um ihn nach einem Zwei-Schritt-Rhythmus im Sprung über das Netz zu pritschen.

Hinweise

- es sind jetzt frontale Einwürfe zur Spieleröffnung erlaubt
- ersten Kurzkontakt möglichst aus einer etablierten Körper-Ball-Stellung spielen
- auf Gefahr von zu weiten Anwürfen in Richtung Netz hinweisen
- Ball und Gegenspieler ständig im Blickfeld haben

Variationen

- Drei-Schritt-Rhythmus (li – re/li)
- den Ball in Stirnposition fangen und werfen
- statt Fangen direktes Pritschen über das Netz

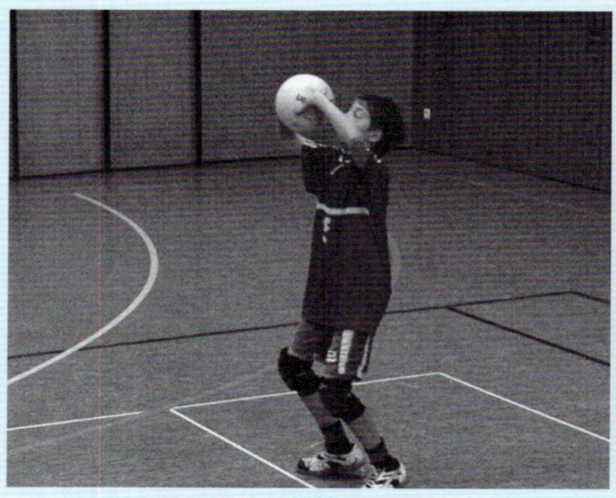

Anwurf aus Pritschposition

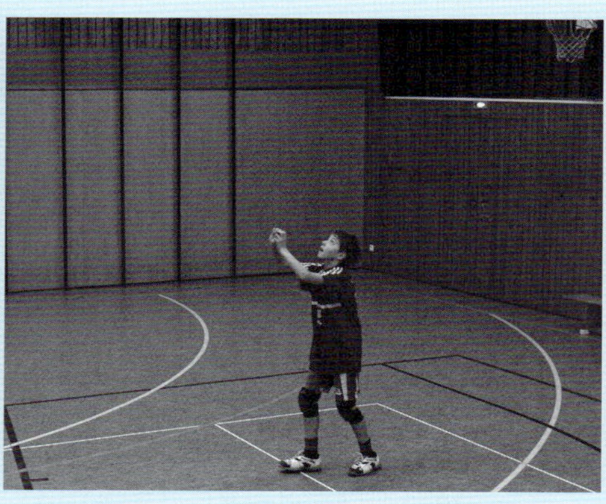

Vorbereitung für den Kurzkontakt

Ping-Pong-Spiel

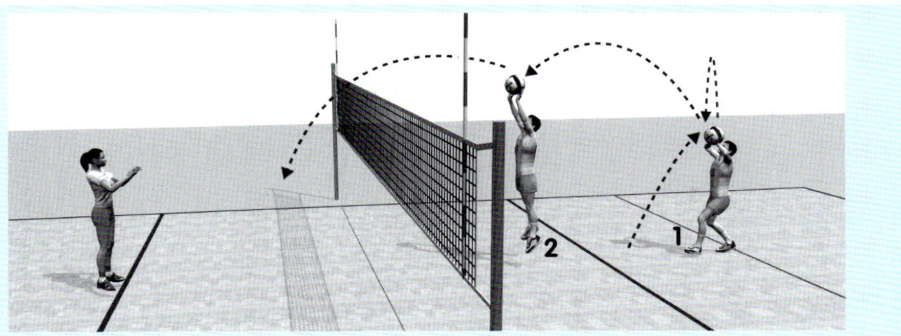

Der Ball soll mit beiden Händen so über das Netz gepritscht werden, dass der Gegenspieler sich den Ball nach dem Bodenkontakt nicht mehr selbst hochpritschen kann. Nach dem Fangen wirft sich der Spieler den Ball leicht nach vorn oben an, um ihn nach einem Zwei-Schritt-Rhythmus im Sprung über das Netz zu pritschen. Allerdings muss der Ball in einer vorgegebenen Auftreffzone den Hallenboden berühren.

Hinweise

- Größe der Auftreffzone in Abstimmung mit der Netzhöhe dem Könnensstand der Spieler anpassen
- es sind jetzt auch frontale Einwürfe zur Spieleröffnung erlaubt
- wesentlich ist das Tiefgehen unter den Ball, um eine technisch einwandfreie Pritschtechnik zu spielen

Variationen

- Drei-Schritt-Rhythmus (li – re/li)
- den Ball in Stirnposition fangen und werfen
- statt Fangen direktes Pritschen über das Netz

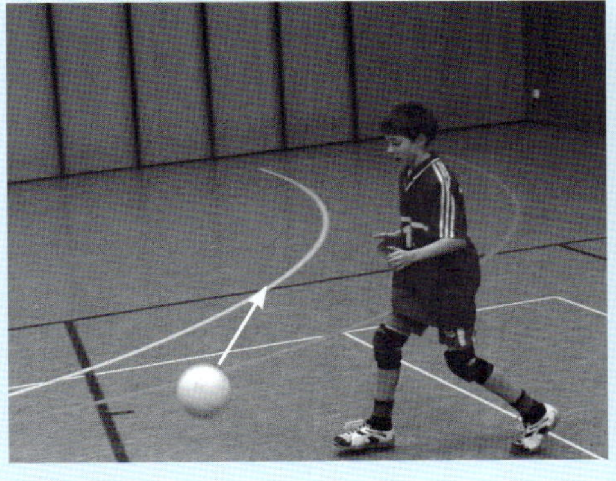

Aufsetzer

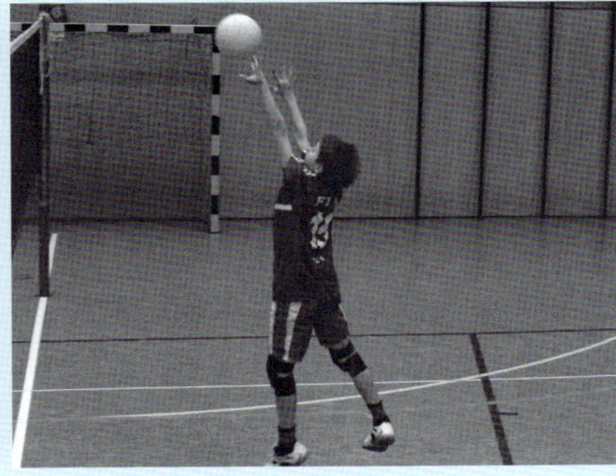

Pritschaktion nach Aufsetzer

Schockwurf-Bagger-Spiel

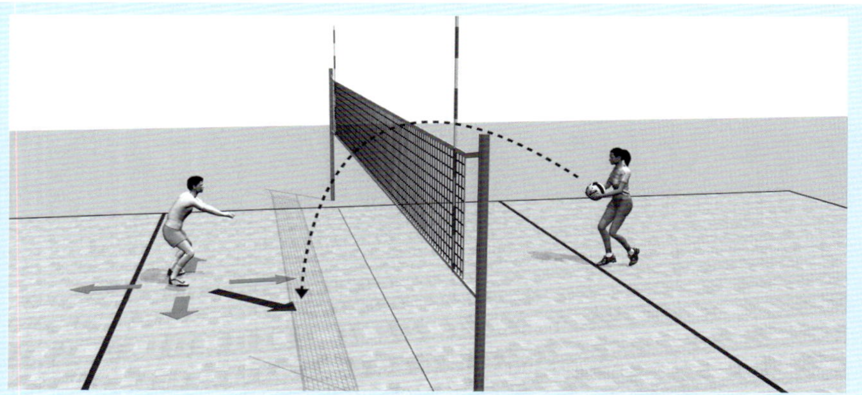

Der Ball soll mit beiden Händen von unten so über das Netz geworfen werden, dass der Gegenspieler den Ball nicht mehr kontrolliert hochbaggern kann. Nach dem Baggern fängt der Spieler den Ball und wirft diesen in der Schockwurftechnik über das Netz.

Hinweise

- Größe des Spielfeldes und Netzhöhe dem Könnensstand anpassen
- je nach Spielniveau mit oder ohne Tabuzone am Netz
- je näher die Spielposition am Netz, um so waagerechter das „Spielbrett" für den Bagger einsetzen

Variationen

- unterschiedliche Bälle einsetzen
- einhändige Schockwürfe (li – re)

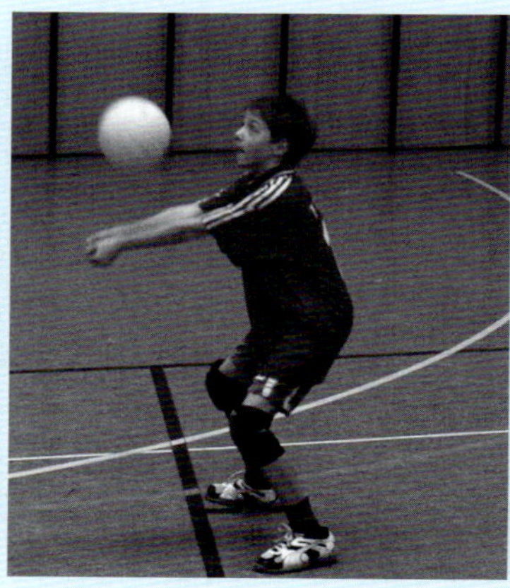

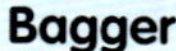

Bagger

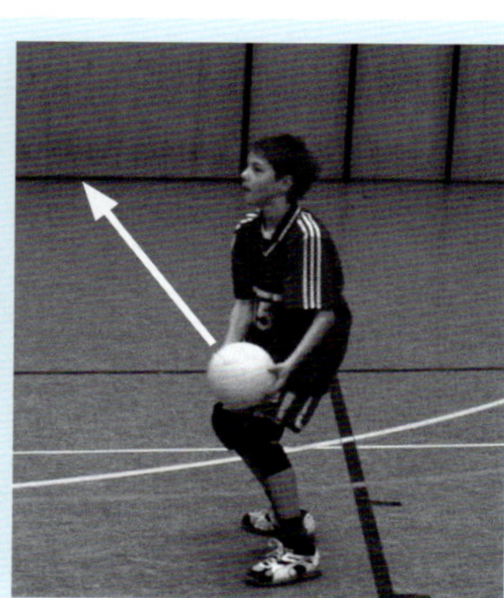

Schockwurf

Double-Kontakt-Spiel

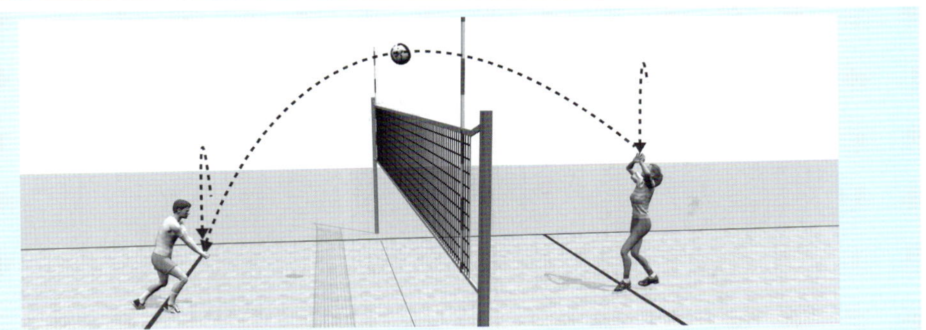

Der über das Netz entgegenfliegende Ball wird vom Spieler im ersten Kurzkontakt – je nach Situation – entweder gepritscht oder gebaggert. Mit dem zweiten Kurzkontakt soll der Ball im Stand so über das Netz gepritscht werden, dass der Gegenspieler den Ball nicht mehr weiterspielen kann. Zur Eröffnung wird der Ball beidhändig vorwärts oder rückwärts ins gegnerische Feld geworfen.

Hinweise

- mit dem ersten Kontakt den Ball so ans Netz spielen, dass die meisten Optionen für einen wirkungsvollen zweiten Kontakt entstehen
- in schwierigen Spielsituationen den ersten Ball möglichst hoch und in die Mitte des Spielfeldes platzieren
- je nach Spielniveau mit oder ohne Tabuzone am Netz

Variationen

- unterschiedliche Bälle einsetzen
- im Sprungpritschen mittels Zwei- oder Drei-Schritt-Rhythmus

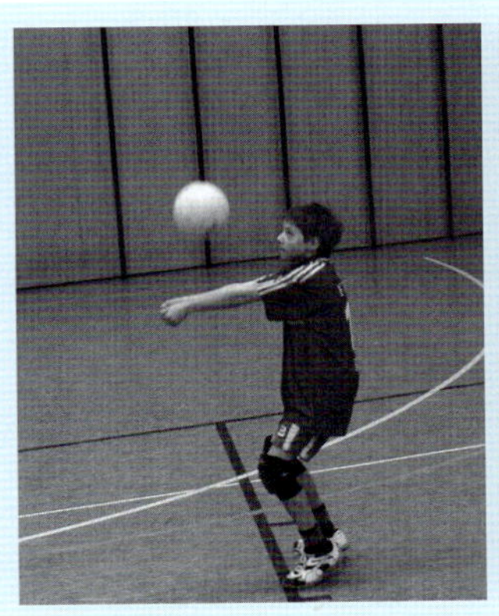

1. Kontakt

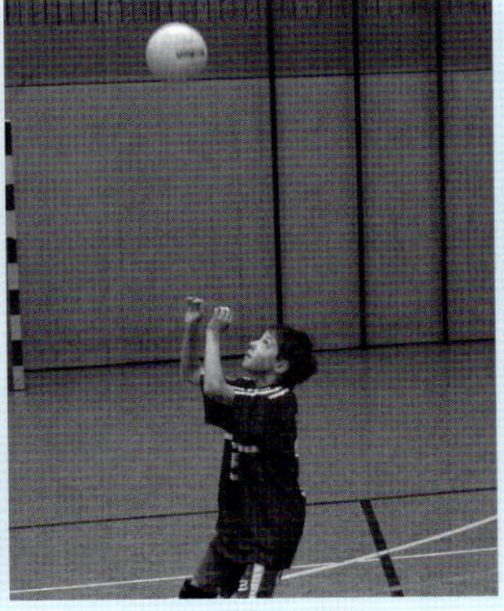

Orientierung

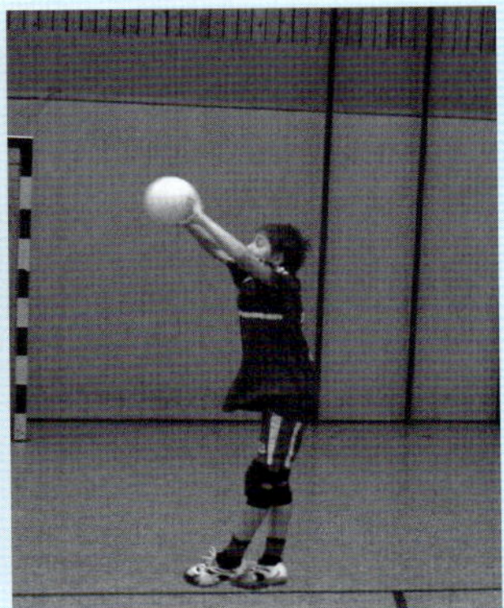

2. Kontakt

Linien-Lauf-Spiel

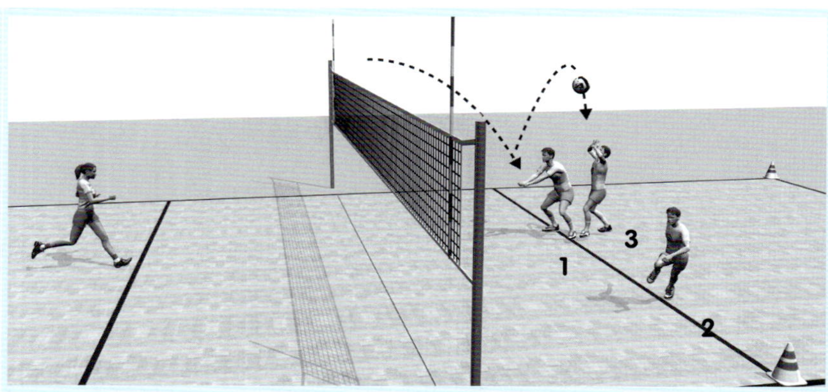

In Ergänzung zum Doppel-Kontakt-Spiel wird jeweils nach dem zweiten Kontakt vom Spieler verlangt, mit den Füßen festgelegte Punkte auf den Linien abzulaufen bzw. Hütchen zu berühren oder um diese herumzulaufen.

Hinweise

- Anzahl der Punkte je nach dem Spielniveau anpassen
- konditionell hohe Belastung
- die durch das Ablaufen der Linienpunkte entstandene Lücke auf dem Spielfeld soll vom Gegenspieler ausgenutzt werden
- das Spiel muss anfangs von außen geleitet werden, da für die Spieler Regelverstöße auf Grund des schnellen Spiels häufig nicht zu beobachten sind

Variationen

- unterschiedliche Zusatzaufgaben: „Schuhplatteln“, Wand berühren, Bauchlage, 360°-Drehung usw.
- im Sprungpritschen mittels Ein- oder Zwei-Schritt-Rhythmus

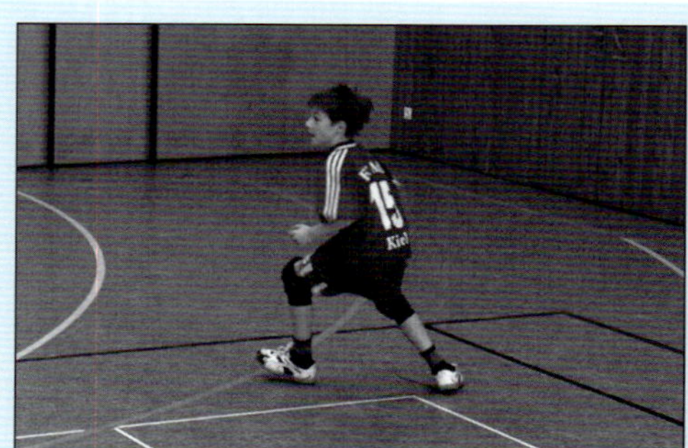
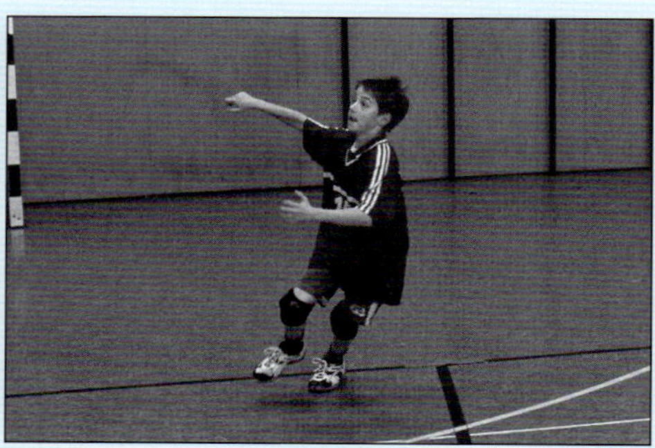

Laufaktion nach dem 2. Kontakt

Bagger-Volley-Spiel

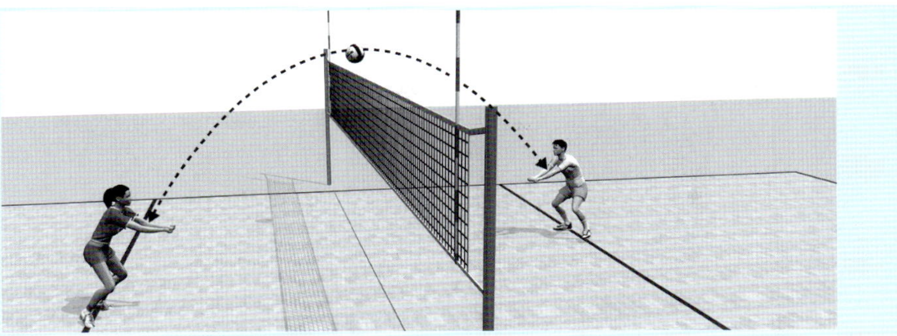

Der über das Netz entgegenfliegende Ball soll vom Spieler mit nur einem Kontakt direkt mit der Baggertechnik so zurückgespielt werden, dass der Gegenspieler den Ball nicht mehr im Baggervolley zurückspielen kann. Zur Eröffnung wird der Ball beidhändig vorwärts oder rückwärts ins gegnerische Feld geworfen.

Hinweise

- bei der Wahl eines kurzen, aber breiteren Spielfeldes wird die seitliche Technik mehr gefordert als in einem langen, schmalen Spielfeld
- je nach Spielniveau und Wahl des Spielfeldes mit oder ohne Tabuzone am Netz

Variationen

- nur einarmiger Bagger-Volley
- vier Kontakte: 1. Kontakte beidarmig, 2. Kontakt (re oder li), 3. Kontakt (li oder re), 4. Kontakt beidarmig über das Netz
- jeder Spieler erhält eine rechte und eine linke Spielfeldseite; es muss abwechselnd der Ball in die linke und rechte Seite platziert werden

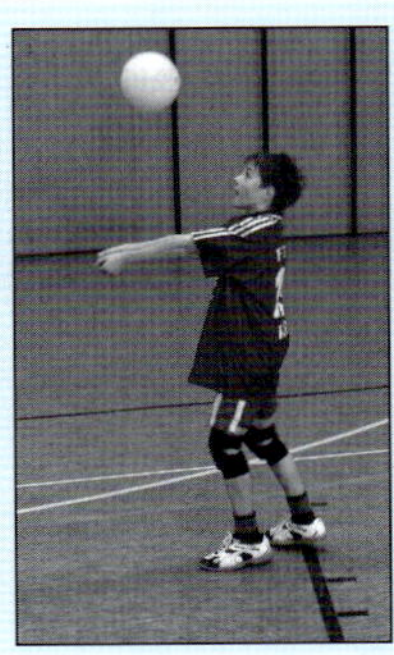
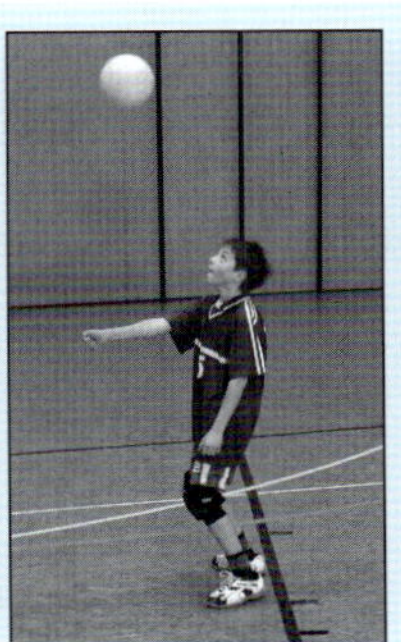
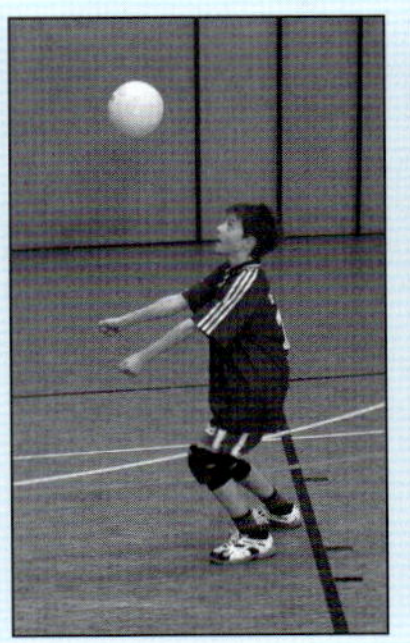
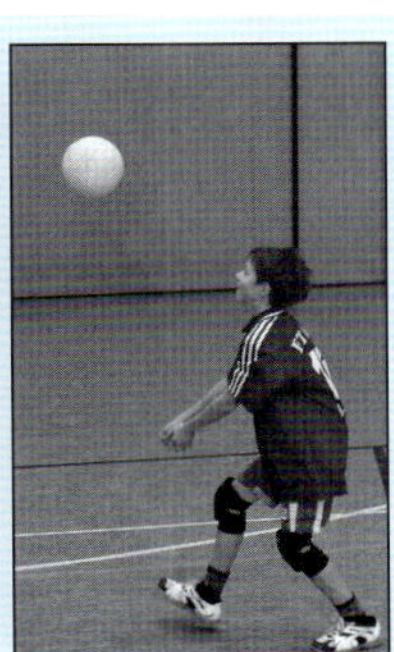

Variante: vier Kontakte

Pritsch-Volley-Spiel

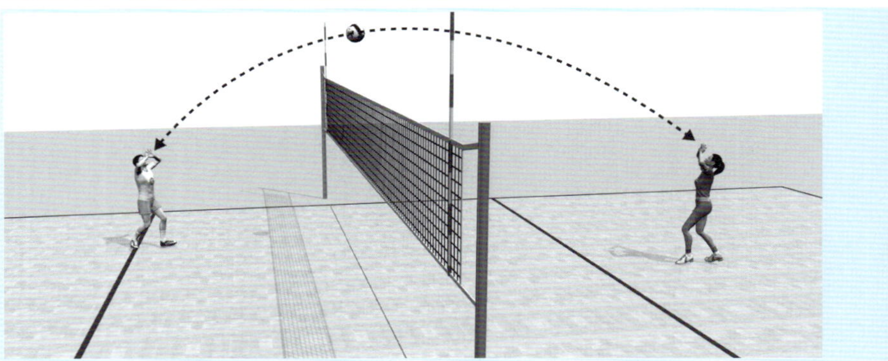

Der über das Netz entgegenfliegende Ball soll vom Spieler im Stand direkt mit einem Pritsch-Kontakt so über das Netz gespielt werden, dass der Gegenspieler nicht mehr mit einem Pritsch-Volley antworten kann. Zur Eröffnung wird der Ball beidhändig vorwärts oder rückwärts ins gegnerische Feld geworfen.

Hinweise

- breite Spielfelder anfänglich mit der Regelvorgabe „Pritschen nur senkrecht zur Schulterachse" wählen
- je nach Spielniveau mit oder ohne Tabuzone am Netz

Variationen

- Hände müssen ständig hochgehalten werden, wenn nicht gibt es einen Punkt für den Gegner („Hands Up")
- zwei Kontakte: 1. Kontakt Kerzenzuspiel, dann Zusatzaufgabe: z. B. Händeklatschen vor dem Körper, dann hinter dem Körper oder beide Hände auf den Boden legen usw., 2. Kontakt über das Netz
- zwei Kontakte: 1. Kontakt Pritschzuspiel für 2. Kontakt Sprungpritsch über das Netz
- jeder Spieler erhält eine Vorder- und eine Hinterzone in seinem Spielfeld; es muss abwechselnd der Ball netznah und netzentfernt platziert werden

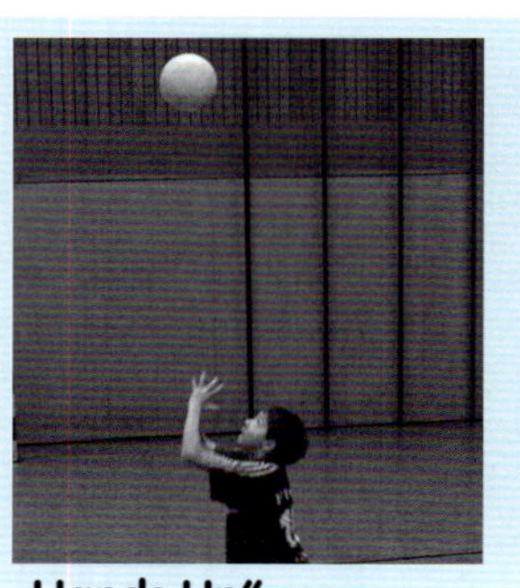

„Hands Up"

Überkopf-Spiel

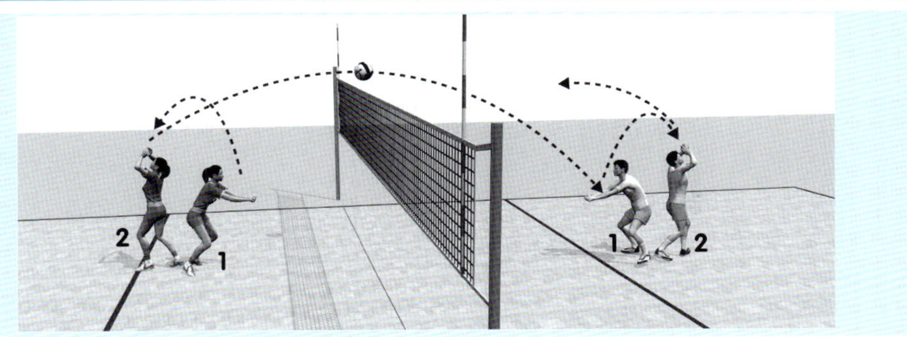

Der über das Netz entgegenfliegende Ball soll vom Spieler im ersten Kurzkontakt – je nach Situation und im Sinne eines kontrollierten Zuspiels – entweder gepritscht oder gebaggert werden. Der Spieler dreht sich um 180° und spielt den Ball im Stand aus dieser Körperposition als zweiten Kurzkontakt so über das Netz, dass der Gegenspieler den Ball nicht mehr kontrolliert mit einem Kurzkontakt-Spiel antworten kann. Zur Eröffnung wird der Ball beidhändig vorwärts oder rückwärts ins gegnerische Feld geworfen.

Hinweise

- den Spielern bleibt die Option, ob sie das Überkopf-Zuspiel grundsätzlich in den Spielzug integrieren oder nicht (im letzteren Fall allerdings ohne Chance auf einen Punktgewinn)
- 180°-Drehung muss deutlich erkennbar sein

Variationen

- es sind auch laterale (seitliche) Zuspiele möglich
- der zweite Kontakt kann auch im Sprung erfolgen

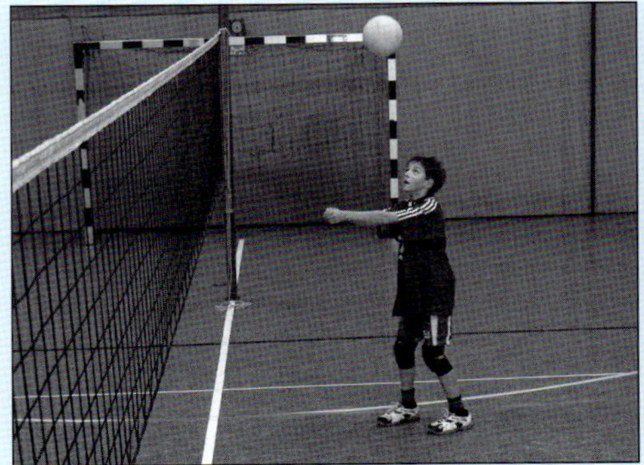

1. Kontakt: Wahl zwischen UZ oder OZ

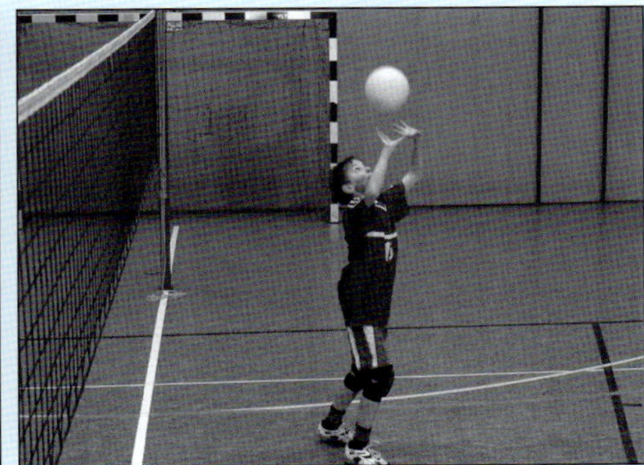

2. Kontakt: Überkopf

Tennis-Schlag-Spiel

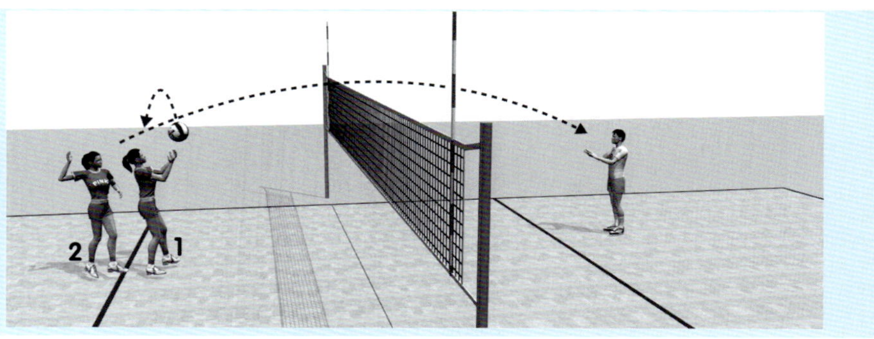

Der Spieler fängt den entgegenfliegenden Ball und wirft sich ihn – quasi in einem Schockwurf – an. Danach führt er aus dem Stand einen Schlag von oben mit viel Handgelenkseinsatz aus. Der Schlag soll so erfolgen, dass der Gegenspieler den Ball nicht mehr kontrolliert in seinem Spielfeld fangen kann. Zur Eröffnung wird der Ball beidhändig vorwärts oder rückwärts ins gegnerische Feld geworfen.

Hinweis

- anfänglich erst lange und schmale Felder, dann breitere Felder

Variationen

- zwei Kontakte: 1. Kontakt oberes oder unteres Zuspiel, dann Anwurf für 2. Kontakt Schlag
- Eröffnung wird auch als Schlag ausgeführt
- Schlagseite wechseln (li – re)
- Schlag kann auch aus dem Sprung (mit oder ohne Tabuzone) erfolgen

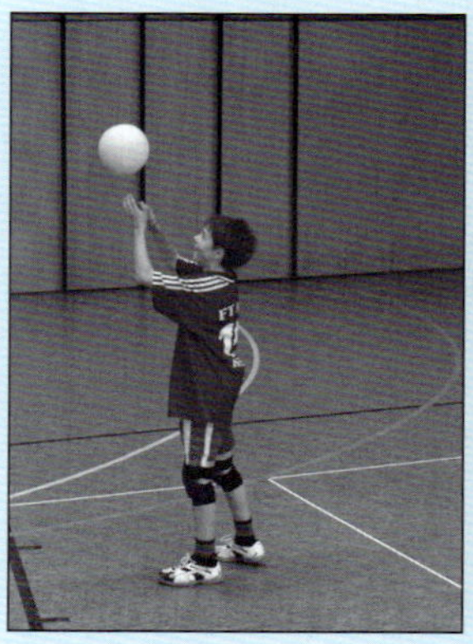

Anwurf

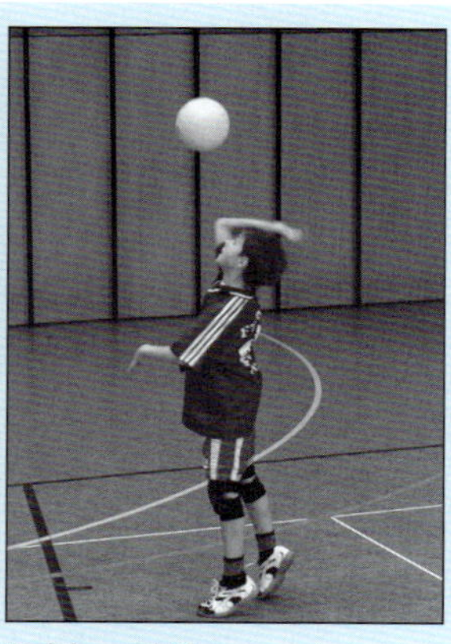

Schlagaktion

Kopf-Ball-Spiel

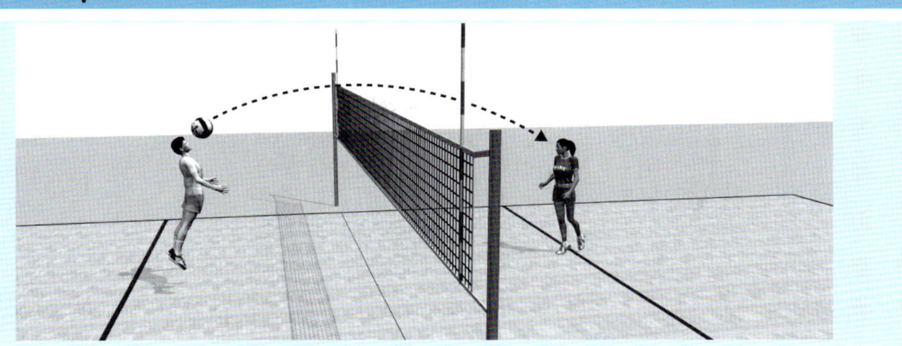

Der Spieler fängt den entgegenfliegenden Ball und wirft ihn – quasi in einem Schockwurf – an. Danach führt er aus dem Sprung einen mit viel Bogenspannung vorbereiteten Kopfball aus. Der Ball soll so ins gegnerische Feld geköpft werden, dass der Gegenspieler den Ball nicht mehr kontrolliert fangen kann. Zur Eröffnung wird der Ball beidhändig vorwärts oder rückwärts ins gegnerische Feld geworfen.

Hinweise

- die Rhythmisierung des Anlaufes (Zwei- oder Dreischrittrhythmus) betonen
- größere Felder und kleinere Netzhöhen (Punktchance) einsetzen

Variationen

- nach dem Kopfball eine Zusatzaufgabe einbauen: z. B. Grundlinie mit beiden Händen berühren oder Bauchlage einnehmen
- Pritschen statt Fangen

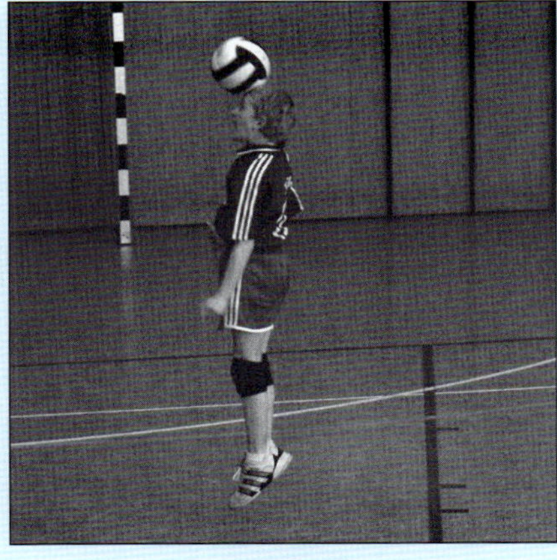

Kopfball

Stand-Angriffs-Spiel

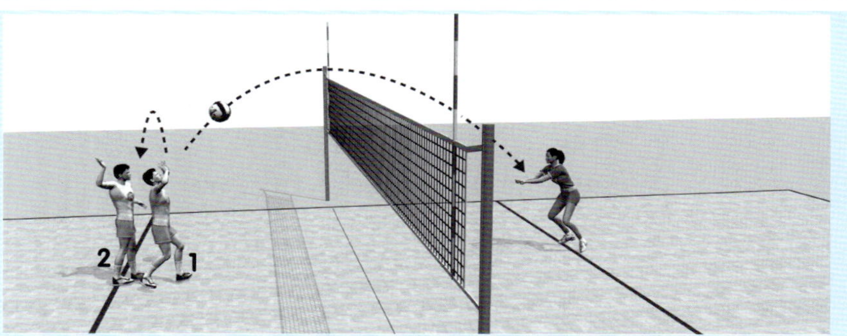

Der über das Netz entgegenfliegende Ball wird vom Spieler im ersten Kurzkontakt – je nach Situation – entweder gepritscht oder gebaggert. Mit dem zweiten Kurzkontakt soll der Ball aus dem Stand so über das Netz geschlagen werden, dass der Gegenspieler den Ball nicht mehr weiterspielen kann. Zur Eröffnung wird der Ball beidhändig vorwärts oder rückwärts ins gegnerische Feld geworfen.

Hinweise

- Punkterfolg nur nach Schlag als letzter Kontakt sowie Doppelpunkterfolg wenn Schlag von der „schwachen" Seite
- Größe des Spielfeldes und Netzhöhe dem Könnensstand anpassen
- je nach Spielniveau mit oder ohne Tabuzone am Netz
- mit dem ersten Kontakt den Ball so ans Netz spielen, dass die meisten Optionen für einen wirkungsvollen zweiten Kontakt entstehen
- jetzt auch Lobs als „Angriffswaffe" einsetzen

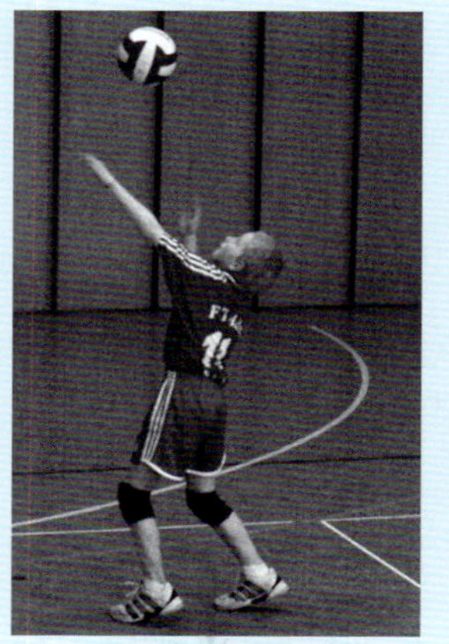
Standangriff

Variationen

- unterschiedliche Bälle einsetzen
- im Sprung schlagen mittels Zwei-, Drei- oder Mehrschritt-Rhythmen

Zwei-Bälle-Spiel

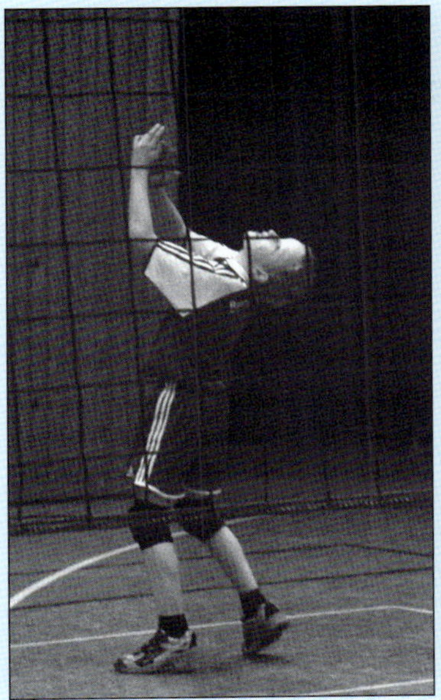

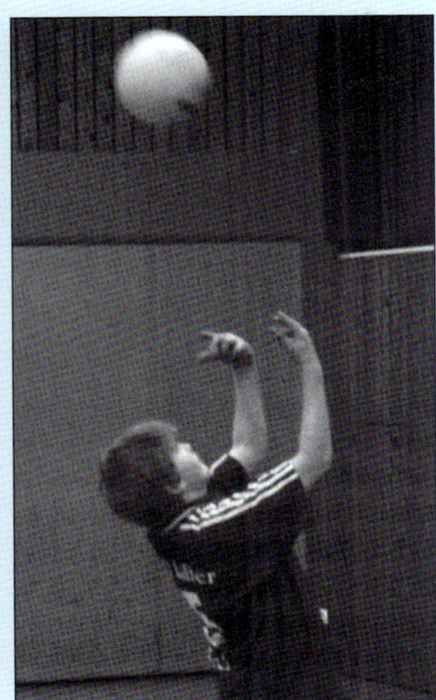

Beide Spieler werfen zur Eröffnung gleichzeitig auf Pfiff den Ball beidhändig rückwärts ins gegnerische Feld. Der über das Netz entgegenfliegende Ball wird vom Spieler im ersten Kurzkontakt – je nach Situation – entweder gepritscht oder gebaggert. Mit dem zweiten Kurzkontakt soll der Ball aus dem Stand so über das Netz geschlagen werden, dass der Gegenspieler den Ball nicht mehr weiterspielen kann. Nach dem Schlag erfolgen ein Blicksprung (Ball-Raum-Ball) und dann die Ausrichtung zum zweiten Ball.

Hinweise

- insbesondere am Anfang treten sehr kurze Ballwechsel auf
- das Spiel muss zu Beginn von außen geleitet werden, da Regelverstöße aufgrund des schnellen Spiels für die Spieler häufig nicht zu beobachten sind
- Größe des Spielfeldes und Netzhöhe dem Könnensstand anpassen
- je nach Spielniveau mit oder ohne Tabuzone am Netz

Variationen

- unterschiedliche Bälle einsetzen
- im Sprung schlagen mittels Zwei-, Drei- oder Mehrschrittrhythmen

Mit-oder-ohne-Block-Spiel

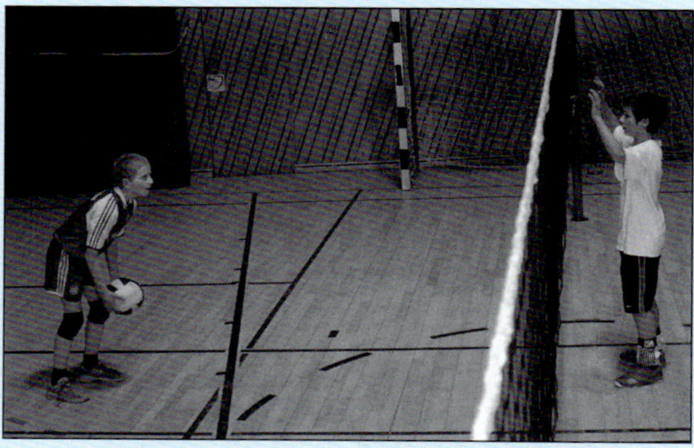

Der vom Gegner für den Angriff zugeworfene Ball wird vom Spieler – je nach Situation – entweder geblockt oder nicht geblockt. Blockt der Spieler nicht, muss er den gegnerischen Angriffsball fangen. Danach wirft er sich den Ball selbst für einen Angriff aus dem Sprung an. Zur Eröffnung wird der Ball beidhändig vorwärts oder rückwärts ins gegnerische Feld geworfen.

Hinweise

- bei Blockerfolg Doppelpunkt
- zunächst Regelvorgabe: gegen Block den Lob
- je nach Spielniveau mit oder ohne Zone für den Lobtreffer in Netznähe

Variationen

- im Sprung schlagen mittels Ein-, Zwei-, Drei- oder Mehrschritt-Rhythmen

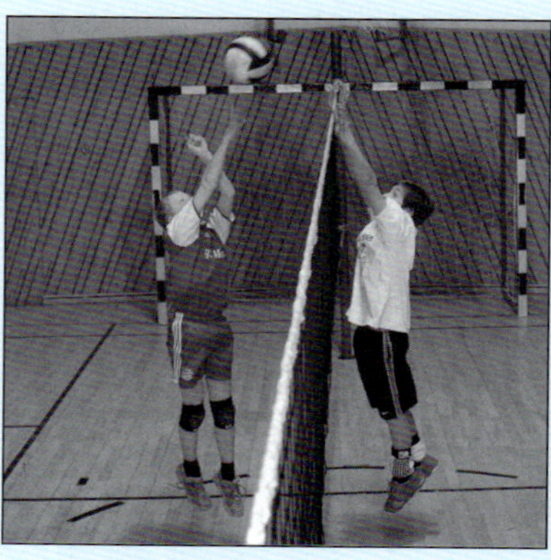

Lob gegen Block

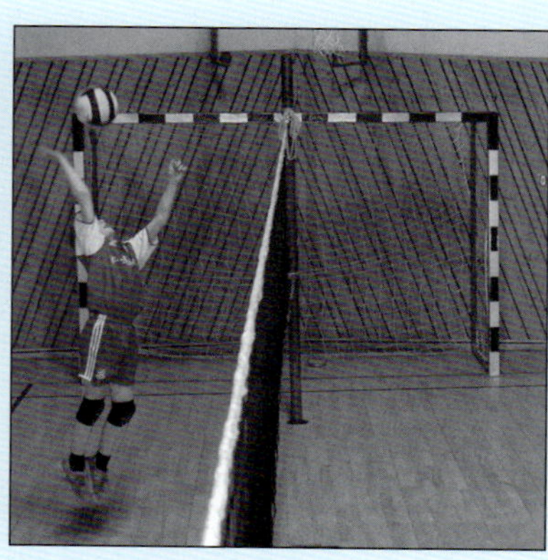

Schlag ohne Block

Sprungaufschlag-Spiel

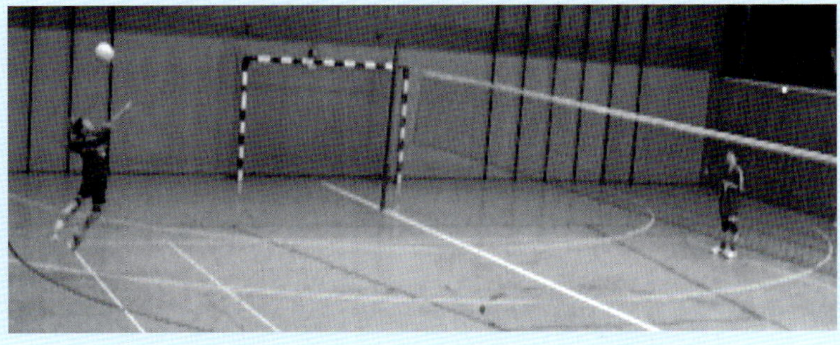

Zur Eröffnung muss der Ball als Sprungaufschlag ins Spiel gebracht werden, um die Chance für einen Punkterfolg im Ballwechsel zu erhalten. Der Spieler soll zunächst im ersten Kurzkontakt – je nach Situation – entweder mit einem Pritsch- oder Baggerzuspiel antworten. Mit dem zweiten Kurzkontakt wird der Ball aus dem Stand so über das Netz geschlagen, dass der Gegenspieler den Ball möglichst nicht mehr weiterspielen kann.

Hinweise

- Größe des Spielfeldes und Netzhöhe dem Könnensstand anpassen
- verschiedene Technikvarianten (z. B. im Anwurf, Anlauf oder beim Schlag) erproben lassen
- mit dem ersten Kontakt den Ball so ans Netz spielen, dass sich die meisten Optionen für einen wirkungsvollen zweiten Kontakt eröffnen

Variationen

- unterschiedliche Bälle (z. B. alle zwei Punkte Ballwechsel von insgesamt 2 bis 7 verschiedenen Bällen) berücksichtigen
- im Sprung schlagen mittels Ein-, Zwei-, Drei- oder Mehrschritt-Rhythmen

Triple-Kontakt-Spiel

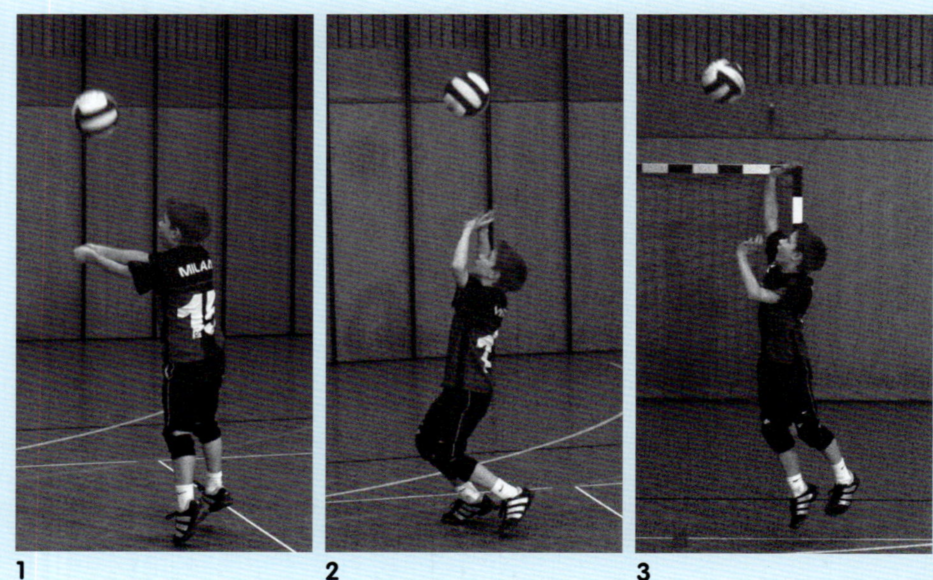

1 2 3

Zur Eröffnung wird der Ball mit einer frei gewählten Aufschlagtechnik ins Spiel gebracht. Der Spieler soll im ersten Kurzkontakt – je nach Situation – entweder mit einer Pritsch- oder Baggerannahme antworten. Der zweite Kurzkontakt ist das Zuspiel und mit dem dritten Kontakt wird der Ball aus dem Stand oder im Sprung über das Netz geschlagen.

Hinweise

- bei dieser „Reinform" des 1:1-Volleyballs entscheidet wieder die Größe des Spielfeldes sowie die Netzhöhe über kürzere oder längere Ballwechsel
- Angriffstechnik nicht durch ein zu hohes Netz „bremsen lassen"
- bereits mit dem ersten Kontakt den Weg zum Netz fordern
- drei Kontakte belohnen (Doppelpunkt)
- bei „ungleichen" Paaren Handicaps (vgl. Tabelle 2) berücksichtigen

2.2 *Die Basisspiele 1:1+1, 1+1:1+1 und 1:2*

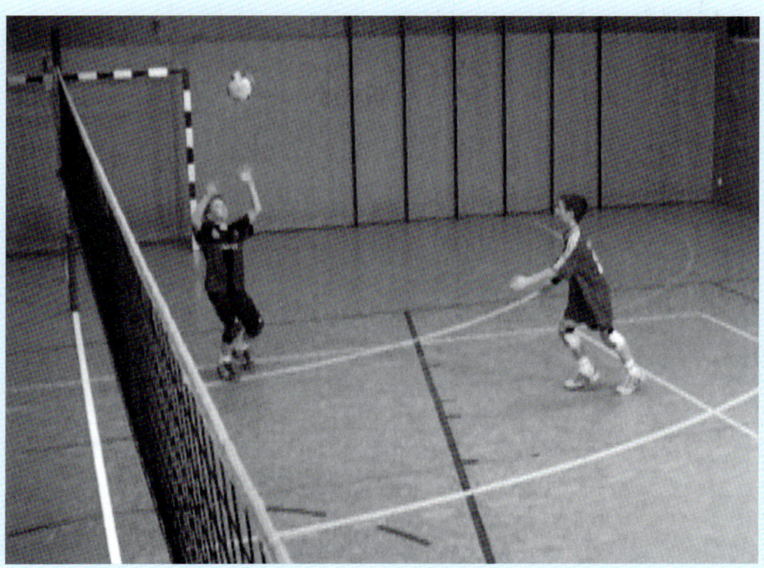

Spielfeldhälfte

3,00 m bis 4,50 m breit ⟷ 6,00 m (vereinzelt 9,00 m) lang
Netzhöhe: 2,40 m bis 2,50 m (vereinzelt 2,00 m bis 2,20 m)

Charakteristik

- es handelt sich um Zwischenstationen vor den überwiegend gruppentaktisch ausgerichteten 2:2-Spielen
- statt frontal ausgerichtete Ballaktionen erhöhen jetzt die gewinkelten Zu- und Abspiele die technischen Anforderungen
- klare räumliche und funktionelle Trennung der Spieler untereinander:
  – 1:1+1 = gemeinsamer netznaher Zuspieler läuft unterm Netz zwischen beiden Spielparteien
  – 1+1+1 = Rotation der Spieler (mit langem Spielfluss)
  – 1+1:1+1 = jeder Spieler hat eine zugewiesene Spielfläche (Vorderspieler und Hinterspieler)
- Übergang zum Erproben von ersten, mehr taktisch ausgerichteten Verhaltensweisen (z. B. „Wie greife ich gegen A und wie gegen B an?“)
- Schwerpunkt bleibt die angemessene Wahl des Spielmodus aus den 1:1 Spielen, um längere, technisch- und taktisch-betonte, spannende Ballwechsel zu provozieren

Gewinner-bleibt-im-Spiel

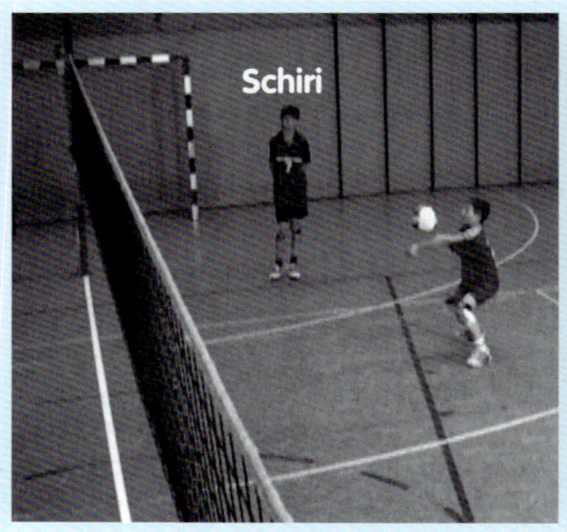

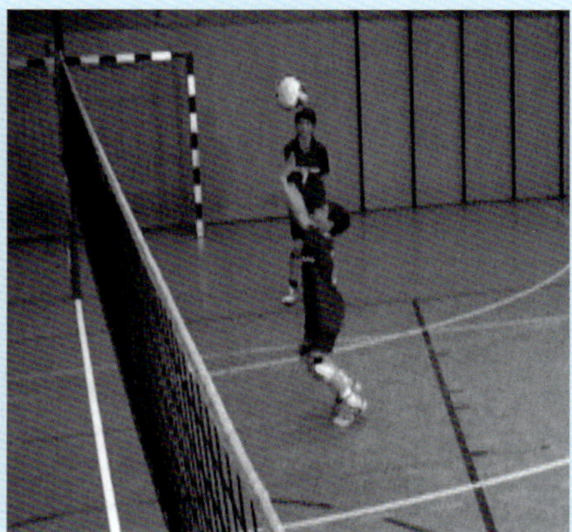

Erklärung

Dieses Grundspiel bildet die Hinführung zu Überzahlspielen. Es wird der Modus von einem 1:1-Spiel festgelegt. Ein dritter Spieler fungiert als Schiedsrichter für einen Ballwechsel. Der Verlierer ist der Schiedsrichter des nächst folgenden Ballwechsels.

Dreieck-Spiel

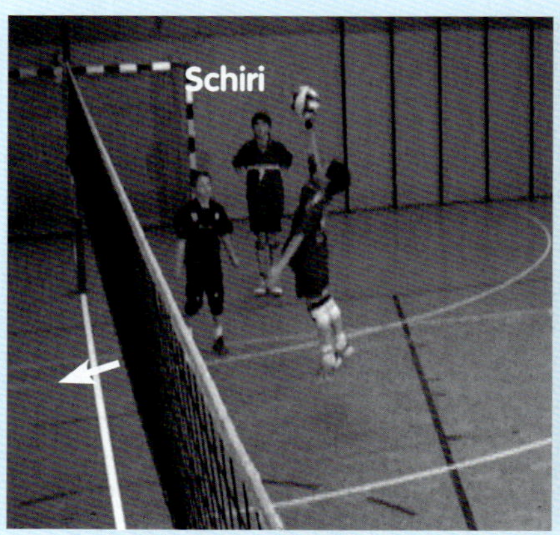

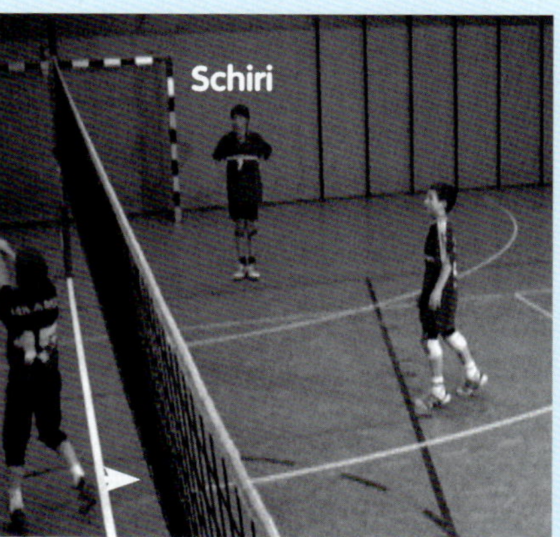

Erklärung

Zur Eröffnung wird der Ball beidhändig vorwärts oder rückwärts ins gegnerische Feld geworfen; ansonsten Wahl des Modus aus den 1:1-Spielen. Es gibt pro Ballwechsel einen festgelegten Zuspieler, der auf beiden Spielhälften die Bälle im zweiten Kontakt spielt. Der Verlierer wird Zuspieler. Bei eindeutigen Zuspielerfehlern wird der Ballwechsel wiederholt.

Lob-Spiel

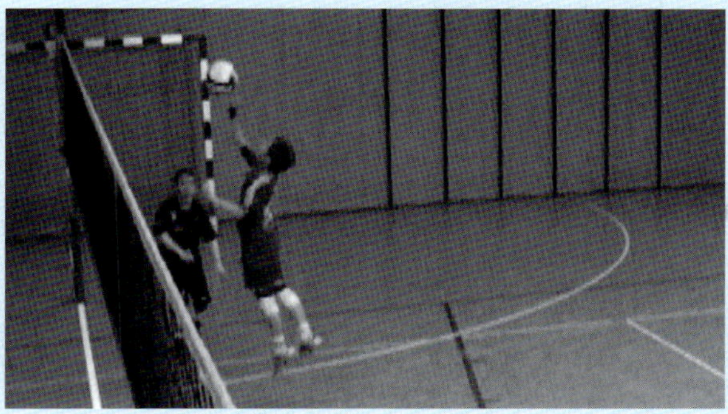

Erklärung

Zur Eröffnung wird der Ball beidhändig vorwärts oder rückwärts ins gegnerische Feld geworfen. Ansonsten Wahl des Modus aus den 1:1-Spielen. Es gibt pro Ballwechsel einen festgelegten Zuspieler, der auf beiden Spielhälften die Bälle im zweiten Kontakt spielt. Der Zuspieler darf keine Punkte machen. Ein Punkt wird nur gewertet, wenn zuvor ein Lob gespielt wurde.

Angreifer-Spiel

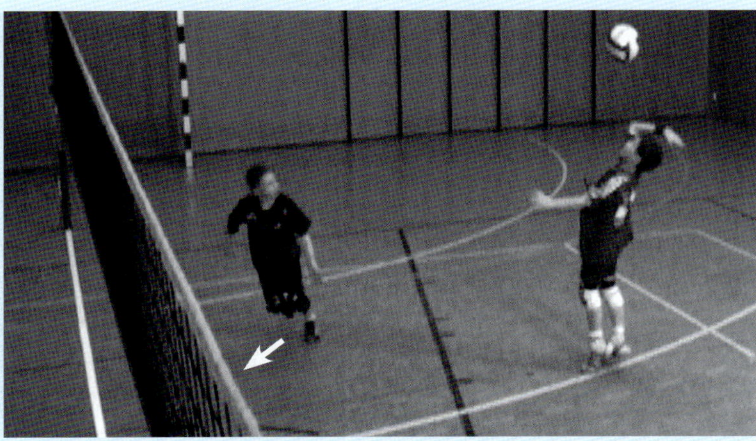

Erklärung

Zur Eröffnung wird der Ball beidhändig vorwärts oder rückwärts ins gegnerische Feld geworfen. Ansonsten Wahl des Modus aus den 1:1-Spielen. Nach wie vor gibt es pro Ballwechsel einen neutralen Zuspieler für beide Spielfeldseiten. Der Zuspieler darf keine Punkte machen. Ein Angriffsschlag ist erforderlich, um einen Punkt zu erzielen.

1+1+1-Spiel

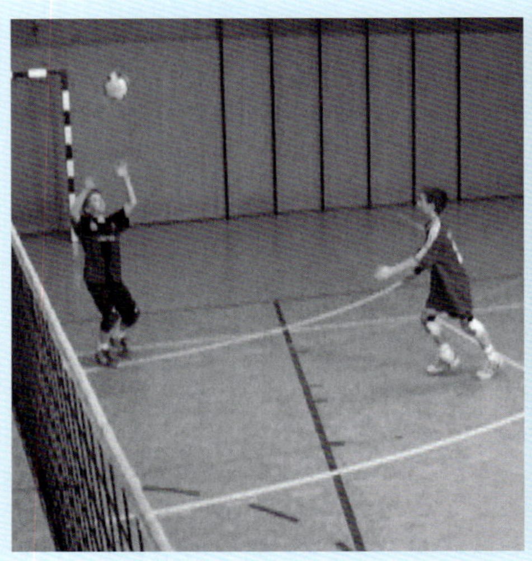

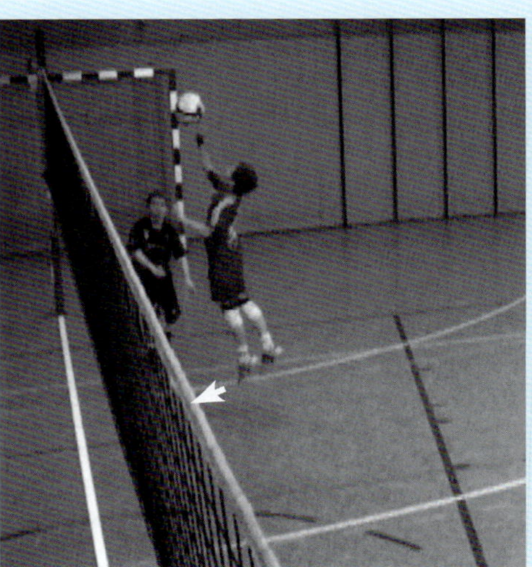

Zur Eröffnung wird der Ball je nach Spielniveau eingeworfen oder geschlagen. Ansonsten Wahl des Modus aus den 1:1-Spielen. Anders als in der Mehrzahl der vorgestellten Spiele ist hier der Spielgedanke dominant: „Wie viele Netzüberquerungen des Balles können wir schaffen?“. Mit anderen Worten: das Miteinander steht bei dieser Spielvariante im Mittelpunkt. Damit verschieben sich die Präzisionsanforderungen hin zur Sicherstellung eines langen Spielflusses. Derjenige Spieler, der den Ball – in der Regel im dritten Ballkontakt – über das Netz spielt, läuft in die gegnerische Spielfeldhälfte und übernimmt dort die Funktion des Zuspielers für den nächsten Spielzug.

Hinweise

- drei Ballkontakte für einen Spielzug bleiben das Richtziel
- immer der Spieler, der unter dem Netz die Spielfeldseite wechselt, ruft laut die neue Summe der Ballwechsel

Variationen

- Zonen festlegen, in denen kein Angriffssprung vollzogen werden darf
- nur Netzüberquerungen von geschlagenen Bällen kommen in die Wertung
- nur Netzüberquerungen von im Sprung ausgeführten Ballaktionen kommen in die Wertung

1+1 gegen 1+1-Spiel

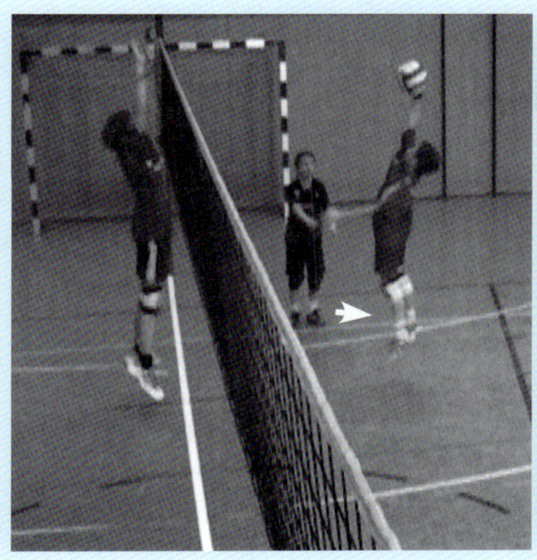

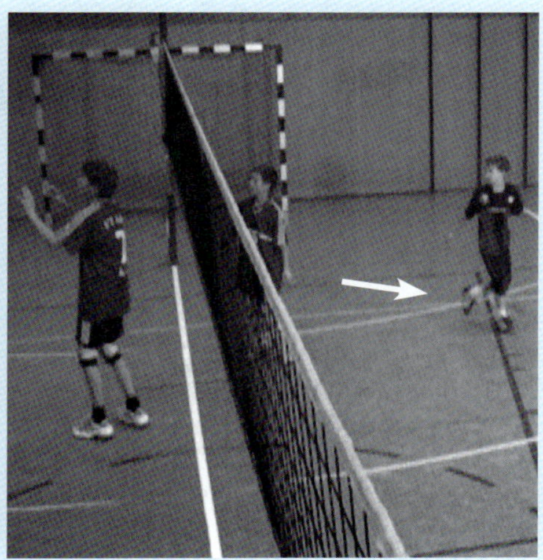

Zur Eröffnung wird der Ball je nach Spielniveau eingeworfen oder geschlagen; ansonsten Wahl des Modus aus den 1:1-Spielen. Die Spielfeldhälften werden in eine Vorder- und Hinterzone geteilt. Jede Zone wird nur von einem Spieler belegt. Wenn der Ball aus der Vorder- oder Hinterzone über das Netz gespielt wird, muss der Ball in die gegnerische Hinterzone platziert werden. Der Abschluss des Spielzuges (3. Ballkontakt) soll möglichst aus der eigenen Vorderzone erfolgen.

Hinweise

- Blockabpraller zählen auch in der Vorderzone
- größeres Spielfeld 4,50 m breit (vereinzelt 5,00 m und 6,00 m) – 9,00 m lang (vereinzelt 10,00 m und 12,00 m)
- Netzhöhe dem Könnensstand anpassen

Variationen

- nach Netzüberquerung wechseln die Spieler ihre Zonen
- Wechsel der Zonenzuständigkeit erst nach Beendigung des Ballwechsels
- Zonen sind sind parallel zum Netz angeordnet
- Zonen für Vorder- und Hinterfeldspieler können unterschiedlich groß sein

1:2-Spiel

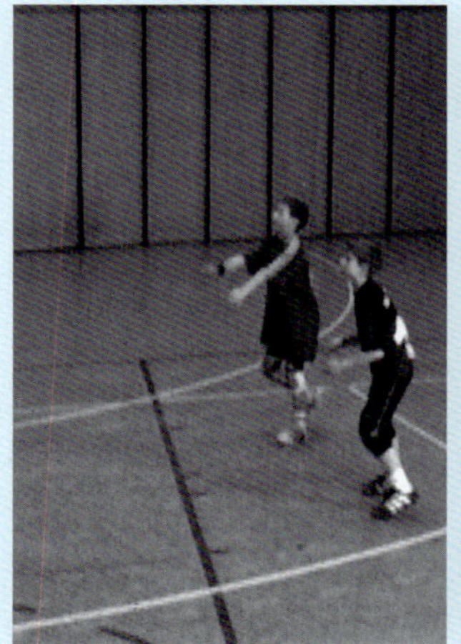
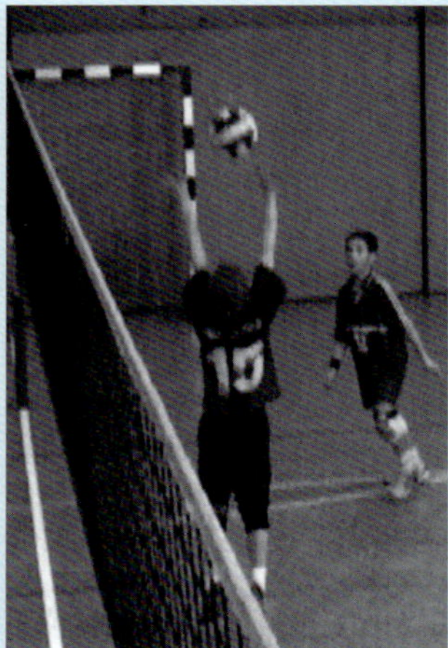
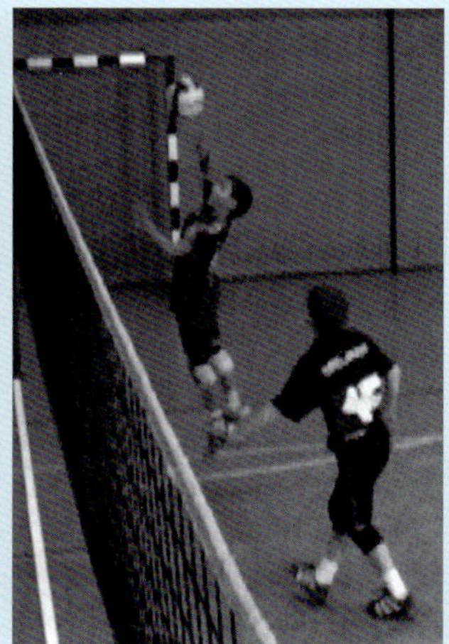

Der Einzelspieler hat zehn Aufschläge nacheinander zur Verfügung, um Punkte zu erzielen:

- drei Punkte = direktes Ass
- zwei Punkte = indirektes Ass
  die Gegenspieler können den Ball nicht mit drei Ballkontakten über das Netz spielen
- ein Punkt = Die Gegenspieler können mit drei Ballkontakten den Ball über das Netz spielen, aber der Einzelspieler kann diesen Ball fangen
- null Punkte = bei Aufschlagfehler bzw. die Gegenspieler spielen den Ball mit dem dritten Ballkontakt in die Spielfeldlücke des Einzelspielers, ohne dass dieser den Ball noch fangen kann.

Hinweise

- der Aufschlagspieler schult nicht nur seine Aufschlagtaktik, sondern in erster Linie seine Wahrnehmungsfähigkeit (Stellung der Schulterachse zum fliegenden Ball, Körperstreckimpuls, Körperneigung usw.)
- nach jedem Aufschlag wird der aktuelle Punktestand vom Aufschläger gerufen
- unterschiedliche Aufschlagtaktiken (Technik, Richtung, Distanz usw.) bieten sich an

Variation

- der Einzelspieler verdoppelt seinen momentanen Punktestand, wenn es ihm mit drei Ballkontakten gelingt, den Ball auf den gegnerischen Boden zu spielen

2.3 Das Basisspiel 2:2 (2:2+1)

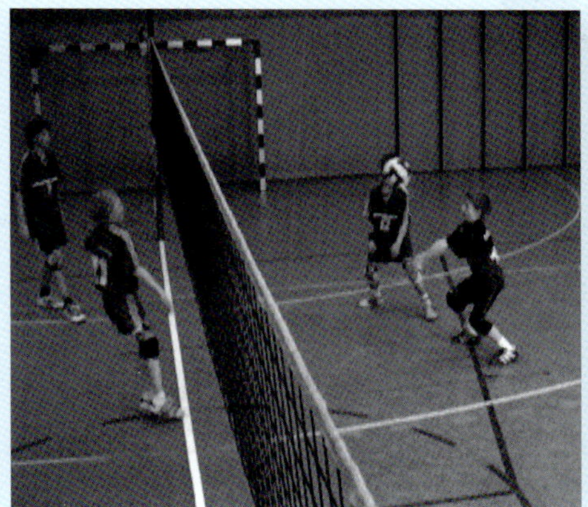
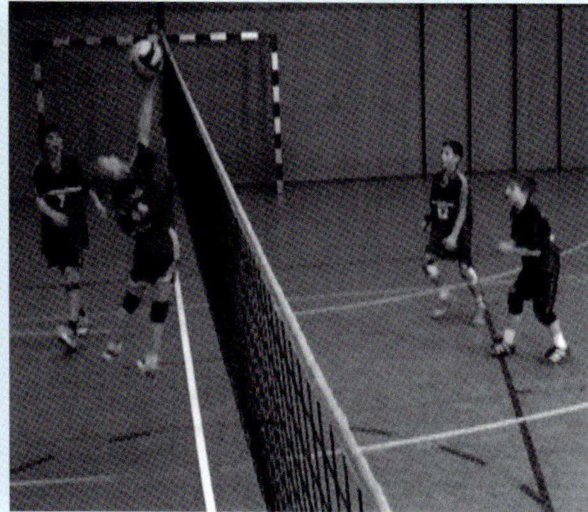

Spielfeld

Spielfeldhälfte:
5,00 m bis 6,00 m (vereinzelt 4,00 m bis 4,5 m) breit ⟷ 5,00 m bis 6,00 m (vereinzelt 9,00 m) lang
Netzhöhe:
deutlich überreichhoch; 8- bis12-Jährige: 2,10 m bis 2,30 m (vereinzelt 2,00 m bis 2,05m)

Charakteristika

Charakteristika (in Ergänzung zu den Ausführungen der zuvor beschriebenen Basisspiele):

- in der Literatur eher selten als Duo-Spiel, „Mini-Beach" (Meyndt, 2003) umschrieben
- Einführung in das Rotationsverfahren und Vertiefung des grundlegenden Spielgedankens
- Primärerfahrungen zur Gruppentaktik (Ball zum Ziel bringen, Herausspielen einer Angriffsoption, Ball in die Lücke spielen)
- Übernahme aller Rollen und Spielpositionen auf dem Feld, um eine universelle Ausbildung zu gewährleisten
- nach wie vor hohe Bewegungsintensität (viele Wiederholungen in kurzer Zeitsequenz)
- hohe Motivationsbasis, da die Nähe zur Strandvariante vorliegt
- Orientierung im Spielfeld und Raumaufteilung mit Spielpartner stehen im Vordergrund
- Ballflugeigenschaften verbessern (Wahrnehmungsentscheidung auf das erste Flugdrittel verlagern)
- Abkehr von den egozentrischen 1:1-Spielen und Hinwendung zu teamorientierten Vergleichen, die auf gut entwickeltem Sozialverhalten bauen

- typische Bewegungsformen ähneln den Anforderungen vom 1:1, mit dem Unterschied, dass vermehrt Bewegungen aus dem Richtungswechsel abschließen **Bewegungsformen**
- balltechnische Fertigkeiten (Schwerpunkte): **Fertigkeiten**
  – Pritschtechnik frontal als Zuspiel
  – Unteres Zuspiel ein- und beidarmig, frontal, seitlich und überkopf mit defensivem Charakter und offensiv ausgerichtet als Zuspiel
  – Aufschlag (insbesondere Flatter- und Sprungaufschlag)
  – oberes Zuspiel im Sprung (Angriffspritschen)
  – Lob (einhändiger, „gelegter" Angriffsball)
  – Angriffsschlag (Drive)
- variable Netzhöhen, um gezielt erste Erfahrungen in der Blocksituation zu vermitteln. Es ist zwar anfänglich noch ein höheres Netz zu empfehlen, um eine Vereinfachung für die Beobachtungszeit zu erreichen. Danach sollen aber Optionen für den Angriff dominieren. Dies bedeutet eine deutliche Verringerung der Netzhöhe **Netzhöhe**
- Angriffstaktik: **Angriffstaktik**
  – zusätzlich zur Individualtaktik (siehe 1:1), insbesondere zunächst Sicherheit vor Risiko (im Angriffsaufbau: eher hohe statt flache sowie eher vom Netz entfernte, statt zu dicht ans Netz gestellte Bälle)
  – Entscheidungsfähigkeit (Angriffsschlag oder Lob)
  – Vorbereitung von Angriffen in unterschiedlichen Raum-Zeit-Bedingungen
  – variable Richtungsangriffe (von Linie bis Extremdiagonale),
  – weiträumig spielen
- Abwehrtaktik: **Abwehrtaktik**
  – zusätzlich zur Individualtaktik (siehe 1:1), insbesondere optimale Raumaufteilung mit Festlegung der Überschneidungsräume,
  – Call-Abstimmung in der Abwehr, Annahme,
  – Festlegungen wie: „Wer sich bewegt, soll auch spielen"

Methodischer Aufbau: **Methodik**

- Grundsätzlich können alle Spielformen des 1:1 auch beim 2:2 Berücksichtigung finden. Anfänglich soll nur ein direkter eigener Rückschlag, dann der zweite Kontakt über den Partner und schließlich der dritte Kontakt berücksichtigt werden (Abbildungen 8 und 9).
- Vereinfachungsstrategie durch „Einfrieren" des ersten, später des zweiten Ballkontaktes. Mit Hilfe dieser methodischen Strategie bieten sich insbesondere im Anfängerbereich wesentliche Hilfen für den erwünschten Spielfluss.
- Vereinfachungsstrategie durch Entschärfen des Aufschlages, später allerdings Volleyaufschlag fordern.

- Direktes Rückspiel zum Gegner wird als Fehler geahndet (für kurze Ableger hinter dem Netz eine Tabu-Zone schaffen).

Beispiel

Beispiel für die Veränderung einer 1:1-Spielform zum 2:2-Spiel (Unokontakt)

Bagger-Volley-Spiel (siehe S. 49)

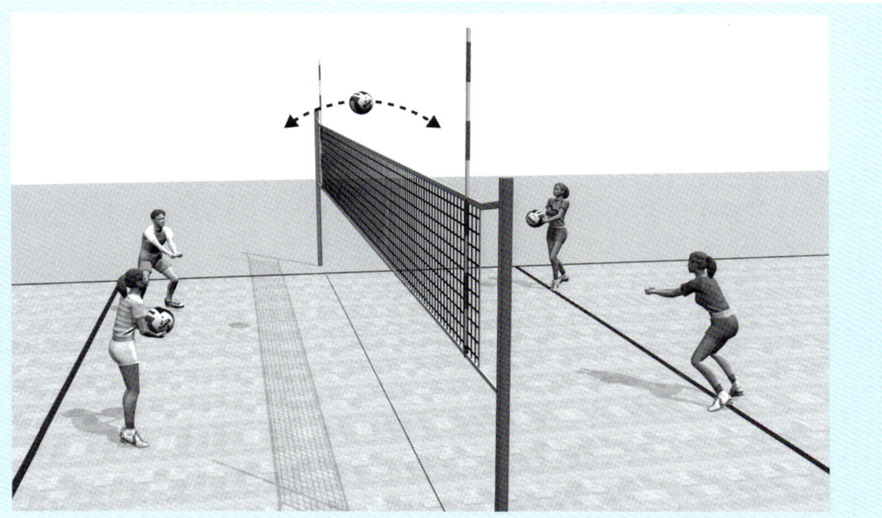

Einer der beiden Spieler im Team hält einen Ball mit den Händen fest. Sobald dieser angespielt wird, muss er – um einen Spielzug regelkonform durchzuführen – seinen Ball dem Mitspieler so zuwerfen, dass dieser den Ball fangen kann. Den zugebaggerten Ball spielt er direkt im Bagger über das Netz zurück.

Hinweise

- wesentliches Ziel ist es, dass der gegnerische Ballhalter angespielt werden soll
- Kommunikation (Abspielrichtung) zwischen den Spielern wird geradezu provoziert

Variationen

- nur einarmiger Bagger-Volley
- vier Kontakte: 1. Kontakte beidarmig, 2. Kontakt (re oder li), 3. Kontakt (li oder re), 4. Kontakt beidarmig über das Netz
- der gehaltene Ball kann zwischen den Partnern noch beliebig durch Zuwerfen getauscht werden
- der unter den Spielern zugeworfene Ball muss mit einem Kurzkontakten gespielt werden, bevor er festgehalten werden darf

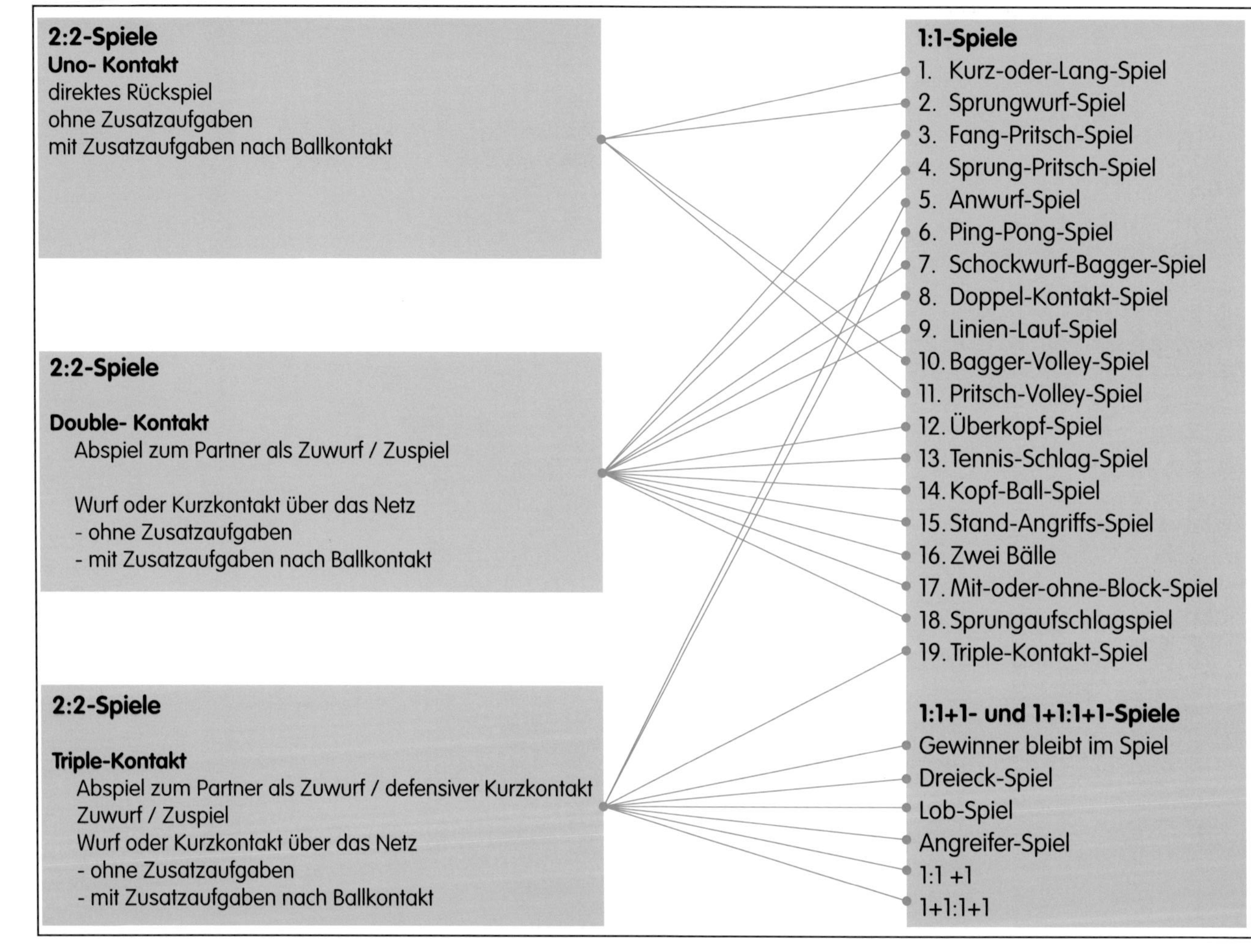

Abb. 8: Anwendung der 1:1-Spiele im 2:2-Wettspiel

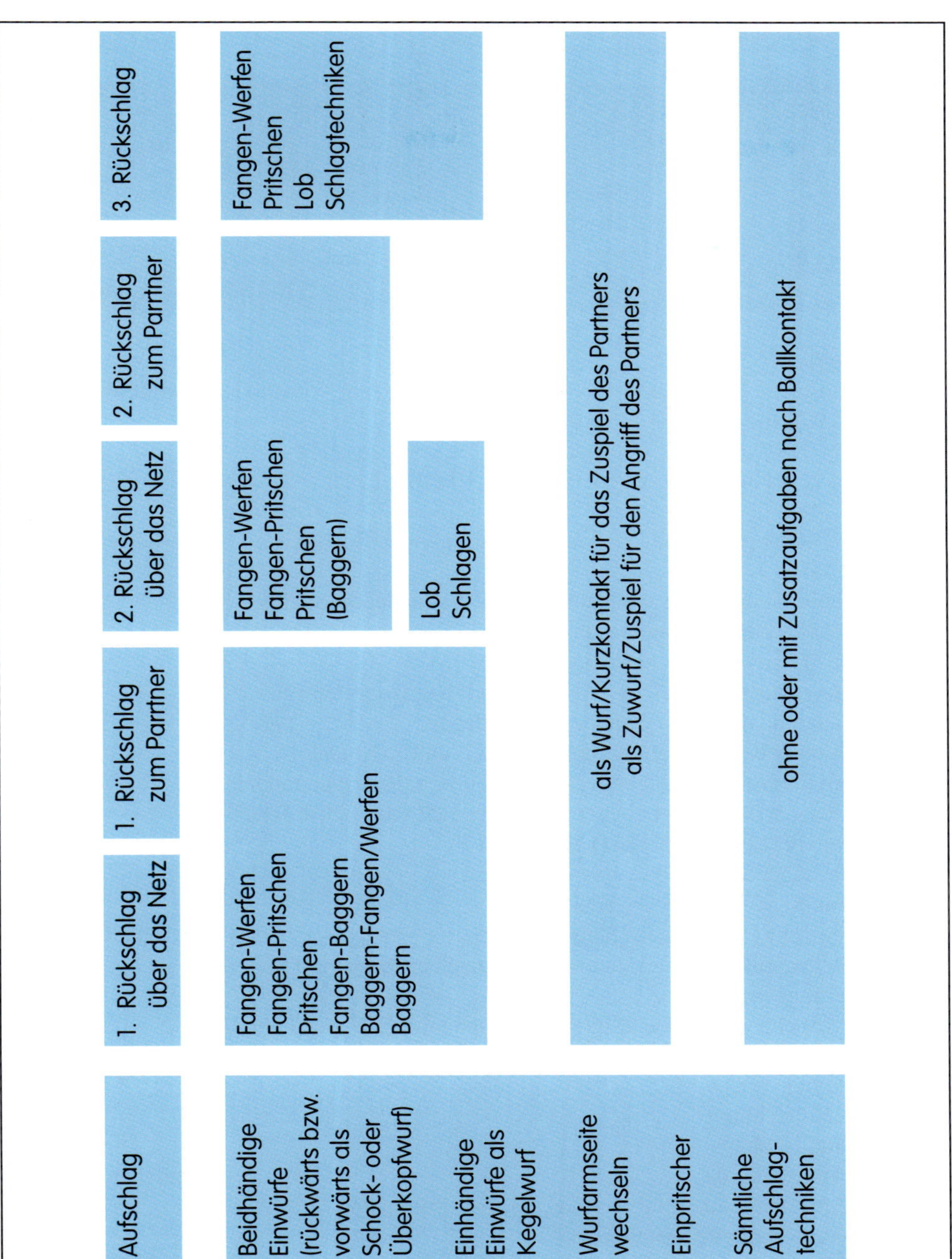

Aufschlag	1. Rückschlag über das Netz	1. Rückschlag zum Parrtner	2. Rückschlag über das Netz	2. Rückschlag zum Parrtner	3. Rückschlag
Beidhändige Einwürfe (rückwärts bzw. vorwärts als Schock- oder Überkopfwurf) Einhändige Einwürfe als Kegelwurf	Fangen-Werfen Fangen-Pritschen Pritschen Fangen-Baggern Baggern-Fangen/Werfen Baggern	Fangen-Werfen Fangen-Pritschen Pritschen Fangen-Baggern Baggern-Fangen/Werfen Baggern	Fangen-Werfen Fangen-Pritschen Pritschen (Baggern) Lob Schlagen	Fangen-Werfen Fangen-Pritschen Pritschen (Baggern)	Fangen-Werfen Pritschen Lob Schlagtechniken
Wurfarmseite wechseln Einpritscher	als Wurf/Kurzkontakt für das Zuspiel des Partners als Zuwurf/Zuspiel für den Angriff des Partners	als Wurf/Kurzkontakt für das Zuspiel des Partners als Zuwurf/Zuspiel für den Angriff des Partners	als Wurf/Kurzkontakt für das Zuspiel des Partners als Zuwurf/Zuspiel für den Angriff des Partners	als Wurf/Kurzkontakt für das Zuspiel des Partners als Zuwurf/Zuspiel für den Angriff des Partners	als Wurf/Kurzkontakt für das Zuspiel des Partners als Zuwurf/Zuspiel für den Angriff des Partners
Sämtliche Aufschlag-techniken	ohne oder mit Zusatzaufgaben nach Ballkontakt	ohne oder mit Zusatzaufgaben nach Ballkontakt	ohne oder mit Zusatzaufgaben nach Ballkontakt	ohne oder mit Zusatzaufgaben nach Ballkontakt	ohne oder mit Zusatzaufgaben nach Ballkontakt

Abb. 9: Variationen der Kontakte in 2:2-Spielen

2.4 *Das Basisspiel 3:3*

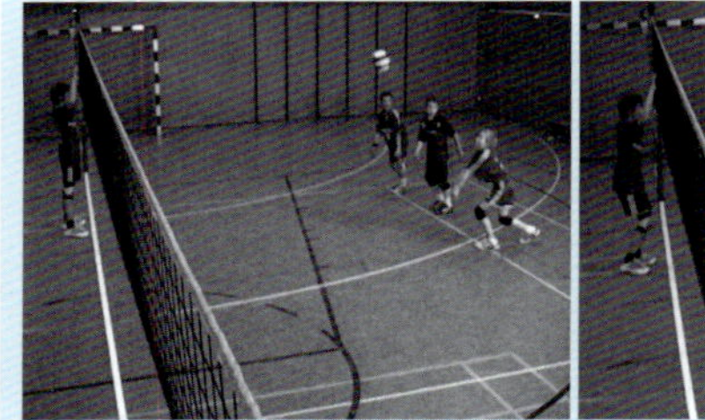
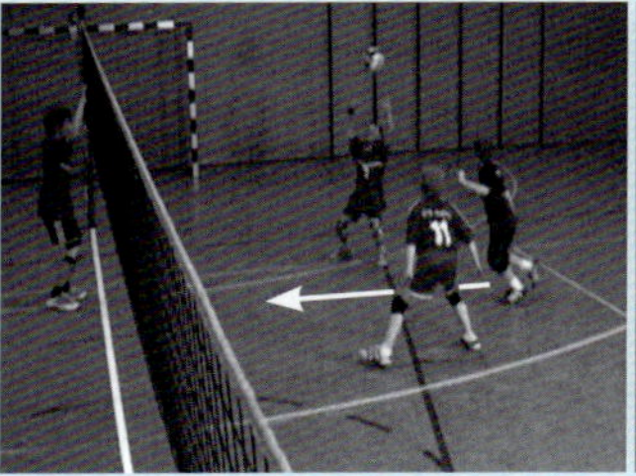
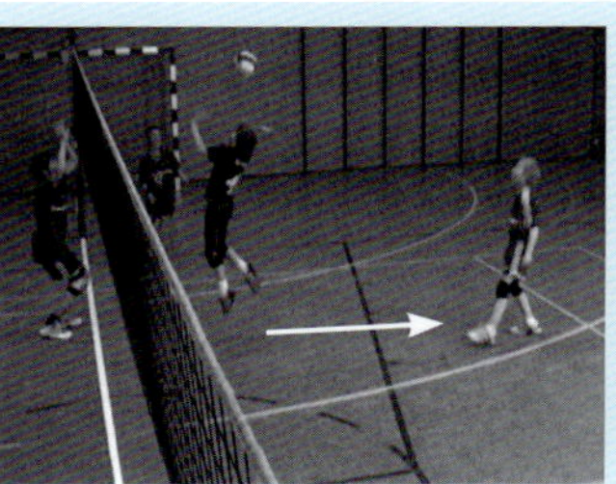

Spielfeld

Spielfeldhälfte:
6,00 m (vereinzelt 5,00 m und 9,00 m) breit ⟷ 6,00 m (vereinzelt 5,00 m und 9,00 m) lang
Netzhöhe:
deutlich überreichhoch; 10- bis 14-Jährige: 2,10 m bis 2,35m

Charakteristika

Charakteristika (in Ergänzung zu den Ausführungen der Basisspiele 1:1 und 2:2):

- in der Lehrmeinung überwiegend als Mini-Volleyball bezeichnet
- Weiterentwicklung des technisch-taktischen Könnens aus den Duo-Spielen zu einer Mannschafts-Spielweise
- Spezialisierung der Spielpositionen ist nach wie vor untersagt
- Rotationsreihenfolge vor Spielbeginn festlegen
- fortwährende Bereitschaftsstellung für 1., 2. und 3. Kontakt
- Spiel mit drei Ballkontakten fordern und fördern; Regelverstoß liegt vor, wenn der Ball direkt über das Netz gespielt wird sowie Beachtung weiterer Regelvarianten (vgl. Tabelle 1)
- systematischer Spielaufbau über die Mitte
- Erleichterung des Dreiecksspiels
- balltechnische Fertigkeiten (Schwerpunkte): **Fertigkeiten**
  - Zuspieltechnik überkopf, lateral aus netznaher Ausgangsstellung
  - offene Baggertechnik
  - Angriffsschlag ohne Beteiligung der Annahme bzw. der Feldabwehr mit Betonung auf die Rhythmisierung
  - Einerblock
  - Sprungaufschlag
  - Flatteraufschlag
- Team-Angriffstaktik: **Angriffstaktik**
  - drei Angriffsoptionen für das Zuspiel aufrechterhalten
  - gesamte Netzbreite ausnutzen
  - verschiedene Tempi einbeziehen
  - gegnerische Schwächen im Block ausnutzen

Abwehrtaktik

- Team-Abwehrtaktik:
  – nach Netzüberquerung des Balles im eigenen Angriff schnell die Abwehrposition einnehmen
  – Absprache über die Überschneidungsbereiche

Fragen zur Wettkampftaktik

Taktische Beobachtung:
- Anwendung Call-Taktik in der Annahme?
- Machen die Aktionsräume der Spieler in der Annahme und in der Feldverteidigung Sinn?
- Orientiert sich der Zuspieler rechtzeitig zum Zuspielort?
- Setzt der Zuspieler den Angreifer ein, den er am besten anspielen kann?
- Liegt eine angemessene Reaktion der Verteidigung auf eine spezielle Angriffskonstellation (z. B. Angriff zwischen Mitte und Außen) vor?
- Wird der Ball zentral nach vorn zur Mitte des Netzes abgewehrt?
- Können die Gegenspieler den Ball im Sprung gezielt über das Netz spielen?

Methodik

Methodischer Aufbau:
- prinzipiell sind alle 1:1-Spielformen auf dieses Kleinfeld übertragbar (Abbildungen 8 und 9), wobei die Zwei- und Dreikontaktspiele Vorrang haben
- Zuspiel von der Position III ist gegenüber II zu bevorzugen
- vom Dreierriegel zum Zweierriegel
- vom Fangen des ersten Kontakts, über das Fangen des zweiten Kontaktes zum ausschließlichen Kurzkontaktspiel
- zunächst darf die erste und dritte Ballberührung nicht von demselben Spieler vollzogen werden, später offene Option

Varianten

Varianten (siehe auch Tabelle 2):
- 1:3- bzw. 2:3-Spiele mit speziellen Vorgaben (zehn Aufschlagversuche oder erhöhte Anforderungen wie Punktevorsprung, Bonuspunkt für keinen dritten Kontakt)
- drei Teams auf einer Netzanlage: Wechsel, wenn zwei Fehler in Folge

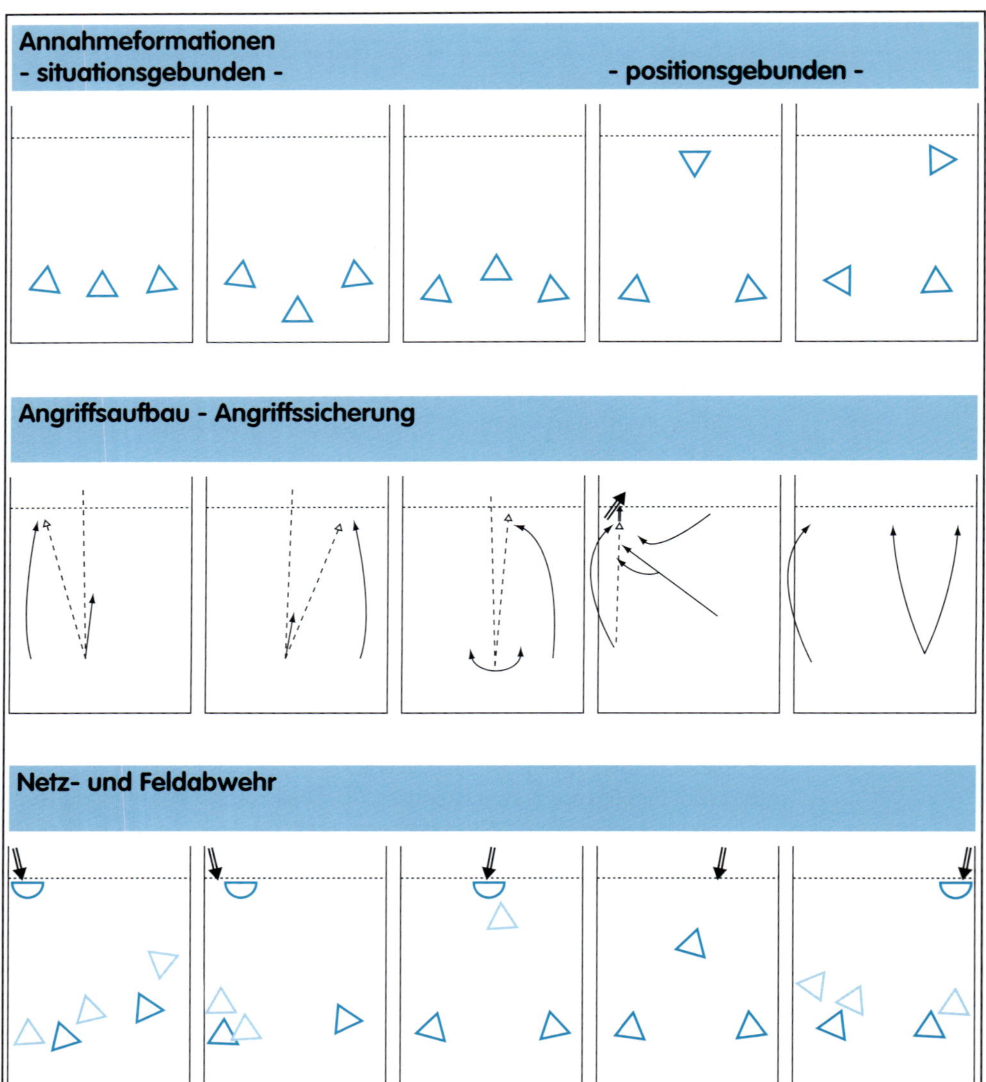

Abb. 10: Spieltaktik 3:3

2.5 *Das Basisspiel 4:4*

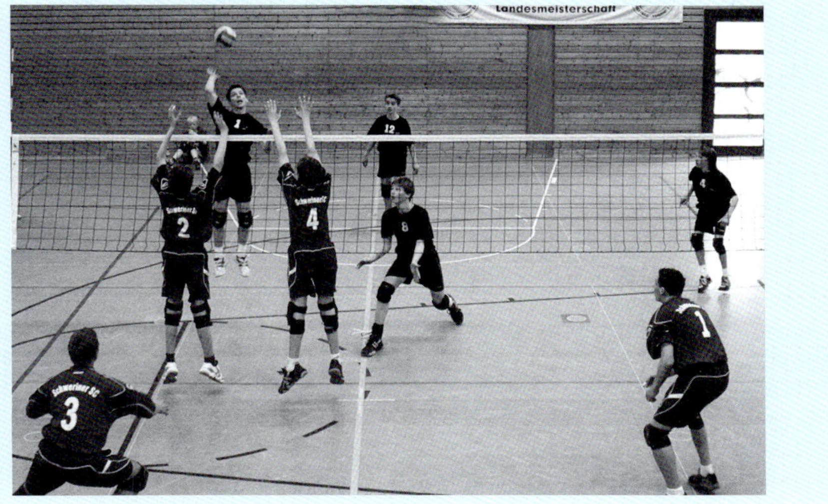

Spielfeld

Spielfeldhälfte:
7,00 m bis 8,00 m (vereinzelt 9,00 m) breit ⟷ 7,00 m bis 8,00 m (vereinzelt 9,00 m) lang
Netzhöhe:
deutlich überreichhoch; 12- bis 16-Jährige: 2,15m bis 2,35m

Charakteristika

Charakteristika (in Ergänzung zu den Ausführungen der Basisspiele 1:1, 2:2 und 3:3):

- auch als „Quattro-Volleyball" (Wolf, 1992) oder als „Midi-Volleyball" (Mallick, 2002) bezeichnet
- höhere Anforderungen an die Abstimmung der Spieler untereinander
- Einführung in Vorder- und Hinterfeldspiel-Situationen (drei Vorderfeldspieler, ein Hinterfeldspieler bzw. umgekehrt)
- Libero ist nicht vonnöten
- unmittelbar vorbereitende Lernsequenz für das Spiel 6:6
- zunächst noch keine taktischen Positionswechsel anstreben (d. h. Zuspiel über Position III aus der Annahmesituation heraus)
- Angriffs- und Blockhandlungen sollten im technischen Ablauf nicht durch ein zu hohes Netz behindert werden
- Regelverstoß liegt vor, wenn der Ball im ersten Kontakt direkt über das Netz gespielt wird. Variante: auch der zweite Kontakt darf nicht über das Netz
- sofern das Spielniveau es im späteren Stadium zulässt, erste Anzeichen einer Spezialisierung vornehmen (z. B. Zuspieler als Läufer)

Fähigkeiten

- balltechnische Fertigkeiten (Schwerpunkte):
  – Außenblockposition
  – Block aus der Bewegung mit Zusammenschluss – Annahmepritschen
  – entfernter Annahme- und Abwehraktionsradius
  – Stopp Roller als Angriffstechnik
  – Sprungflatteraufschlag

Angriffstaktik

- Angriffstaktik:
  – Erhöhung der Angriffsmöglichkeiten, auch wenn der Zuspieler zunächst noch auf Position III bleibt
  – sich deutlich für eine Angriffsoption anbieten
  – Überwindung des Blocks auch mittels Anschlagen
  – Variationen der Angriffssicherung

Abwehrtaktik

- Abwehrtaktik:
  – Passrichtung erkennen
  – Dreierriegel in der Annahme
  – Lösen vom Netz als blockfreier Spieler
  – „Blocknähte“ lesen (Blockschatten)

Taktische Beobachtung

- Wie präzise sind die Zuspiele auf die Angriffspositionen?
- Werden Angriffsbälle gezielt auf die Lücken platziert?
- Wie setzt sich der Angriff mit der jeweiligen Netzverteidigung auseinander?
- Können „potenzielle Verrätersignale“ im Angreiferverhalten ausgemacht werden (Schlag in Anlaufrichtung, Schulterachse usw.)?
- Erfolgt das situativ bedingte Lösen vom Netz rechtzeitig?
- Passen sich die Feldverteidiger den Netzverteidigern durch die Wahl der richtigen Ausgangsstellung an?

Methodischer Aufbau

- die 1:1-Spielformen lassen sich auch noch auf dieser Spielniveaustufe mit Regelanpassung (nur noch Dreikontaktspiele) vollziehen
- Netzhöhe auf die Balance von Angriff und Verteidigung ausrichten
- vom Zuspiel aus der zentralen Position (nicht-spezialisiert) zum Läufer aus dem Hinterfeld (nicht-spezialisiert; spezialisiert)
- vom Vierer-, über Dreier- zum Zweierriegel

Varianten

- zwei Vorderfeld- und zwei Hinterfeldspieler
- jedes Team hat einen festen Aufschlagspieler (mit 5 oder x Aufschlägen). Sobald ein Team einen Fehler begeht, erfolgt von der Gegenseite ein Aufschlag
- drei oder vier Teams im Umlauf

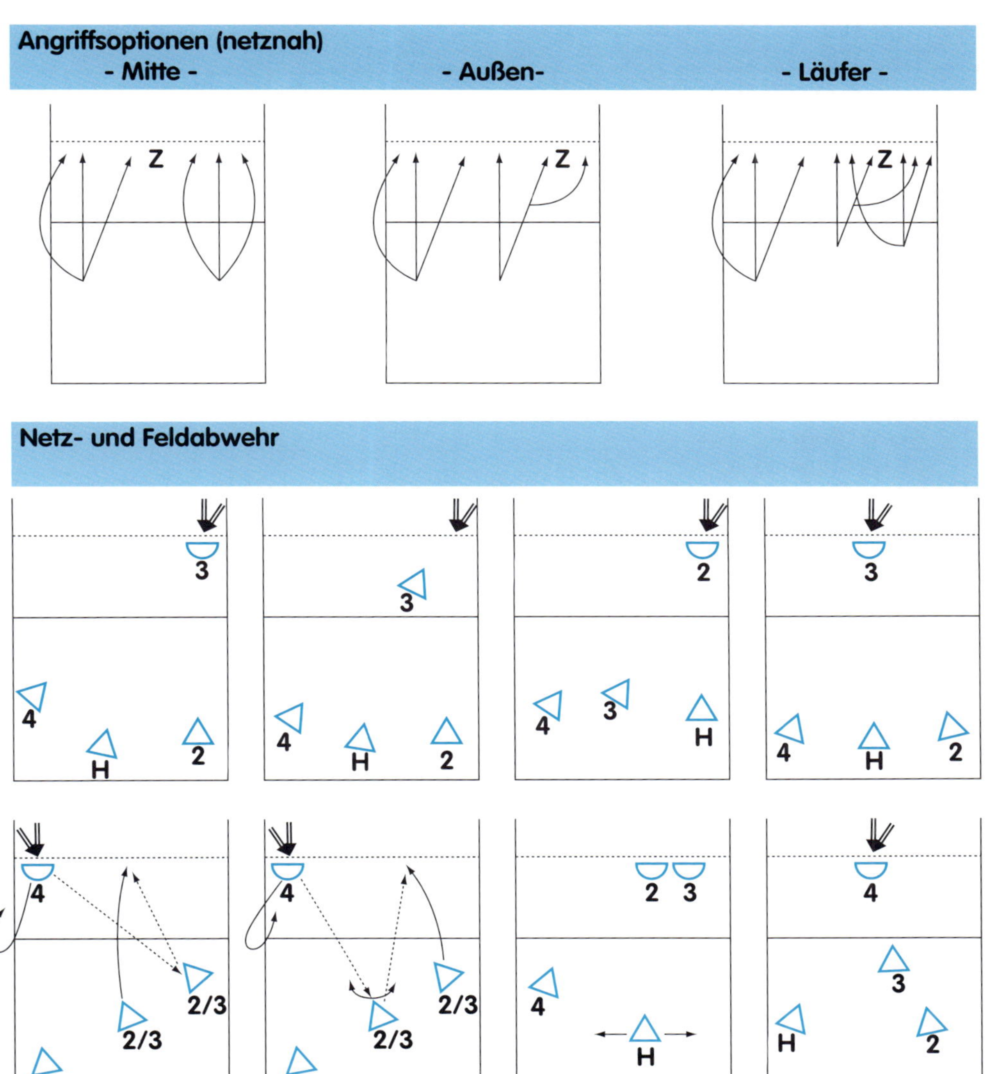

Abb. 11a: Spieltaktik 4:4

Grundaufstellung

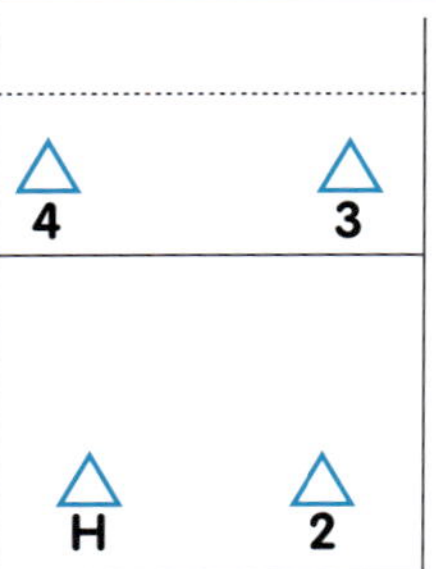

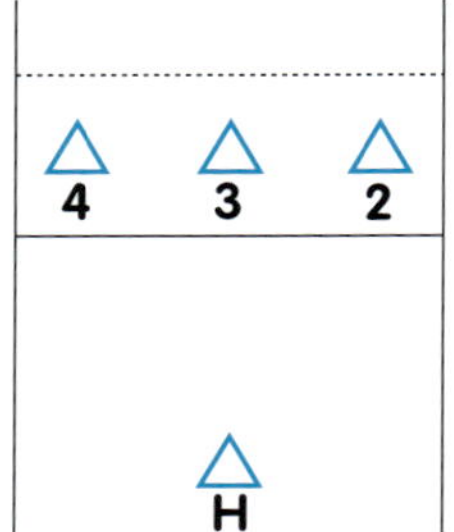

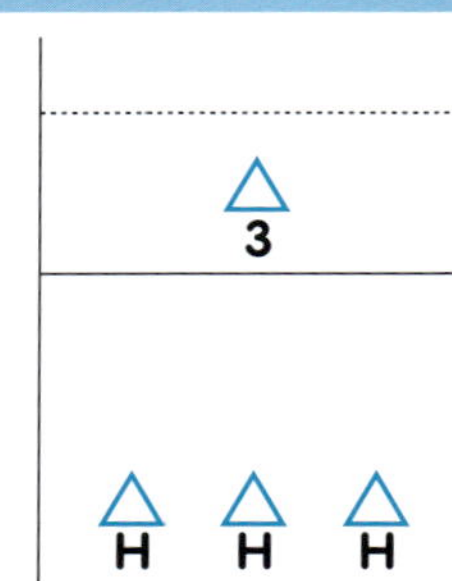

Annahmeformationen - situationsgebunden -

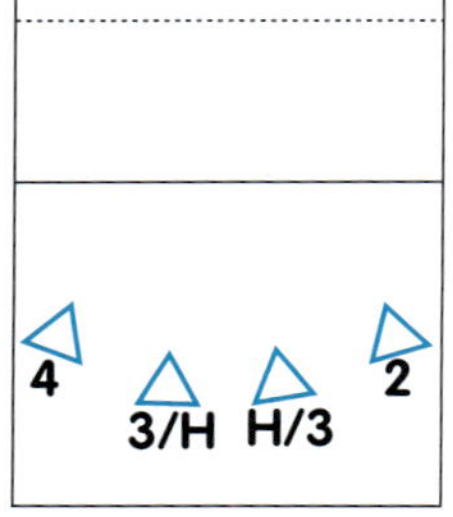

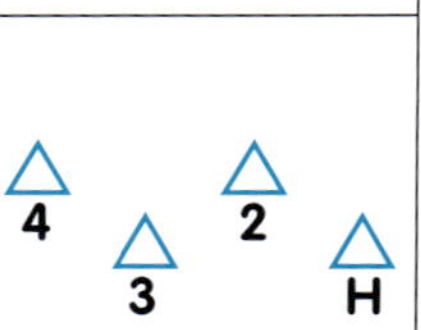

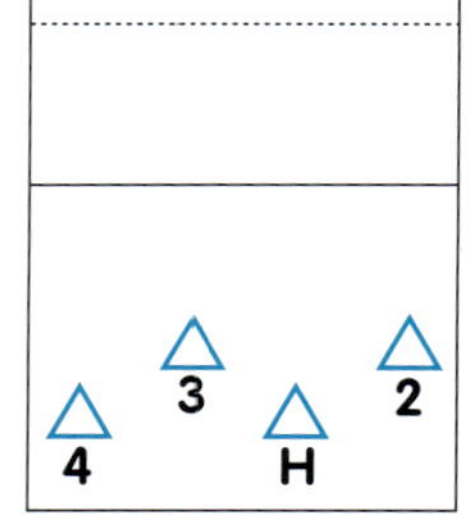

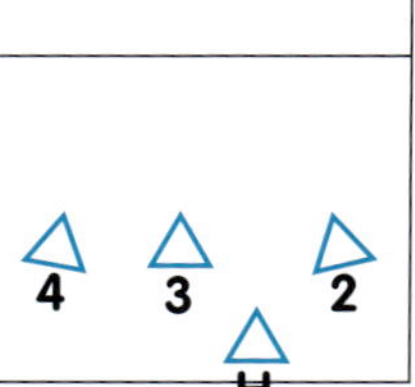

Annahmeformationen - positionsgebunden -

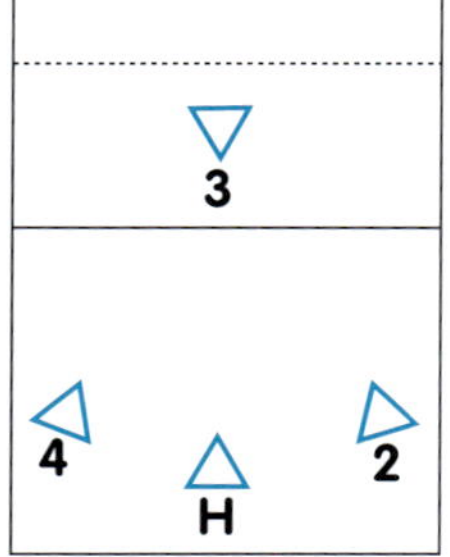

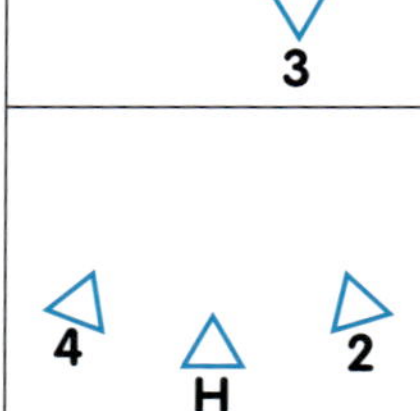

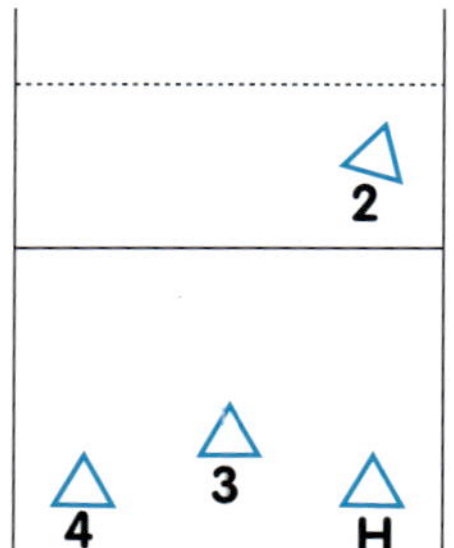

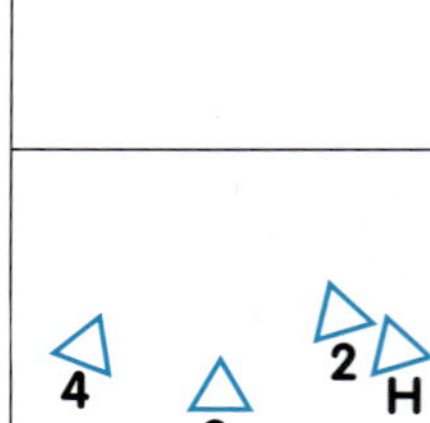

Abb. 11b: Spieltaktik 4:4

Kapitel 3

Spielereignis Aufschlag

3.1 Taktische Empfehlungen
3.2 Methodische Ratschläge
3.3 Techniken
3.4 Spiel- und Übungsformen

Für die Technikbeschreibungen in den Kapiteln 3 bis 8 sind folgende Quellen einbezogen worden:

Quellen

Drauschke, Kröger, Utz und Schulz (1987); Andresen und Kröger (1989); Andresen und Kröger (1990); Kortmann (2001a), (2001b); Sonnenbichler (2001a), (2001b), (2001c); (2001d); (2002a), (2002b); Mallick (2002); Warm (2003a), (2003b), (2003c), (2003d), (2003e), (2004a), (2004b), (2005), (2007), (2009); Groß (2005); Groß und Tietböhl (2005); Tietböhl (2006); Meyndt (2007); Warm und Harbrecht (2008); Golf und Mattes (2009); Hinz (2009).

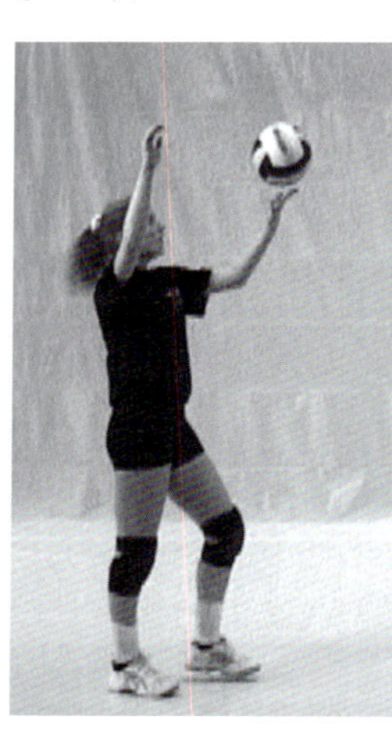
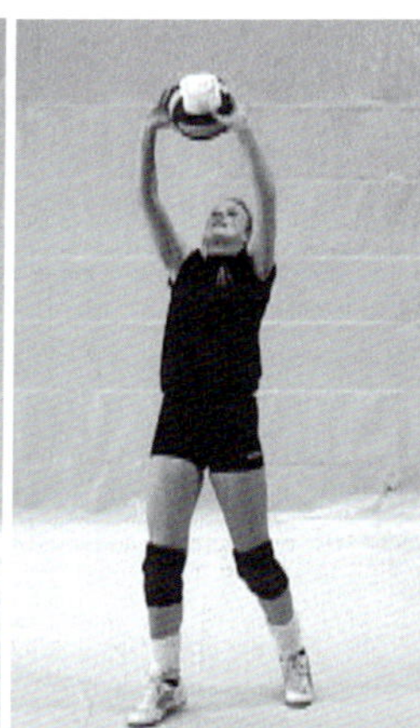
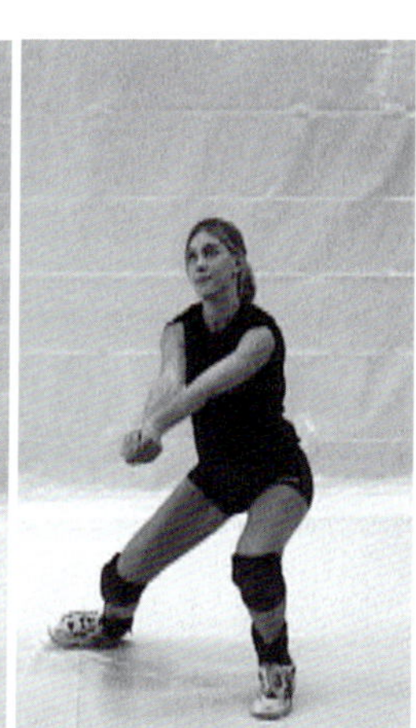
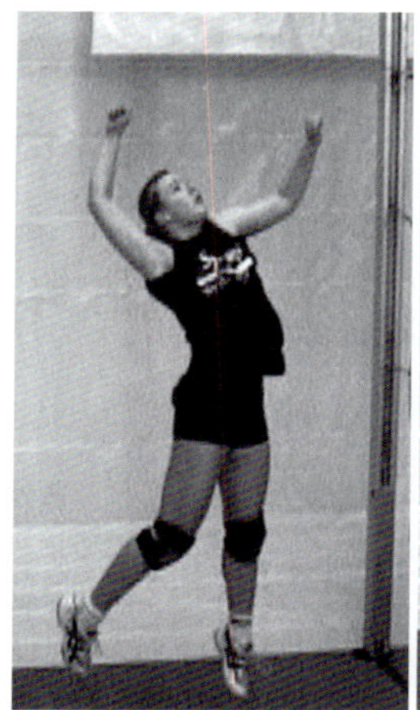
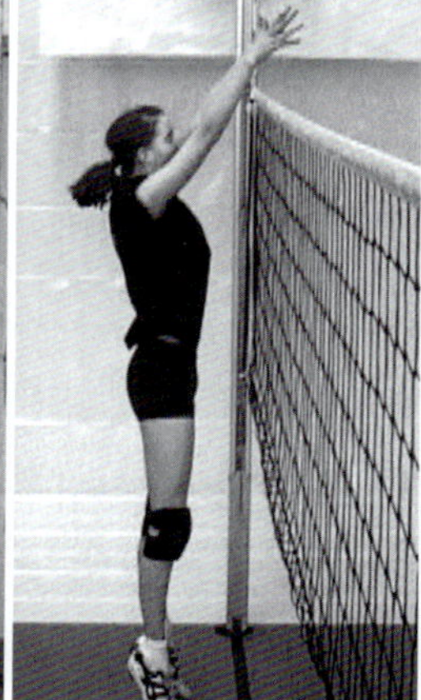
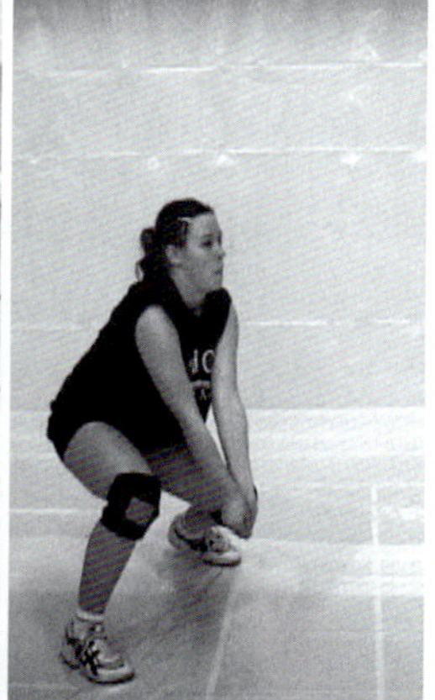

3.1 Taktische Empfehlungen

Individualtaktische Hinweise für das Spielverhalten

- Zwinge den Annehmer zur Bewegung, schlage also auf unbesetzte Spielzonen (Feldlinien)!
- Welche Defizite haben die Annehmer (links – rechts; tief – hoch; vor – rück – seitwärts)?
- Auf Schnittstellen schlagen!
- Netzspieler nach innen ans Netz oder nach hinten zwingen!
- Variabel, nicht vorhersehbar aufschlagen!
- Den Ball in den Aktionskreis des Zuspielers (in dessen Lauf oder Rücken) platzieren!
- Schlage auf Spieler, die eingewechselt, einen Fehler unmittelbar zuvor begangen haben oder die über längere Zeit keinen Ball gespielt haben!
- Ohne Risiko wird der Aufschlag ein Gastgeschenk!

3.2 Methodische Ratschläge

Tipps für die methodische Anfängerschulung

- Die ganzheitliche Methode kann empfohlen werden, da die Aufschlagtechniken ohne vorangeschaltete Bewegungen erfolgen.
- Die Schlagbewegungen sollten zunächst mit Tennis- oder Schlagbällen imitiert werden, um das Bewegungsgefühl zu unterstützen.
- Zur Vorbereitung auf den Technikerwerb können eine Vielzahl von Spielen aus der Ballschule gewählt werden, in denen das Werfen und Schlagen auf starre oder bewegliche Ziele gefördert wird.
- Die Hallenwand bietet viel: in unterschiedlichen Abständen und in verschiedenen Höhen Zielfelder treffen.
- Genügend Zeit für das präzise Anwerfen (mit und ohne Rotation, Schlagarmseite, ein- und beidhändig) einbeziehen.
- Frühzeitig Zielpunkte festlegen (spielnahe Orientierung). Zielpunkte bzw. -flächen können sein: markierte Positionen auf dem Spielfeld bzw. an der Wand, Reifen, Kästen, Matten usw.
- Von konstanten zu variierten (Richtung, Distanz, Technik) und schließlich zu komplexen (Annahme) Bedingungen übergehen.
- In Wettspielen (ein Aufschläger gegen zwei oder drei Spieler) druckvolle – d. h. ungünstiger Spielaufbau für den Gegner – Aufschlagversuche mit Bonuspunkten belohnen.

3.3 Techniken

Aufschlag von unten

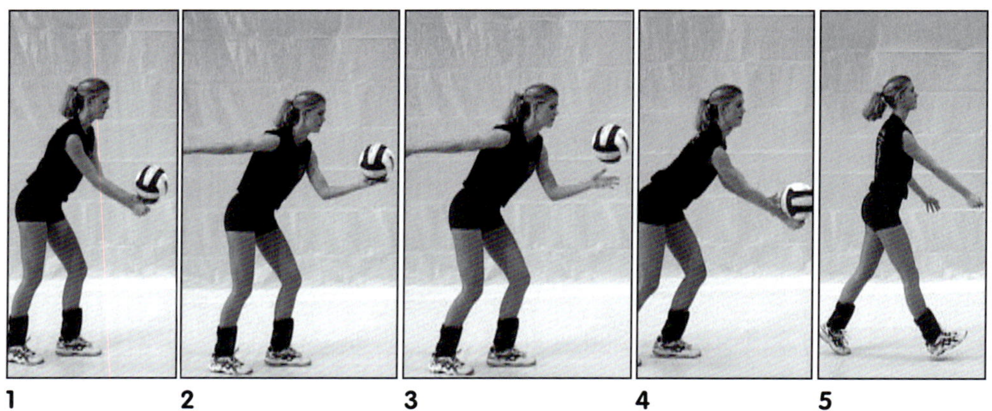

1 2 3 4 5

(1) Mittlere Schrittstellung, linkes Bein ist bei Rechtshändern vorgestellt. Die Fußspitzen zeigen in Abschlagrichtung, den Ball auf Schlagarmseite halten.

(2,3) Der gestreckte Schlagarm wird wie ein Pendel benutzt. Leichter Ballanwurf oder Fallenlassen des Balles im Umkehrpunkt der Pendelbewegung.

(4) Körperschwerpunkt nach vorn verlagern. Die Schlaghand trifft den Ball von hinten-unten. Der Blick ist ständig auf den Ball gerichtet

(5) Nachfolgeschritt und Spielposition auf dem Feld einnehmen.

Varianten zur Schlagausführung

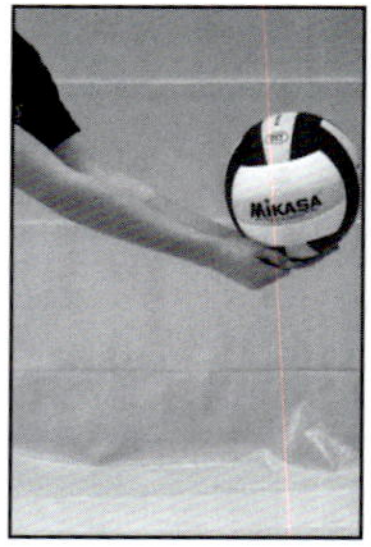

Faust

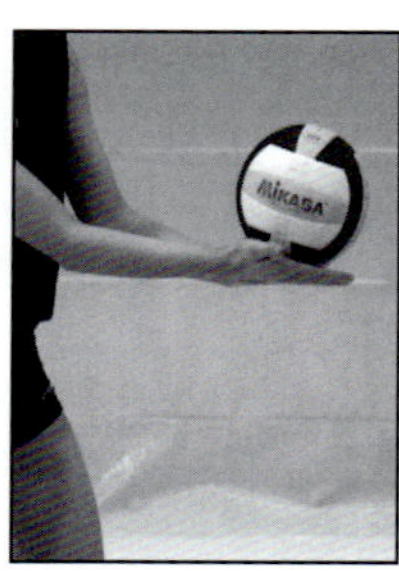

flache Hand

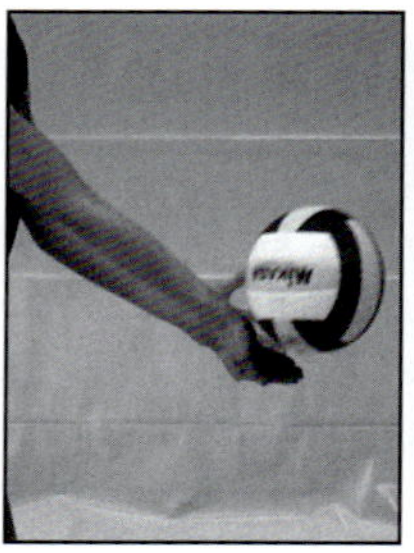

gewölbte Hand

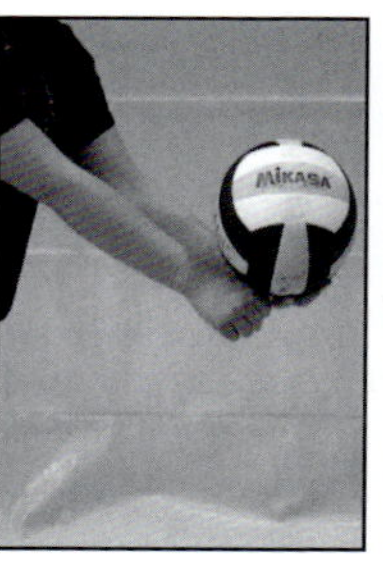

Hammerfaust

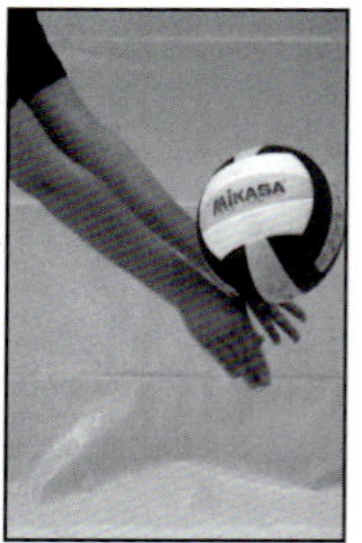

Handkante

Tennisaufschlag (Top Spin)

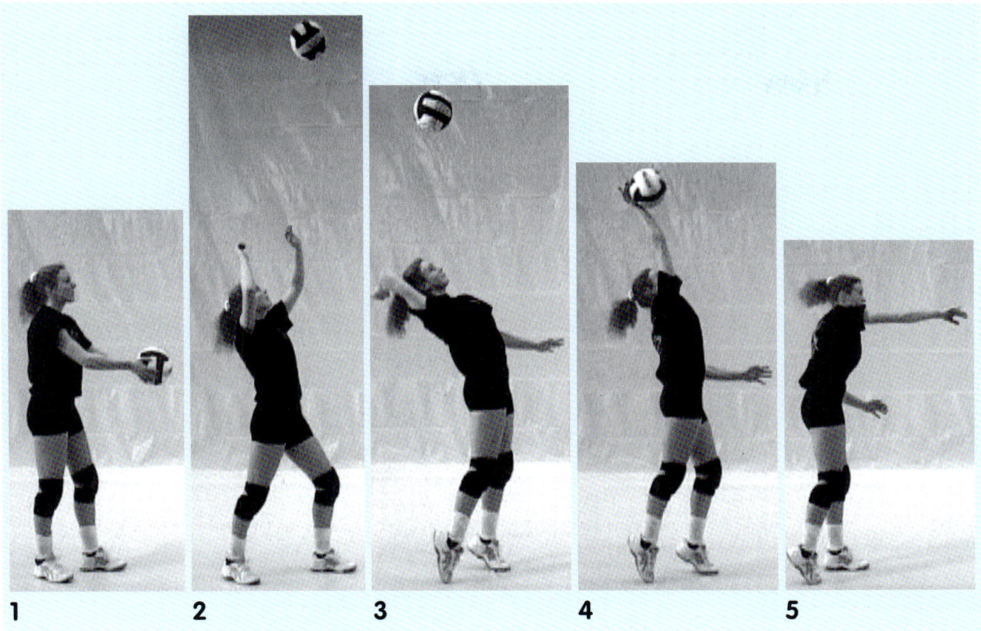

(1) Stabile Schrittstellung, bei Rechtshändern linker Fuß vorn.

(2) Weiträumige und beidhändige Anwurfbewegung nach vorn-oben. Blick zum Ball, Gegenarm zum Ball ausgerichtet.

(3) Zurückführen des Schlagarms in einer großen Ausholschleife. Schulterverwringung und Bogenspannung aufbauen.

(4) Schlagarm eng am Körper mit zunehmender Beschleunigung und Streckung ziehen. Ellenbogen steuert den Armimpuls. Schlaghand ist geöffnet, gespannt, gewölbt und trifft den Ball unterhalb des Ballzentrums.

(5) Gewichtsverlagerung während des Schlages nach vorn. Die Schlaghand „über den Ball ziehen", sofortige Nachfolgebewegung.

Defensiv: Treffpunkt über dem Kopf bzw. in Rückenlage
Offensiv: Treffpunkt vorn-oben (vor der Körper-Längsachse)

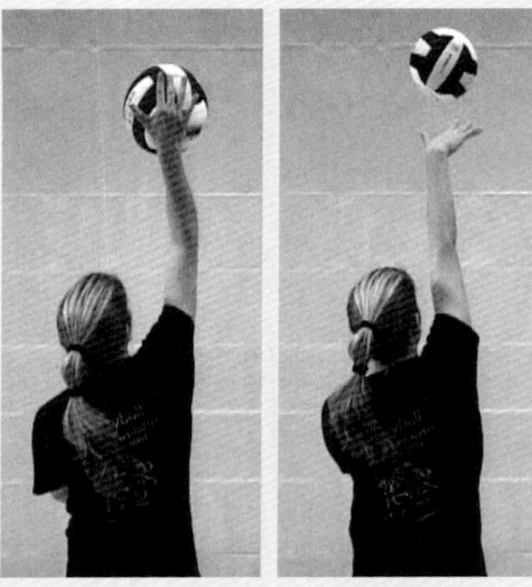

Handteller und aktives Handgelenk

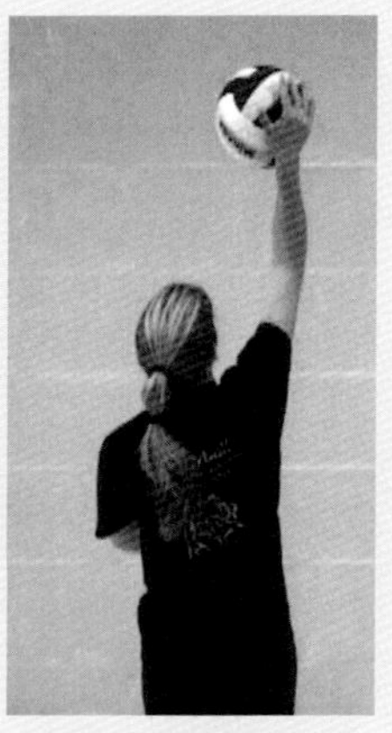

seitlicher Treffpunkt (Sidespin)

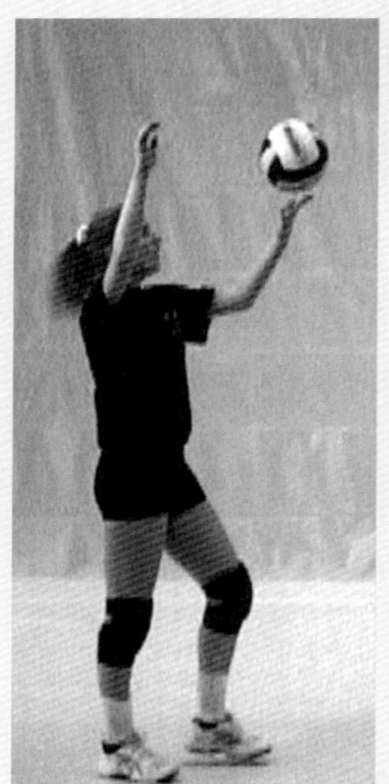

Einarmiger Anwurf: Anwurfbewegung weit vom Körper und frühzeitige Schlagarmvorbereitung

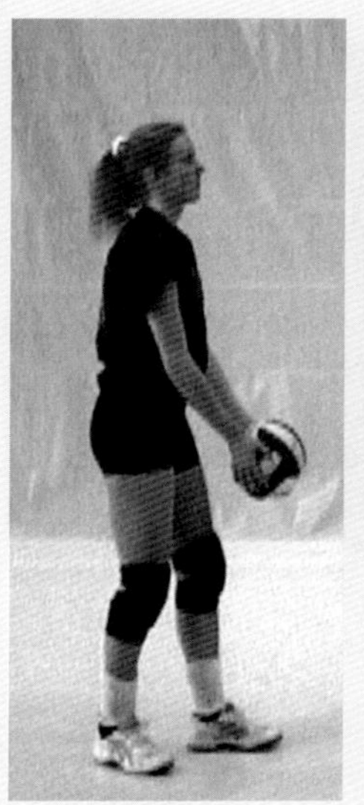

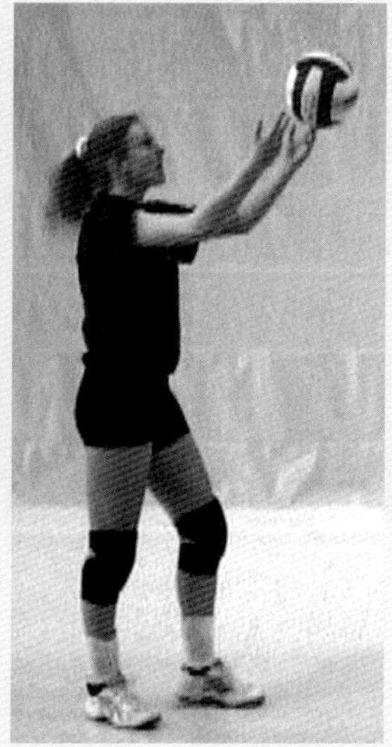

Beidarmiger Anwurf: Kontrollierter Anwurf bei späterer Schlagarmvorbereitung (Varianten Kleinfeld)

Faustaufschlag

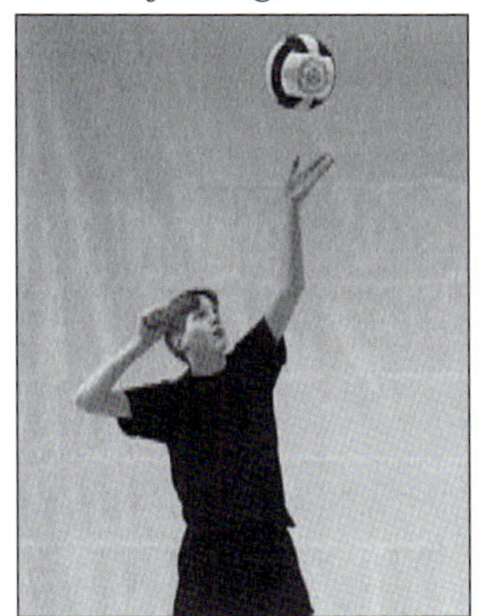
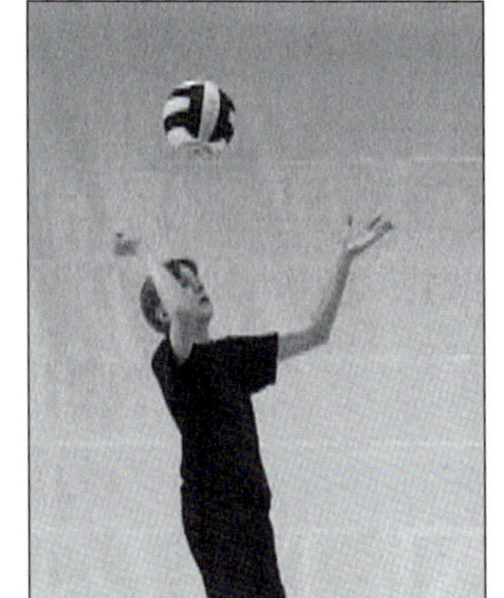
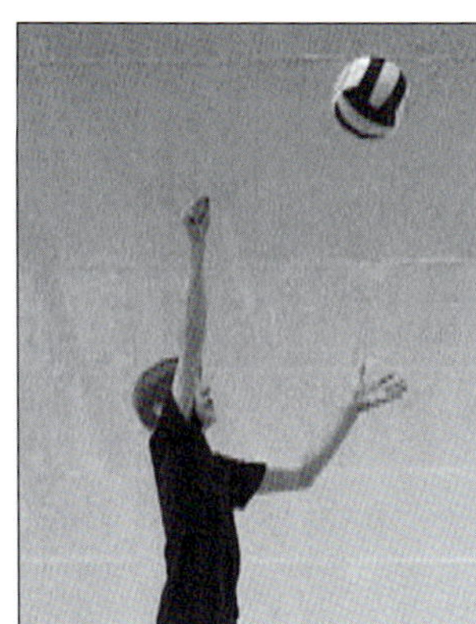

Pokeaufschlag

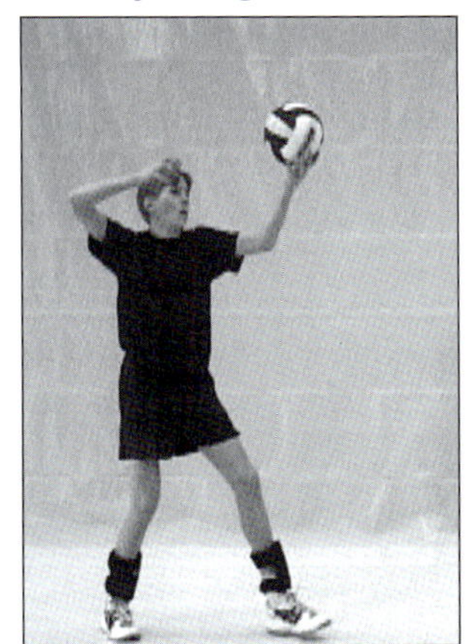
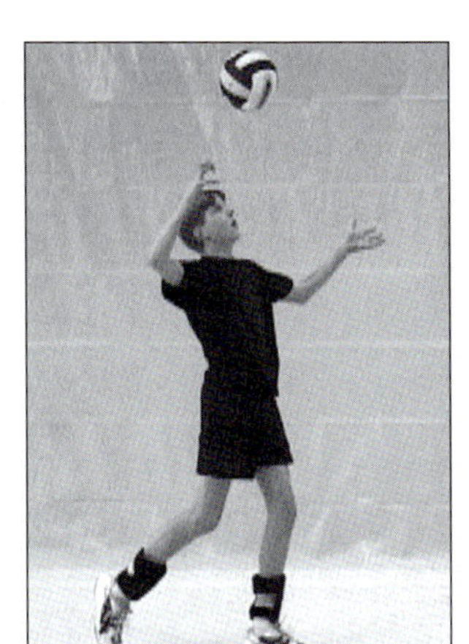
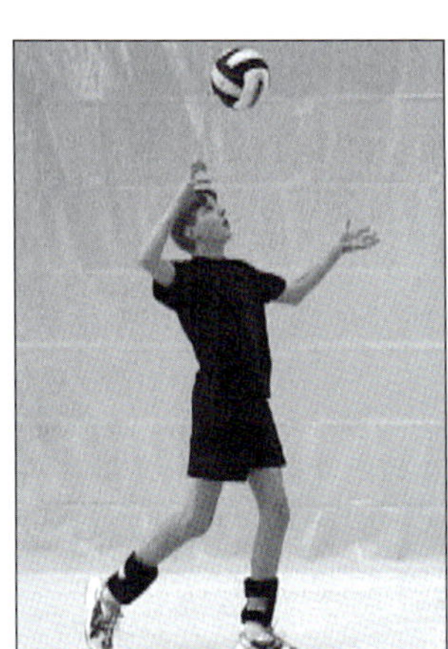

Stoßaufschlag

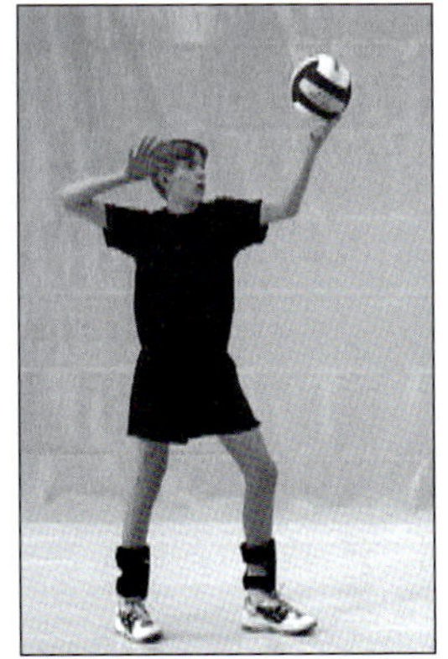
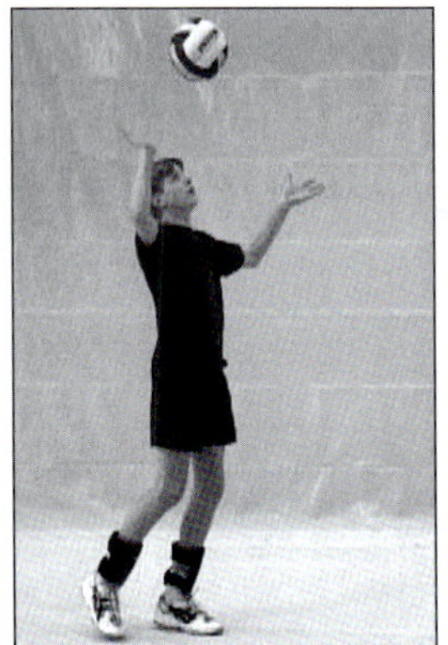
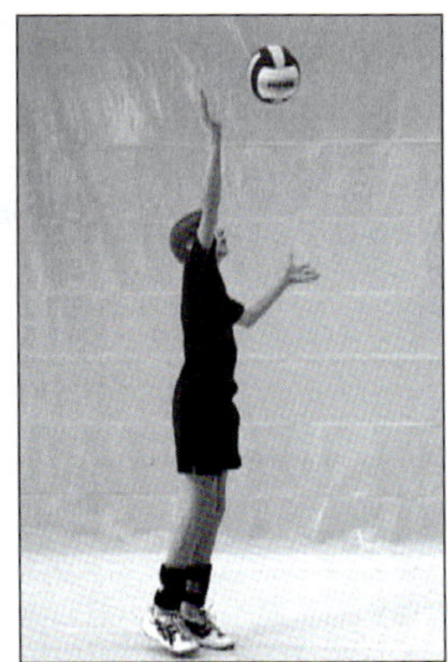

Flatteraufschlag

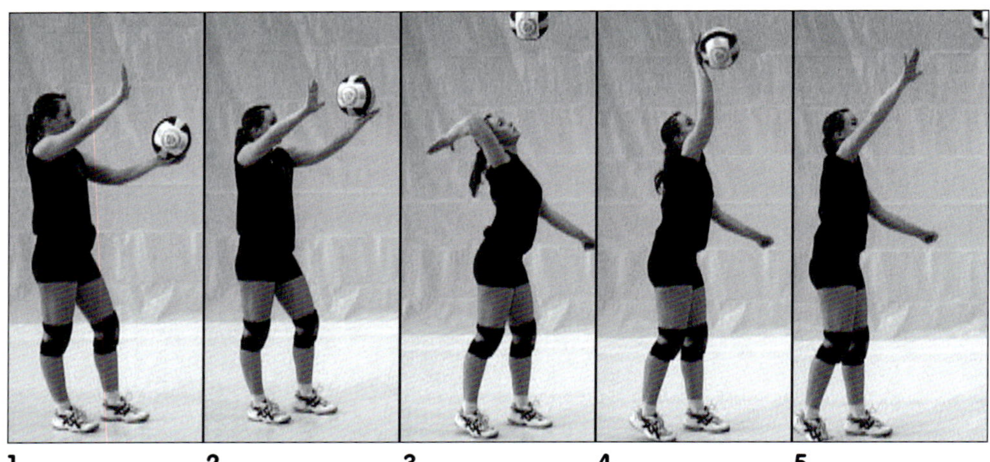

(1) Stabile Körperposition mit frontal zum Netz ausgerichteter Schulterachse. Schrittstellung, linker Fuß vorn (Rechtshänder).
Körpergewicht kann leicht nach hinten verlagert werden. Ball in etwa Brusthöhe halten.

(2) Ballanwurf vor die Schlagarmseite mit Öffnen (Zurückführen) des bereits hochgestellten Schlagarmes. Hand fixieren, keine Rotation beim Anwurf.

(3,4) Beschleunigung der Schlaghand, fixiertes Handgelenk. Angespannte Finger, Ballmitte mit einem sehr harten und kurzen Schlag treffen.

(5) Schlagarm schwingt nicht aus, Oberkörper stabil halten.

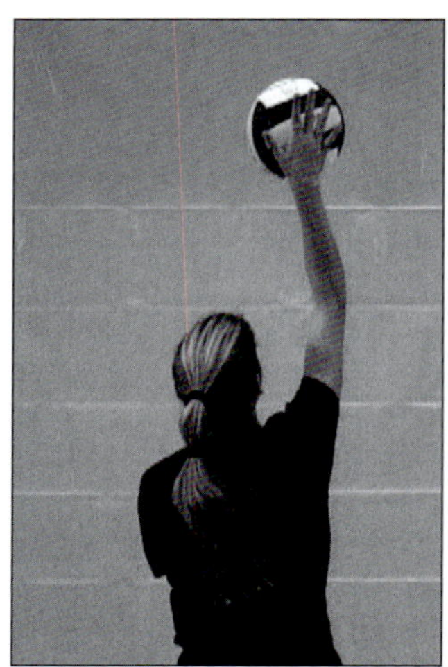

Balltreffpunkt: in der Mitte zentral hinten

Sprungaufschlag (Top Spin)

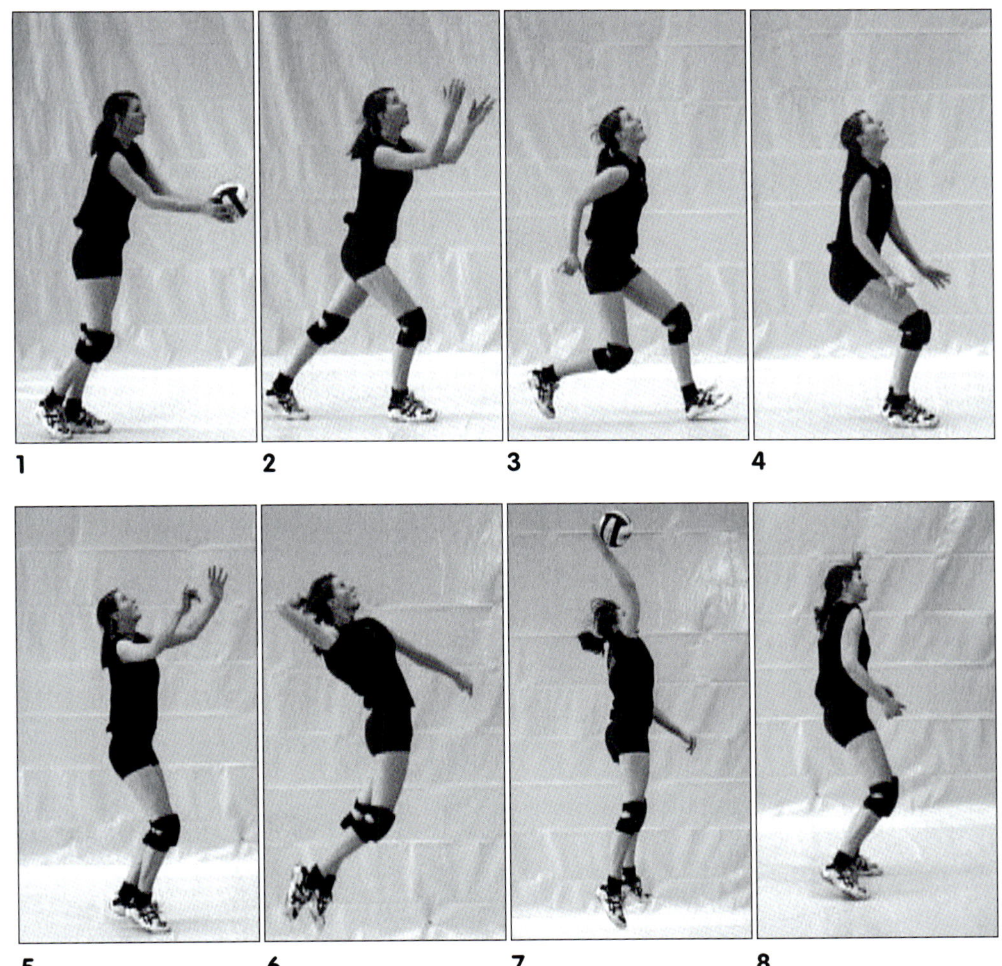

1 2 3 4 5 6 7 8

(1) Schrittstellung, rechter Fuß vorn (Rechtshänder).
(2, 3, 4, 5) Raum-Zeit-Koordination beim Anwurf konstant halten (Anwurfhöhe und -weite, Schrittgestaltung vor/während der Stemmbewegung). Körperschwerpunkt senkt sich ab. Stemmbewegung über die Ferse des Stemmbeins. Fußballenaufsatz eher beim Beistellbein, aktiver Schwungarmeinsatz, Absprung nach vorn oben.
(6) Aufbau der Bogenspannung. Zurückführung des Schlagarmes mit gebeugten Ellenbogen hinter dem Kopf.
(7) Balltreffpunkt über der Schulter, frühzeitige Streckung des Schlagarmes.
(8) Weiche, beidbeinige Landung.

Sprungaufschlag Schrittfolge
(3-Schrittrhythmus mit Zweikontaktaufsatz)

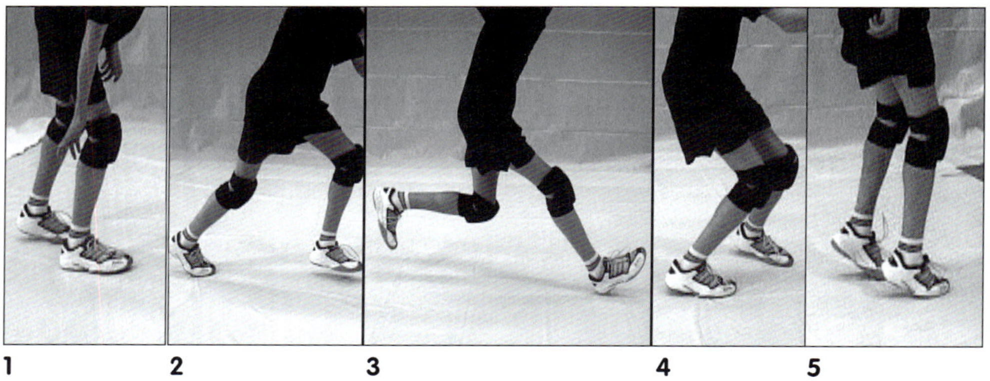

1 2 3 4 5

(1) Schrittstellung, rechter Fuß vorgestellt (Rechtshänder).
(2) Impulsschritt links.
(3) Stemmschritt über Ferse rechts (Länge des Stemmschrittes steht in Abhängigkeit von Spielertyp, Athletik und Technik).
(4) Beistellbein über Fußballen aufsetzen, Absprung nach vorn-oben.
(5) Weiche, beidbeinige Landung.

Sprungaufschlag (Flatter, nur Textbeschreibung)

(1) Kurze Auftaktbewegung mit folgender Stemmphase. Ball liegt auf dem Handteller des linken vorgehaltenen Anwurfarmes. (Rechtshänder), ggf. beidhändiger Anwurf.
(2) Ballanwurf kurz vor der Stemmbewegung, kein aktiver Doppelarmschwung. Kurzzeitiges Einstemmen über die Ferse, Absprung fast senkrecht nach oben.
(3,4) Anwurfhöhe entspricht Balltreffpunkt im Umkehrpunkt des Anwurfes. Anwurf vor die Schlagarmseite, hochgestellter Schlagarm. Vertikale Beschleunigung des Schlagarmes. Ballmitte hart und kurz mit fixiertem Handgelenk treffen ohne Ausschwingen des Schlagarmes, stabile Körperhaltung beibehalten.
(5) Weiche, beidbeinige Landung und Übergang in die Folgehandlung.

3.4 Spiel- und Übungsformen

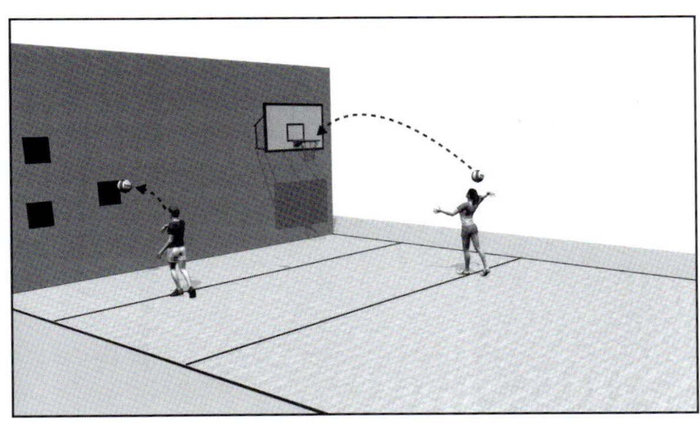

Bewegungsvorstellung Imitation

Würfe mit Tennis- oder Schlagbällen gegen die Wand, auf Ziele gegen die Wand (Basketballbretter) sowie aus unterschiedlichen Entfernungen. Die Schlagbewegung wird als Kegelschockwurf oder als Schlagwurf imitiert.

Variation: Würfe mit Volleybällen

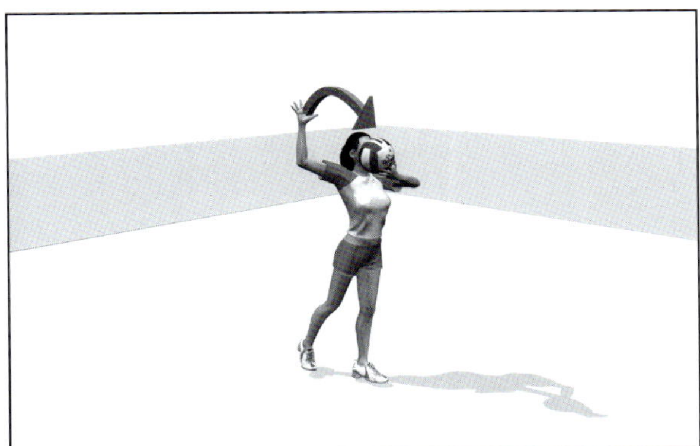

Bewegungsvorstellung Schlagbewegung

Mit der linken Hand den Ball in Reichhöhe vor der rechten Schulter halten. Mit dem rechten Arm die Schlagbewegung ausführen, ohne den Ball wegzuschlagen.

Variation: Partner hält den Ball vor der Schlagarmseite
Theraband oder Deuserband einsetzen

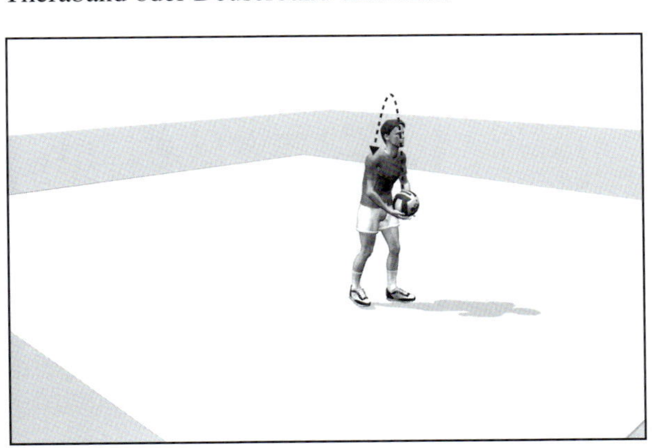

Anwurf

Ball ein- oder beidhändig so anwerfen, dass dieser auf die Schlagschulter fällt.

Variation: mit geschlossenen Augen

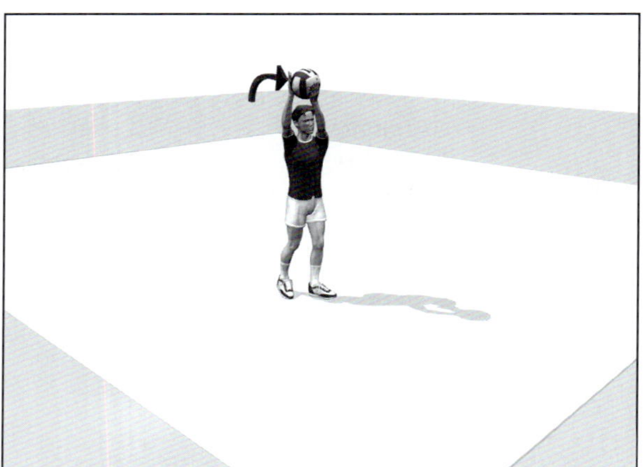

Anwurf
Schlagbewegung
Ball ein- oder beidhändig anwerfen und den Ball im höchsten Punkt in die Gegenhand schlagen („pressen").

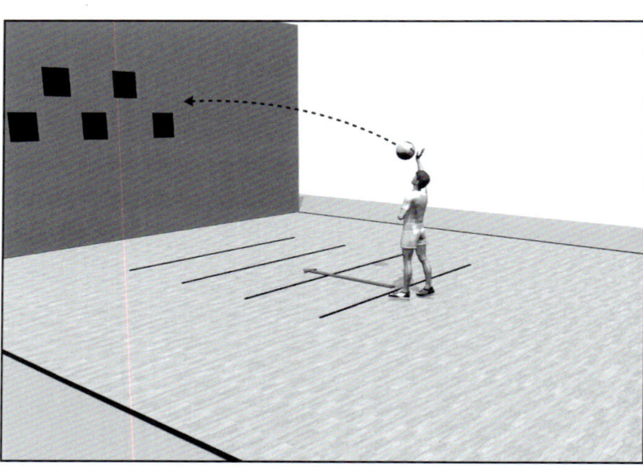

Gesamtbewegung
Zielgenauigkeit
Aufschläge aus unterschiedlichen Distanzen (4,00-10,00 m) gegen die Wand schlagen. An der Wand sind über 2,50 m Höhe Markierungen (Klebestreifen usw.) angebracht.

Variation: erst nach drei erfolgreichen Aufschlägen darf die nächste Entfernungsmarke aufgesucht werden

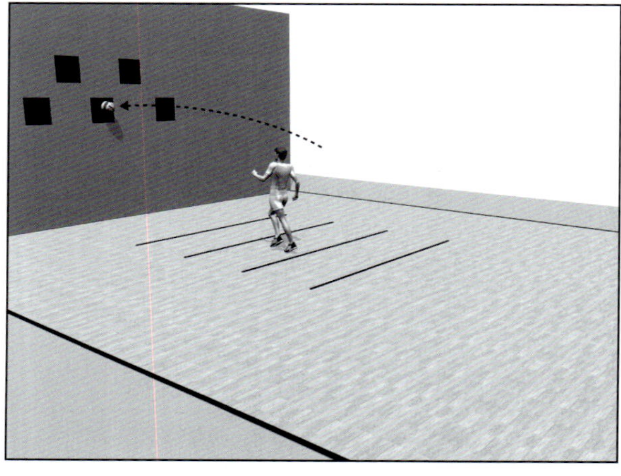

Gesamtbewegung
Zielgenauigkeit
Aufschläge aus unterschiedlichen Distanzen (4,00-10,00 m) gegen die Wand schlagen. Nach dem Aufschlag vorlaufen und den zurückprallenden Ball fangen.

Variation: vor dem Auffangen eine Zusatzaufgabe durchführen (Hände berühren den Boden, Körperdrehung usw.). Vor dem Auffangen den Ball hochbaggern.

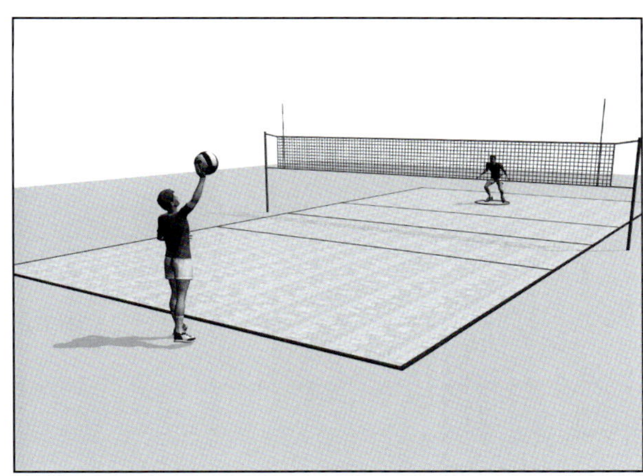

Zielgenauigkeit

Aufschläge aus unterschiedlichen Entfernungen zum Partner, der in einem Gymnastikreifen steht und den Ball fangen soll, ohne den Reifen zu verlassen.

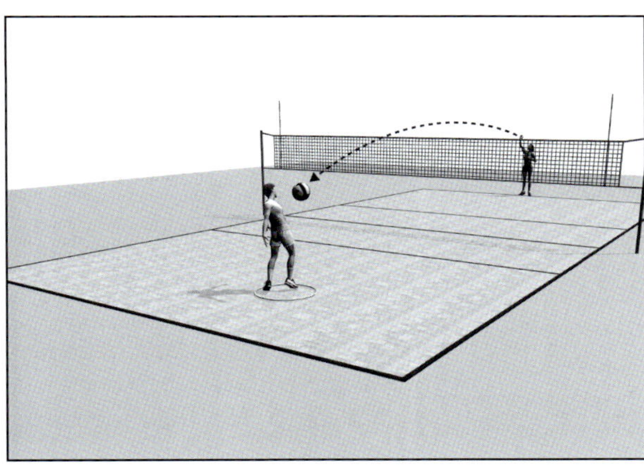

Zielgenauigkeit

Aufschläge aus unterschiedlichen Entfernungen zum Partner, der in einem Gymnastikreifen steht. Dieser weicht im letzten Moment aus, um nicht im Gesicht getroffen zu werden. Wie viele Treffer werden bei zehn Wiederholungen erzielt?

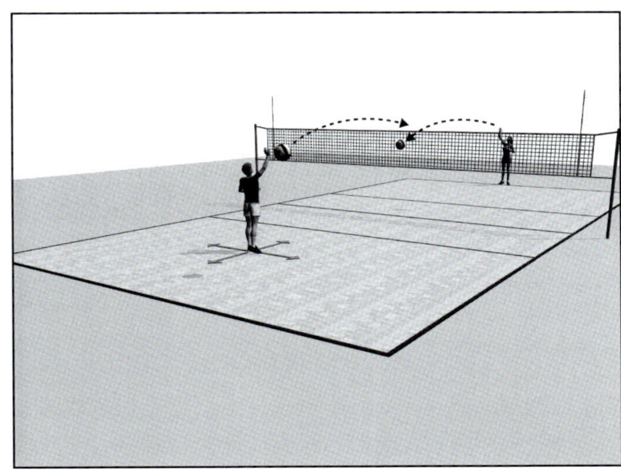

Präzisionsdruck

Zwei Spieler stehen links und rechts vom Netz im wechselnden Abstand zueinander. Beide werfen sich gleichzeitig den Ball an, schlagen zum Partner, vollziehen (k)eine Zusatzaufgabe und fangen schließlich den Ball.

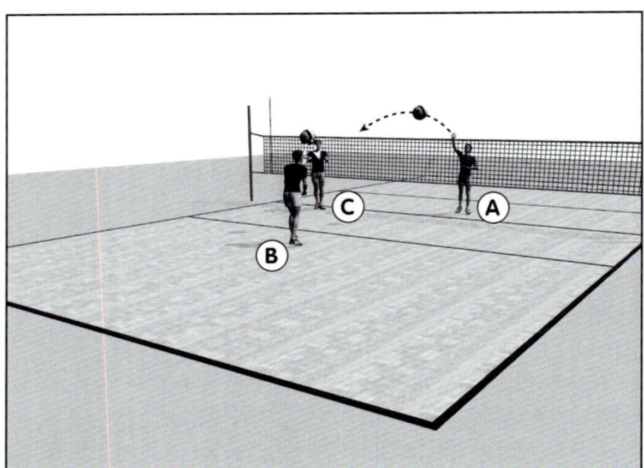

Balltreffpunkt
Ganzkörperspannung

In einem kurzen Abstand zum Netz (1,00 m bis 2,00 m) schlägt A den Ball über das reichhohe Netz zu B, der den Ball fängt (später im Bagger spielt). Im Moment des Schlages wirft B den zweiten Ball zu C, der den Ball an A übergibt.

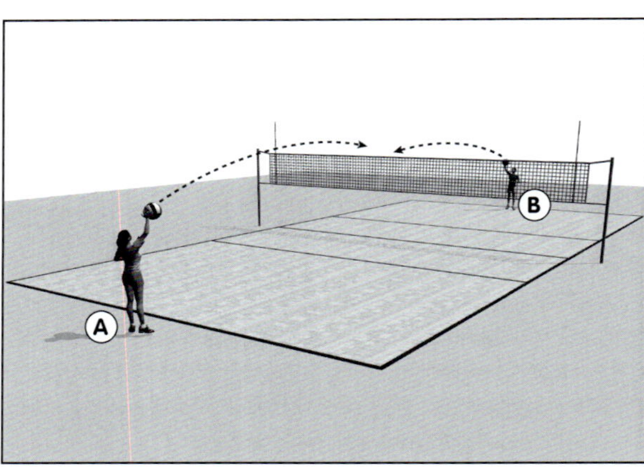

Gesamtbewegung
Nachfolgebewegung

A und B werfen sich gleichzeitig den Ball an und schlagen jeweils den Ball ins gegnerische kleine Spielfeld mit der Vorgabe, dass der Partner den Aufschlag nicht fangen kann.

Variation: statt den Ball zu fangen, im Bagger selbst hochspielen Wettkampf auf Punkte und Signalvorgabe für das Anwerfen

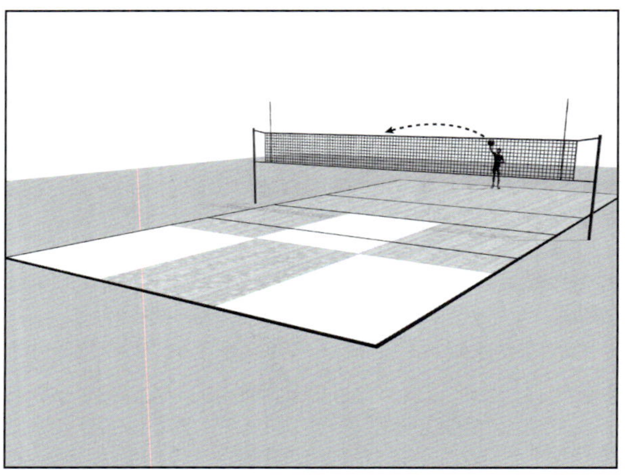

Zielgenauigkeit

Das Spielfeld wird je nach Können in sechs oder mehr Sektoren unterteilt. Für jeden Sektor gibt es eine bestimmte Vorgabe von Versuchen, die bei Erfolg mit Punkten belohnt werden.

Variation: der Aufschlagspieler gibt vorher bekannt, in welchen Sektor er aufschlagen wird

Zielgenauigkeit nach Zusatzbelastung

Im Spielfeld vollzieht A in schneller Folge einen simulierten Angriffsschlag, zwei Blocksprünge und eine Bodenabwehrbewegung zur Grundlinie, bevor er einen Aufschlag auf ein Ziel (Matte usw.) durchführt.

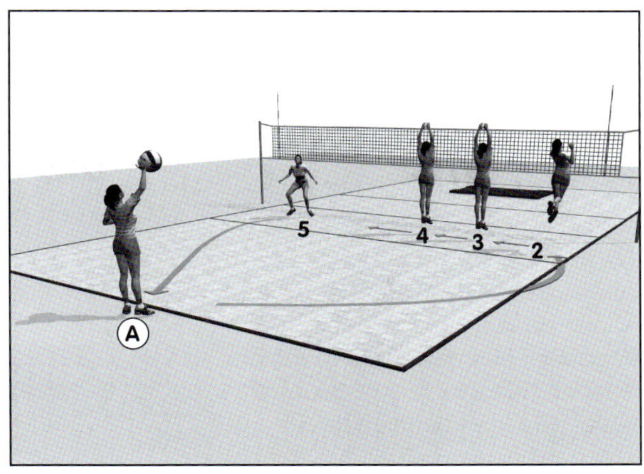

Inselball

Zwei Teams mit jeweils gleich vielen Aufschlägern und Fängern spielen gegeneinander. „Erste Halbzeit“: Die Aufschläger versuchen, die Bälle auf die Fänger (Matte) zu schlagen. Wenn ein Fänger den Ball erhalten hat, ohne dabei die Matte zu verlassen, wird er auch ein Aufschläger. Wenn kein Fänger mehr auf der Matte ist, beginnt unmittelbar die „zweite Halbzeit“. Die Aufschläger zu Beginn der ersten Halbzeit rennen auf die Matte und sind nun Fänger. Entgegen dem Verlauf der ersten Halbzeit werden jetzt gefangene Bälle laut mitgezählt, ohne danach die Matte zu verlassen. Nach zehn Mattentreffern treffen sich alle auf der Matte.

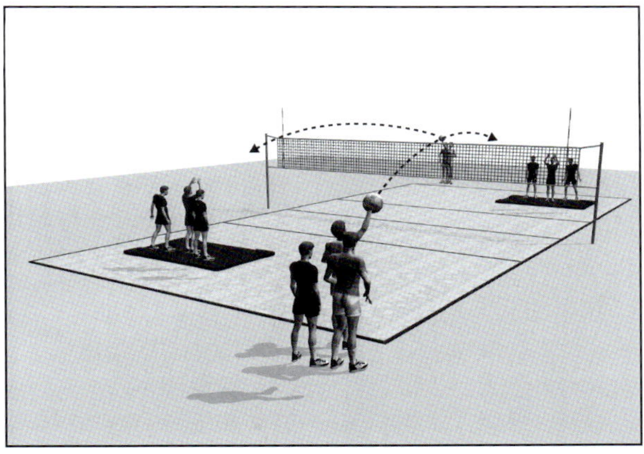

Kastenball

Jeweils ein Spieler aus zwei Teams sitzt auf einem Kleinkasten im gegnerischen Spielfeld. Die Mitspieler schlagen nacheinander auf. Wenn ein Spieler sitzend den Ball fangen kann, wechselt er mit einem Aufschlagspieler. Wenn alle Spieler einmal den Ball fangen konnten, treffen sich hinter der Grundlinie, bilden einen Kreis und rufen „finito“.

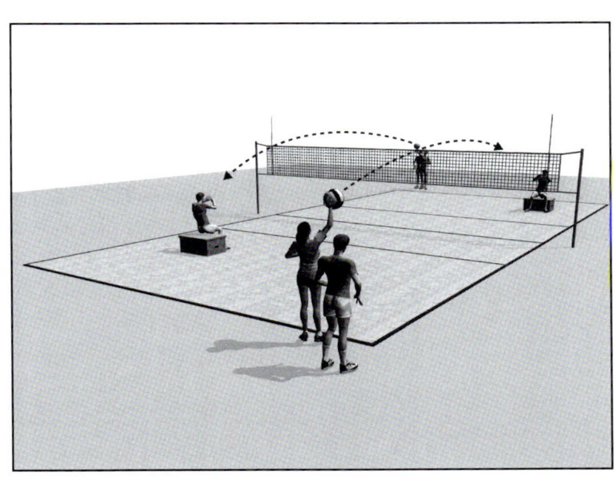

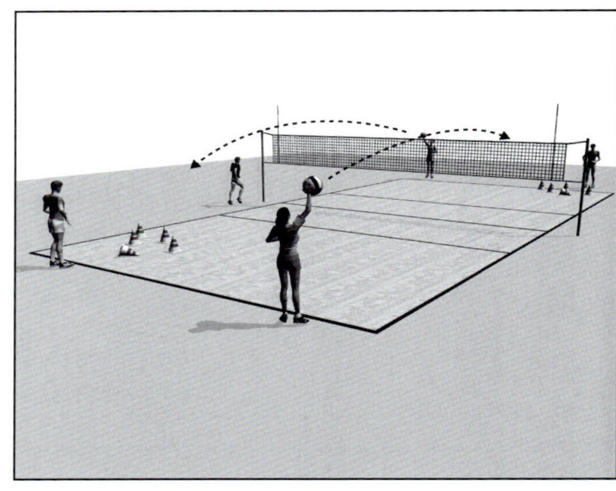

Biathlon

In diesem Einzelwettbewerb erhält ein Aufschläger, wenn er das Ziel (Pylonen oder Kleinkasten) getroffen hat, einen Punkt und muss von der anderen Spielfeldseite den nächsten Aufschlag ausführen. Trifft er das Ziel nicht ohne einen Fehler zu machen (Ausball, Netz), wartet er auf einen freien Ball. Begeht er allerdings einen Fehler, muss er eine Zusatzaufgabe durchführen (Spielfeld umlaufen, Sit ups usw.). Welcher Spieler hat zuerst eine bestimmte Punktzahl erreicht?

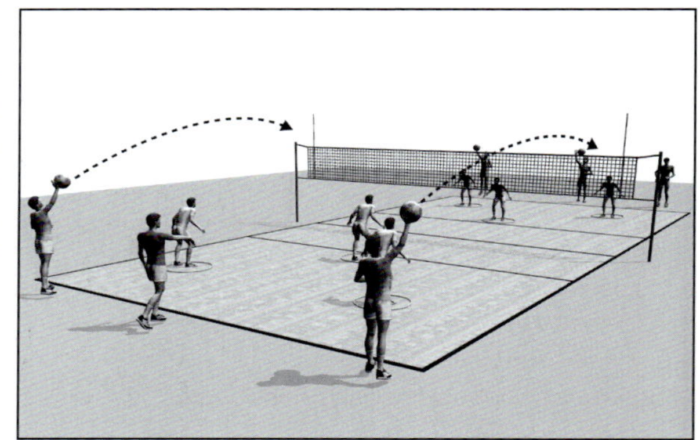

Reifenfänger

Zwei Teams teilen sich in Aufschläger und Fänger, wobei Letztere in einem Reifen im Spielfeld sich platzieren. Die Aufschläger schlagen ihre Bälle so gezielt auf, dass die Spieler in den Reifen die Bälle nicht berühren können.

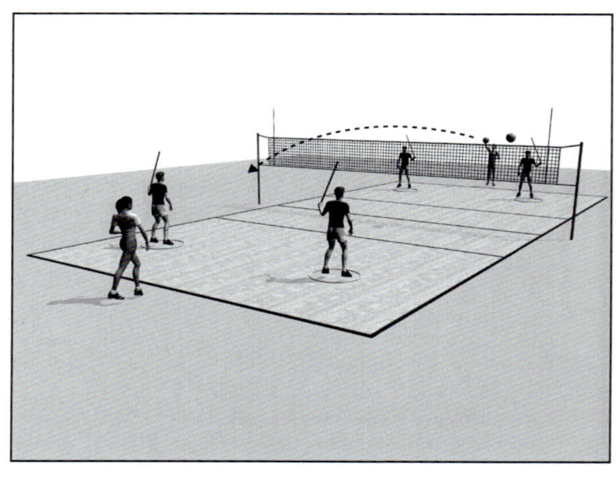

Fechter

Zwei gleichgroße Teams schlagen in festgelegter Reihenfolge auf. In jeder Spielfeldhälfte steht ein Spieler in einem Gymnastikreifen. Dieser „Fechter“ hat einen Turnstab und versucht, die Bälle mit dem Stab zu berühren, wobei sich immer ein Standbein im Reifen befinden muss.

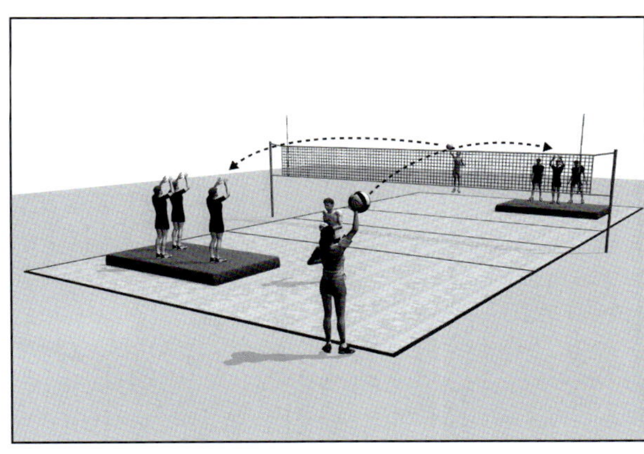

Einer nach dem anderen

Zwei Teams spielen gegeneinander. In der gegnerischen Spielfeldhälfte befinden sich mit Ausnahme eines Aufschlägers alle Spieler eines Teams auf einer Turnmatte. Sobald der Aufschläger einen Ball zu einem Spieler auf der Matte platzieren konnte, wird der Fänger zum Aufschläger. Welches Team hat als erstes keinen Spieler mehr auf der Matte?

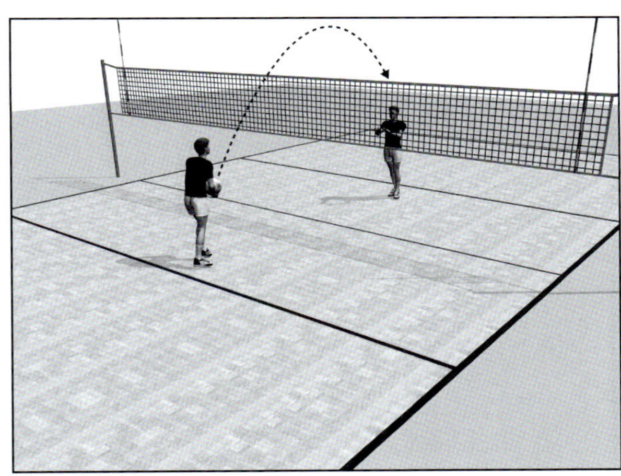

Sprungaufschlag
Anwurf

Zwei Spieler stehen sich am Netz gegenüber. Die Bälle in der Anwurfhand befinden sich auf einer Linie. Beide Spieler werfen die Bälle so zu ihrem Partner, dass sie nicht links oder rechts von der Linie abweichen.

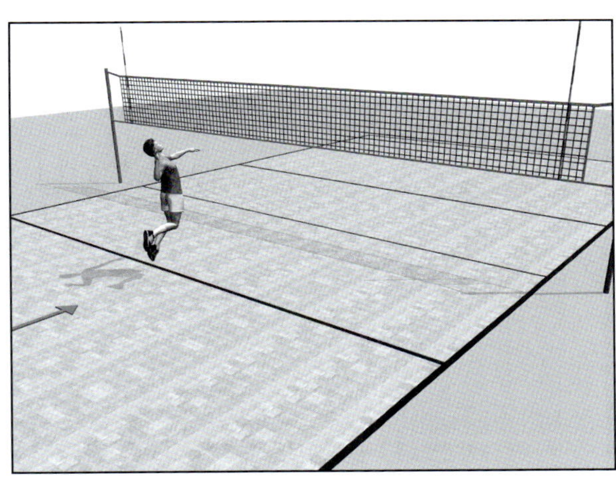

Sprungaufschlag
Schrittfolge-Anlauf

Die Spieler stehen im Spielfeld. Die Angriffslinie stellt die Grundlinie dar. Die Spieler imitieren die Anwurfbewegung ohne Ball und sollen insbesondere die Absprungbewegung über das Beistellbein schulen. Die Landung erfolgt beidbeinig im Angriffsraum.

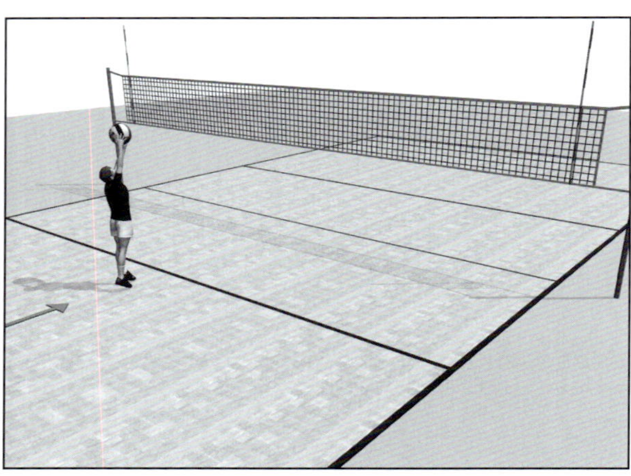

Sprungaufschlag Anwurf-Anlauf

Der Übungsablauf entspricht der vorherigen Übung, nur dass der Ball miteinbezogen wird. Anstelle des Schlages über das Netz, erfolgt ein Schlag im höchsten Punkt des Sprunges in die Gegenhand („pressen“).

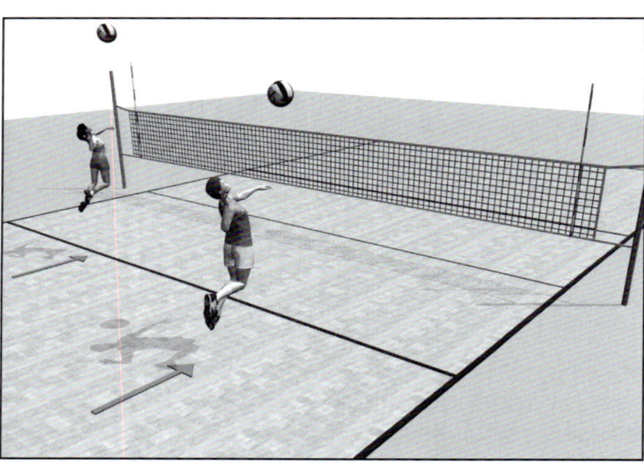

Sprungaufschlag Dosierte Gesamtbewegung

Die Spieler schlagen zunächst bei geringer Netzhöhe und variablem Abstand die Bälle über das Netz. Der Anlauf wird schrittweise bei steigender Netzhöhe nach hinten verlagert.

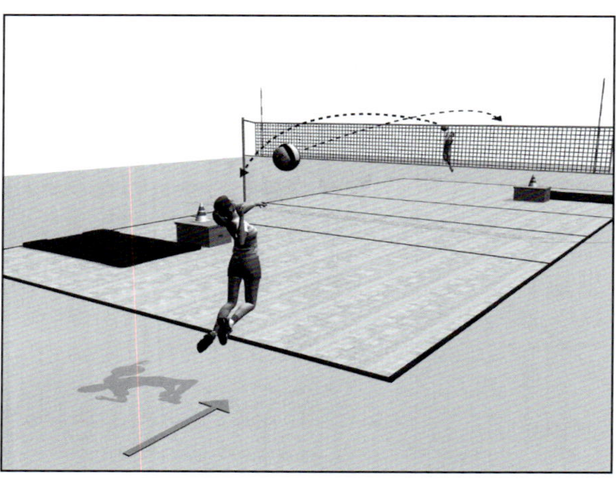

Sprungaufschlag Zielgenauigkeit

Die Spieler schlagen vom gleichen Standort hinter der Grundlinie auf, neben, vor oder hinter im Spielfeld platzierte Ziele (Reifen, Matten usw.).

Variation: unterschiedliche Standorte hinter der Grundlinie

Sprungaufschlag unter Zusatzanforderungen

Zwei Spieler stehen sich gegenüber. A muss seinen Aufschlag auf B platzieren. Dieser fängt den Ball, rennt hinter die Grundlinie und schlägt nun seinerseits präzise auf A, der sich mittlerweile nach einem Blocksprung eine beliebige Annahmeposition ausgesucht hat.

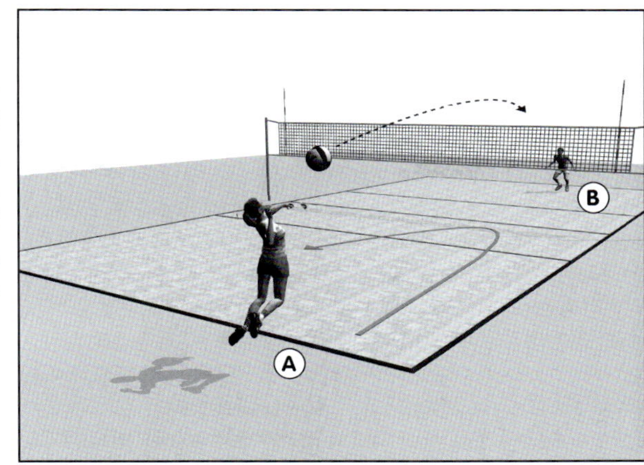

Flatteraufschlag Schlagbewegung

Zwei Spieler stehen sich gegenüber, legen die offenen Hände gegeneinander und drehen den Schlagarm auf. Mit fixiertem Handgelenk und angespannter Schulter führen sie gleichzeitig die Schlagbewegung aus und bremsen vor dem Kontakt den Schlag ab. Die Handinnenflächen klatschen gegeneinander.

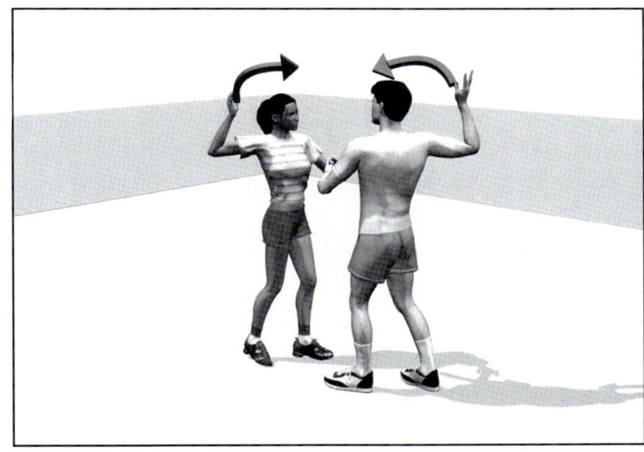

Flatteraufschlag Schlagbewegung

Zwei Spieler stehen sich gegenüber. A hält den Ball so, dass erstens die Schlagschulter von B mittig zum gehaltenen Ball ausgerichtet ist und zweitens die Höhe des gehaltenen Balles einen normalen Schlag gewährleisten kann.

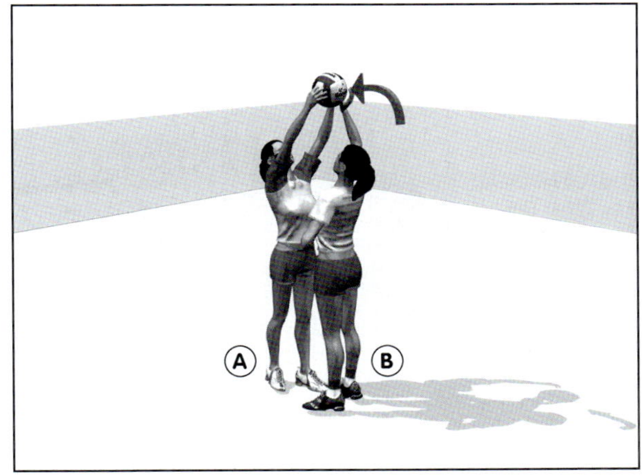

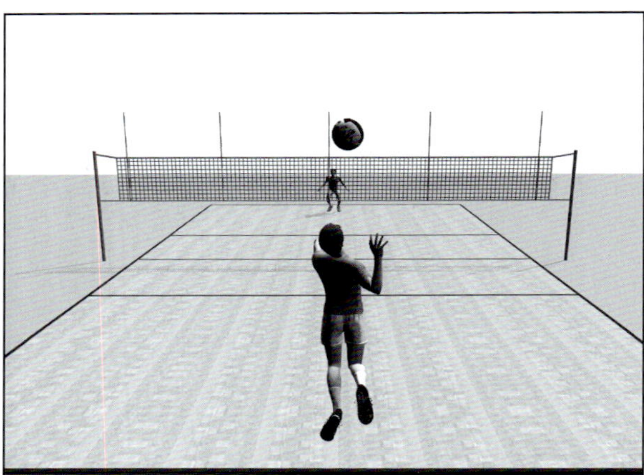

Flatteraufschlag Zielgenauigkeit

Zwei Spieler stehen sich am Netz gegenüber. Das Netz weist mit Hilfe von mehreren Antennenstäben verschiedene Fenster auf. Die Spieler schlagen sich bei ständig wachsendem Abstand präzise die Bälle zu.

Variation: kleinere Netzfenster (Klebestreifen quer zwischen den Antennen)

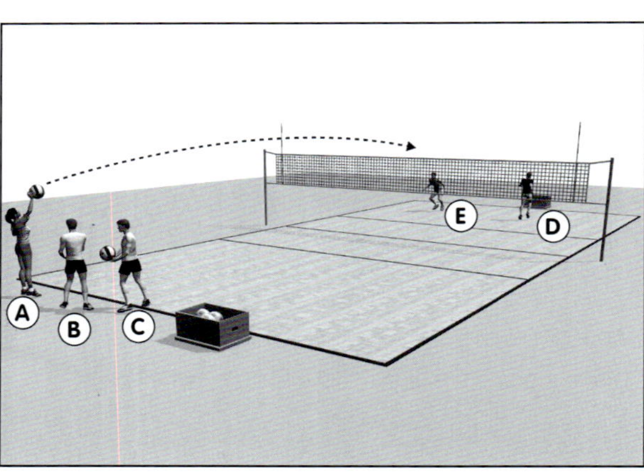

Flatteraufschlag Automatisierung

A schlägt in schneller Folge zehn Aufschläge oder mehr nacheinander auf D und E, die die Bälle fangen und in einen Ballbehälter legen. B und C versorgen A mit Bällen wie eine „Ballmaschine".

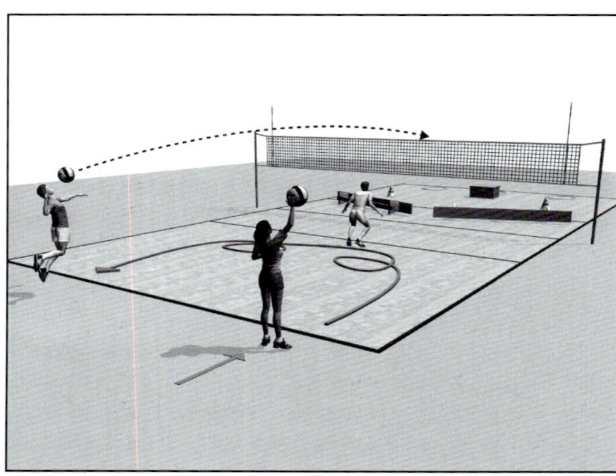

Flatteraufschlag unter Zusatzbelastung

Die Spieler müssen unmittelbar nach einer Zusatzbelastung, die aus zwei Feldabwehrbewegungen besteht, auf konkrete Zielpunkte (Kasten, Matten usw.) aufschlagen. Nach der Belastung sollte auf kurzfristige Entspannung, Atmung und Fokussierung des Zieles geachtet werden.

Kapitel

4

Spielereignis Annahme

4.1 Taktische Empfehlungen

4.2 Methodische Ratschläge

4.3 Techniken

4.4 Spiel- und Übungsformen

4.1 *Taktische Empfehlungen*

Individualtaktische Hinweise für das Spielverhalten

- Beobachte aufmerksam den gegnerischen Aufschlagspieler und reagiere unverzüglich auf dessen Positionsverschiebung (Breite und Tiefe des Aufschlagraumes)!
- Stimme dich rechzeitig mit den Mitspielern über den Annahmebereich ab (z. B. diagonal zum Aufschläger stehende Spieler oder die „stärkere" Armseite übernehmen mittig geschlagene Bälle)!
- Fixiere den Ball in der Luft und schließlich bis zum Auftreffpunkt auf deine Arme!
- Führe eine begonnene Reaktion konsequent aus und unterstütze dies verbal („Ich")!
- Den größten Aktionsradius für den besten Annehmer!
- Automatisiere deine Fortbewegung mit schnellen Boxerschritten bei flachen und schnellen Flugkurven!
- Je weiter der Ballweg vom Annahmeort zur Zuspielposition ist, umso direkter soll die Flugkurve sein!
- Je kürzer der Aufschlag, umso waagerechter ist das Spielbrett ausgerichtet!
- Spiele den Ball aus einer balancierten, etablierten Körperposition!
- Versuche möglichst immer den Körper hinter den Ball zu bringen und drehe den Körper in die beabsichtigte Spielrichtung!
- Schiebe – vor allem bei weichen Aufschlägen – deinen Körper in die beabsichtigte Spielrichtung!
- Entscheide dich frühzeitig für eine der vier Baggertechniken: vor oder über dem Körper, links oder rechts!
- Weiche Aufschläge bedürfen der Impulsunterstützung durch Körper und Spielbrett!
- Harte Aufschläge verlangen eine Impulsreduktion!
- Bei sehr harten und schwierigen Aufschlägen lieber den Ball hoch und deutlich vom Netz ins Spielfeld platzieren!
- Spiele den Ball möglichst in den Aktionsradius vor den Zuspieler!
- Immer eine beidhändige gegenüber einer einhändigen Annahme vorziehen!
- Übernehme Verantwortung, signalisiere Ruhe und zäume deinen Ärger bei Misserfolgen!
- Um dem Schnellangreifer eine echte Option zu bieten, sollte die Annahme bei kurzen und einfachen Aufschlägen lieber etwas höher und nicht zu nah ans Netz erfolgen!

4.2 *Methodische Ratschläge*

Tipps für die methodische Anfängerschulung

- Am Anfang muss die Grundtechnik (Zuspielbagger über kürzere Distanzen) vor der Entwicklung zu den Spezialtechniken stehen.
- Zur Vorbereitung auf den Technikerwerb können eine Vielzahl von Spielen aus der Ballschule gewählt werden, in denen das Balancieren auf den Unterarmen oder das Jonglieren mit den Fäusten gefördert wird.
- Auch die Hallenwand bietet viel: die Erfahrung mit konstanten Einfalls- und Ausfallswinkeln bei unterschiedlichen Abständen und verschiedenen Zielfeldern.
- Genügend Zeit für die Entwicklung und den Einsatz des Spielbrettes einerseits und für die Automatisierung der Beinarbeit andererseits einplanen.
- Erst mit konstanter d.h. gerader (später mit unterschiedlicher) Schulterachse den Lernprozess starten, um den Ball besser visuell erfassen zu können.
- Von konstanten zu variierten (Richtung, Distanz, Technik) und schließlich zu komplexen (Wettkampf-)Bedingungen übergehen. Am Anfang steht das Üben mit systematischer Wiederholung der gleichen Spielsituation.
- Fast alle vorgestellten Übungen sollten neben dem frontalen Bagger, auch den seitlichen Bagger hoch und tief verlangen.

4.3 Techniken

Frontal

(Treffpunkt mittig vor dem Körper und harte, flache Aufschläge)

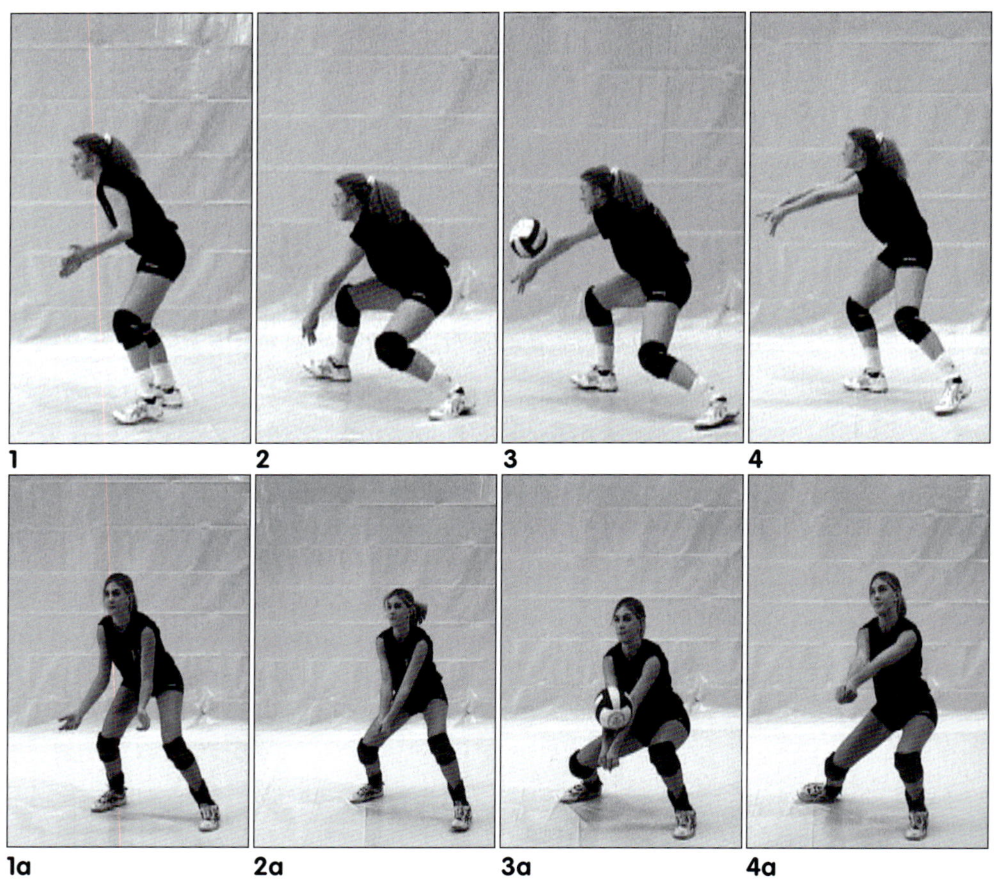

1 2 3 4

1a 2a 3a 4a

(1) Schnelle und gleitende Bewegung zum antizipierten Balltreffpunkt und Übergang zu einer stabilen Schrittstellung. Armstreckung zeitlich vor dem Handschluss anstreben.

(2) Etwa schulterbreite (Schritt-)Grätschstellung. Fixiere ständig den Blick auf den Ball. Körperposition hinter den Ball aufbauen. Knie vor die Füße und Schultern vor die Knie schieben.

(3) Auftrefffläche sind die Unterarminnenseiten oberhalb der Handgelenke. Angespanntes, aber dennoch bewegliches Schultergelenk.

(4) Winkel zwischen Armen und Oberkörper bleibt relativ konstant. Impulssteuerung über die Schulter. Körperhaltung und Körperstreckung stimmen mit Abspielrichtung überein.

Erwartungshaltung

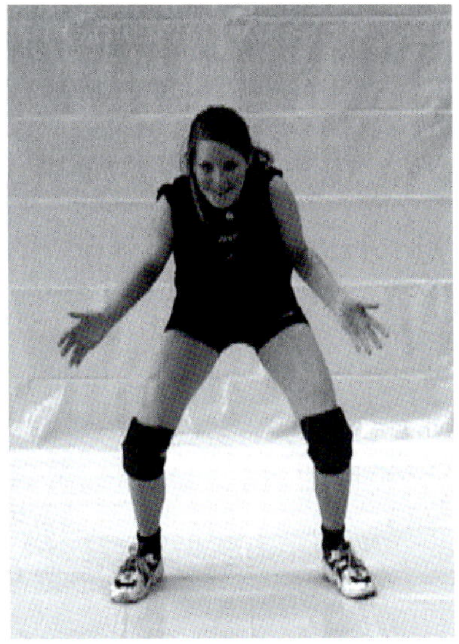

Lockere (Schritt-) Grätschstellung. Körpergewicht nach vorn geschoben, ohne dass die Fersen abgehoben sind. Knie sind leicht gebeugt, Arme leicht angewinkelt und etwa schulterbreit geöffnet. Unterarminnenseiten nach oben aufgedreht. Oberkörper ist leicht nach vorn geneigt. Bewegungsbereitschaft in jede Richtung.

Handschluss

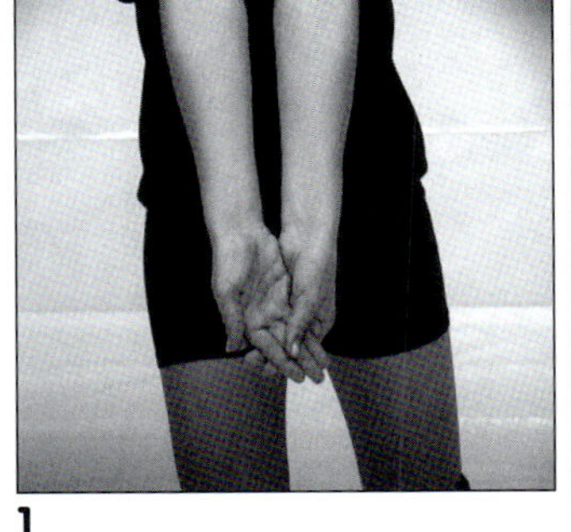

1

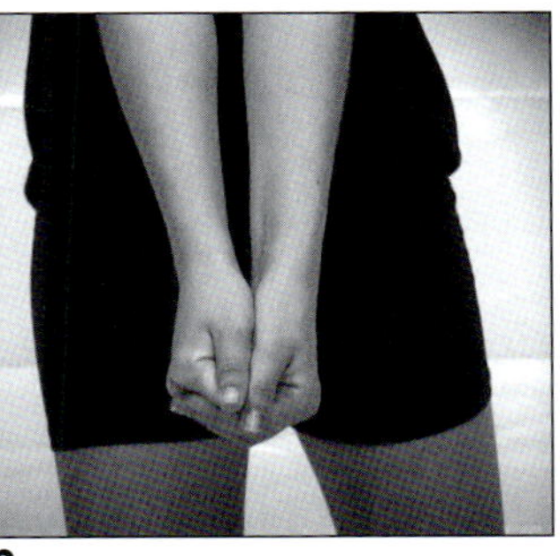

2

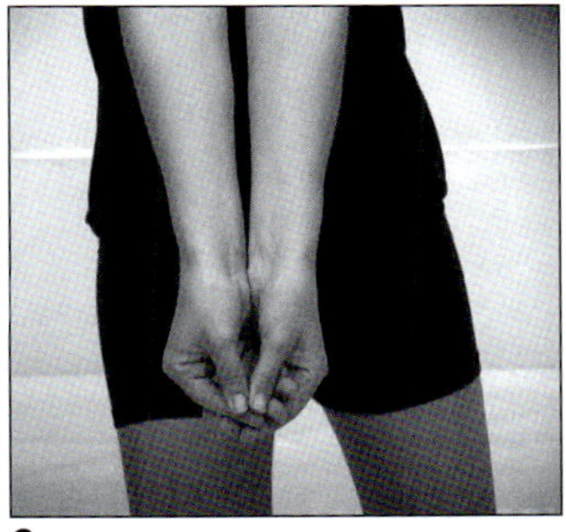

3

(1) „Amerikanischer" Handschluss (Bild mit Linkshänder): starke Hand fasst mit dem Daumen die schwache Hand. Daumen liegen weit auseinander, breitere Spielfläche.

(2) „Asiatischer" Handschluss (Bild mit Linkshänder): schwache Hand bildet eine Hammerfaust. Starke Hand umwickelt die Hammerfaust, Daumen liegen parallel zueinander. Kleinere Spielfläche mit mehr Knochenanteil.

(3) „Alternativer" Handschluss (Bild mit Linkshänder): der Daumen (erster Druckpunkt) der starken Hand fasst die schwache, leicht geöffnete Hand. Handballen wird gepresst (zweiter Druckpunkt). Innenarmseiten nach oben aufdrehen, breite Spielfläche.

Spielbrett

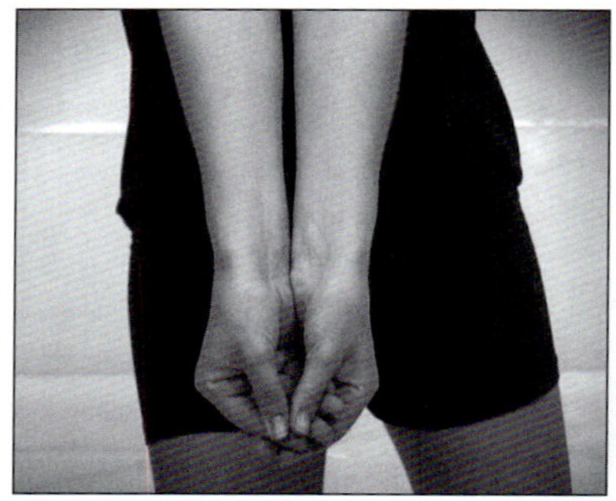

Spielbrett 1

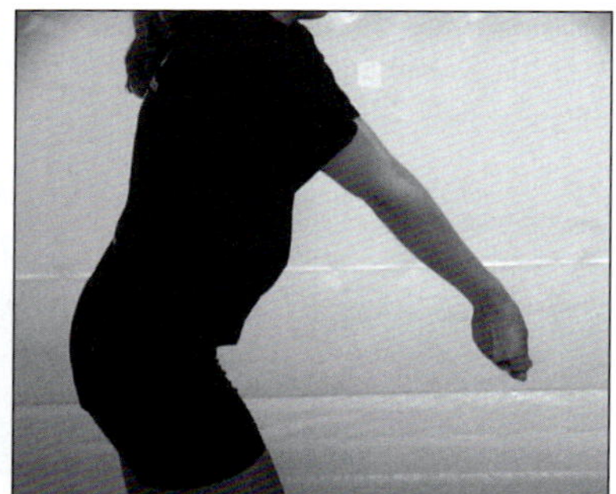

Spielbrett 2

Starke Hand steuert die schwache Hand. Unterarme sind geschlossen und bilden eine ebene Auftrefffläche. Schultern nach vorn schieben. Ellenbogen strecken. Arme und Schultern anspannen. Winkel zwischen Armen und Oberkörper zwischen 70°–90°. Hände erst schließen, wenn bereits die Arme gestreckt sind. Positionierung des Spielbrettes:

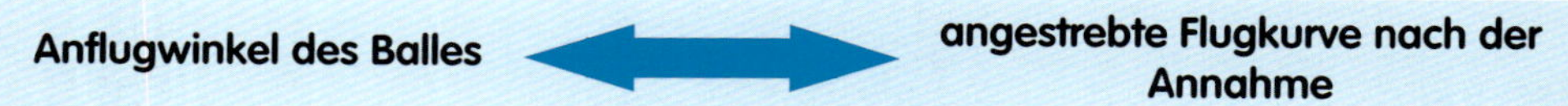

Aktionsradius

Selbst in schwierigen Spielkonstellationen in der Annahme gilt der Grundsatz: Ruhiges Führen (kein Schlagen) des Spielbrettes!

Zu diesen Spielkonstellationen zählen insbesondere Situationen, in denen der Spieler den Ball nicht mehr frontal spielen kann. Sobald diese Entscheidung getroffen wird, gilt es einen Richtungsfuß in Ballnähe zu setzen und Hüfte und Fuß aufzudrehen. Bei den seitlichen Annahmen muss die Innenschulter abgesenkt und die Außenschulter hoch gezogen werden. Dieser Schulterwinkel gibt die Zielrichtung an. Bei den Überkopf-Annahmen den Ball vorzugsweise mit offenen Fingern (Pritschen) spielen. Hierbei neben der Körperspannung vornehmlich Spannung in den Fingern aufbauen. Die anzustrebende Ballflugkurve wird durch die Finger- und Armspannung gesteuert.

Aktionsradius

Jeder Spieler muss sich aus der Erwartungshaltung in alle Richtungen zum Ball bewegen können. Er sollte die verschiedenen Annahmetechniken im gesamten Bereich seines Bewegungsradius situativ richtig einsetzen können:

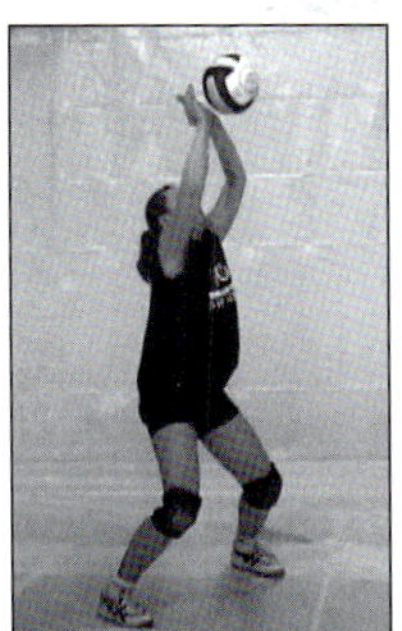
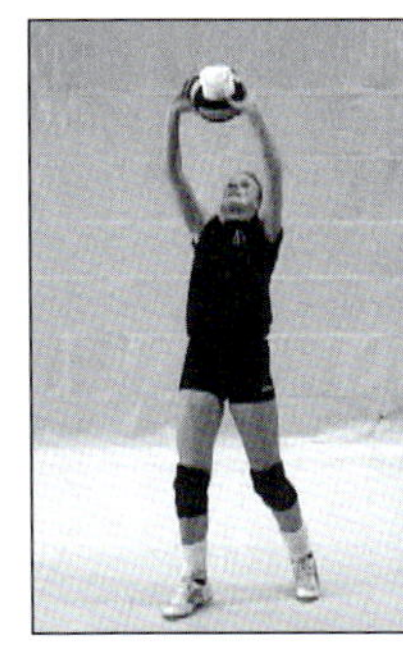

hohe Bälle überkopf

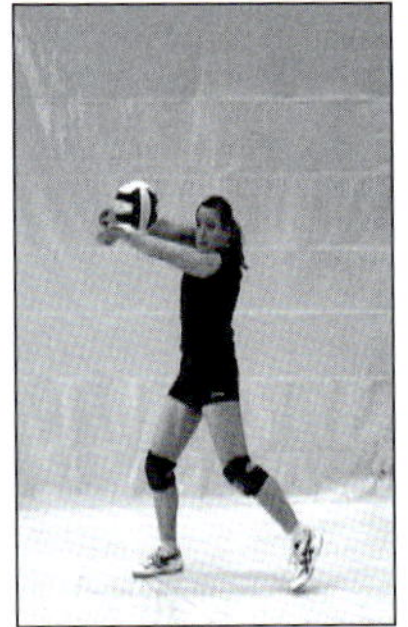

weite Bälle rechts

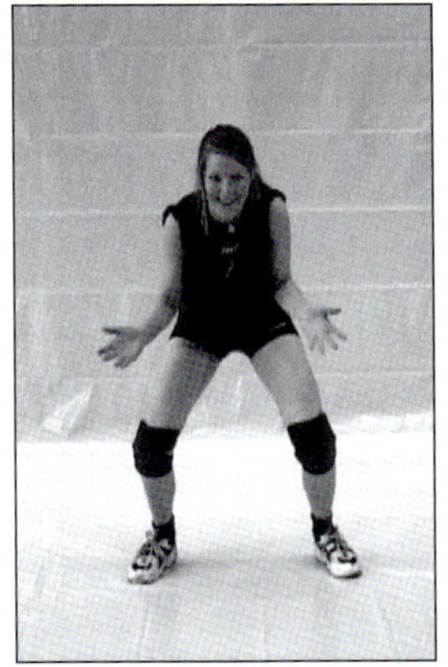

Aktionsradius

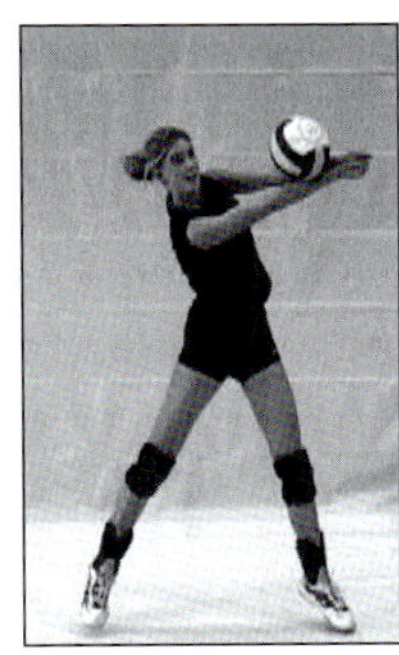

weite Bälle links

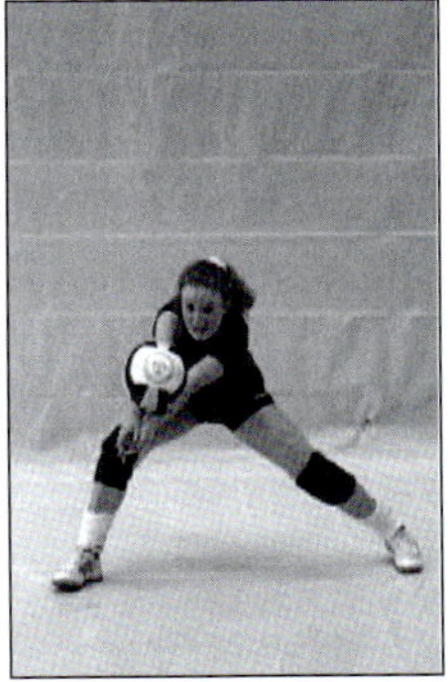

kurze Bälle rechts

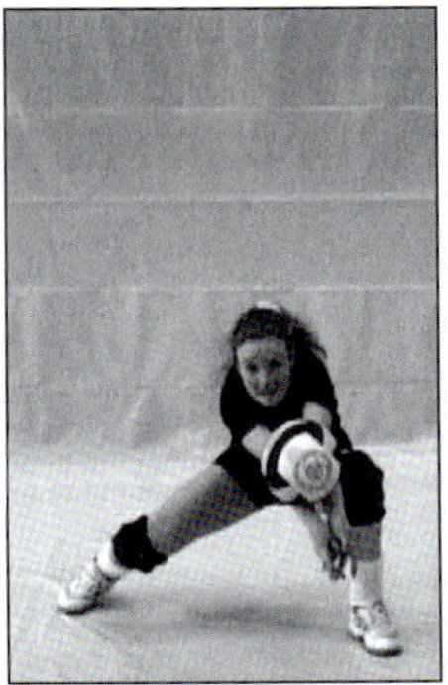

kurze Bälle links

4.4 Spiel- und Übungsformen

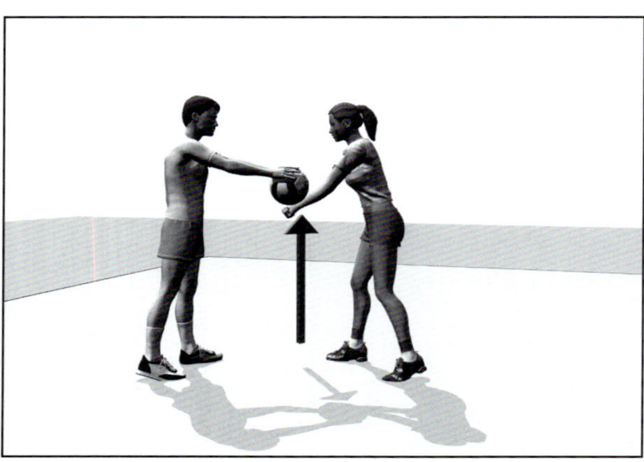

Bewegungsvorstellung Imitation

Einnahme einer Spielbrettposition. Ein Partner drückt den Ball auf die Auftrefffläche. Das Spielbrett nach vorn-oben schieben und damit die Baggerbewegung simulieren.

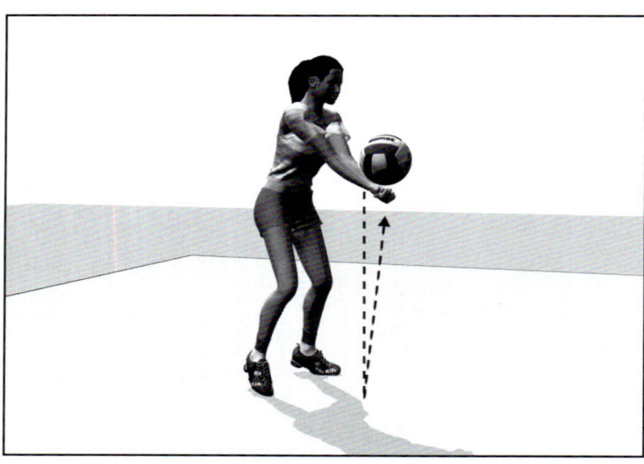

Bewegungsvorstellung Spielbrettschub

Ball auf das Spielbrett legen (großer Arm-Rumpf-Winkel).

Arme öffnen (Ball fällt auf den Boden) und den Ball sofort wieder mit dem Spielbrett ausbalancieren.

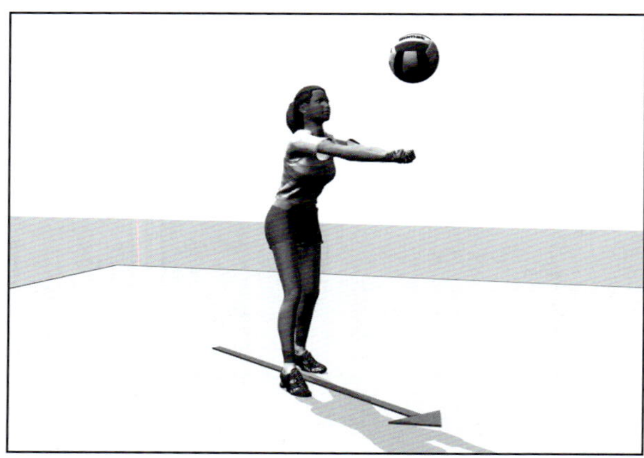

Bewegungsvorstellung Spielbrett

Den Ball als beidhändigen Schockwurf in den Raum werfen (erst kurze Distanzen über 2,00 m bis 3,00 m). Schneller Lauf zum Spielort, sicheren Stand einnehmen und den Ball auf dem Spielbrett ausbalancieren.

Bewegungsvorstellung Spielbrett

Das Spielbrett mittels eines Schwimmbrettes (Holzplatte) simulieren. Der Trainer wirft von oben auf verschiedene Winkelstellungen des Spielbrettes und verdeutlicht damit die unterschiedlichen Ausgangswinkel.

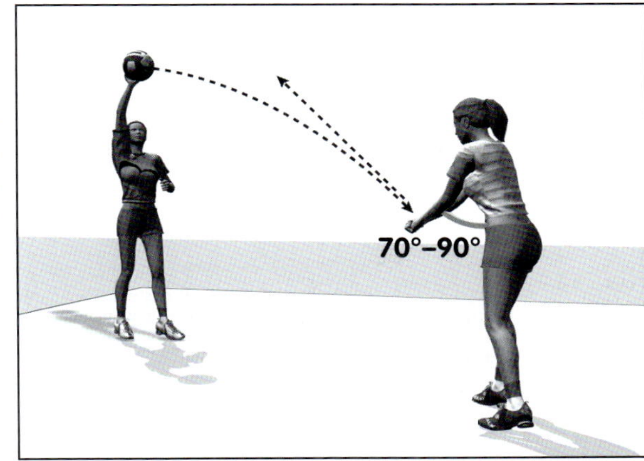

Bewegungsvorstellung Spielbrett

A steht mit dem Rücken zum Netz und wirft den Ball (Schockwurf, Einwurf, Kegelwurf) zu B. Der fängt den Ball mit der Baggerarmstellung auf (Hände sind seitlich am Ball) und wirft ihn mit einer Schubbewegung zu A zurück.

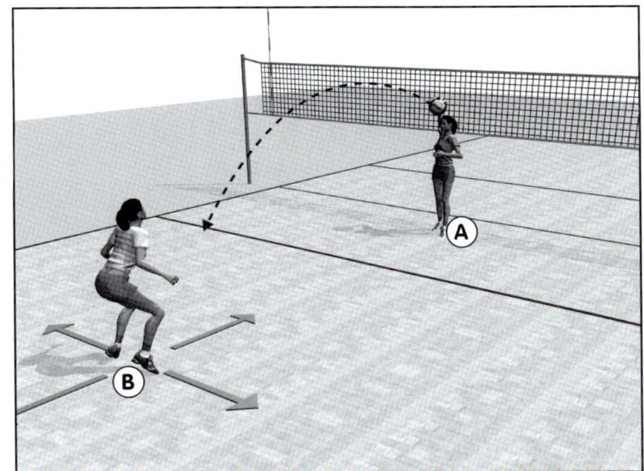

Bewegungsvorstellung Beinarbeit

A steht mit dem Rücken zu B, der am Netz steht und auf den Ball schlägt (Signal für A zum Umdrehen). B wirft den Ball kurz, aber hoch in das Spielfeld. A läuft schnell zur Spielstelle und balanciert den Ball auf dem Spielbrett aus.

Variation: statt Balancieren, in Spielposition fangen und werfen bzw. zurückbaggern

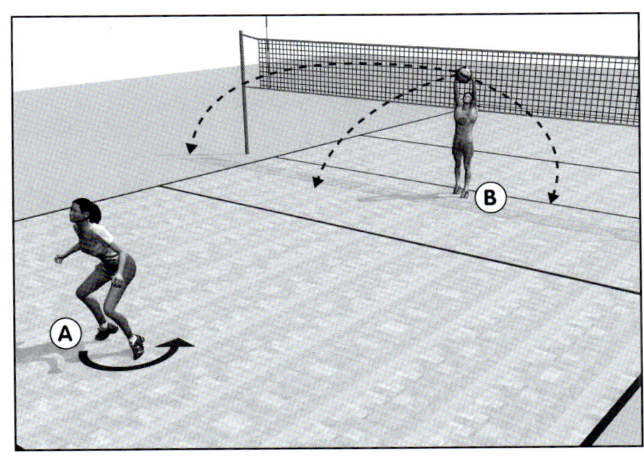

Bewegungsvorstellung
Beinarbeit

A und B haben je einen Ball. A steht mit dem Rücken zum Netz und wirft den Ball im halbhohen Bogen nach links oder rechts ins Spielfeld. B fängt den Ball mit der Baggerarmstellung und rollt den Ball zu A. Das seitenäußere Bein von B steht leicht vor, damit er seine Schulterachse zu A ausrichten kann.

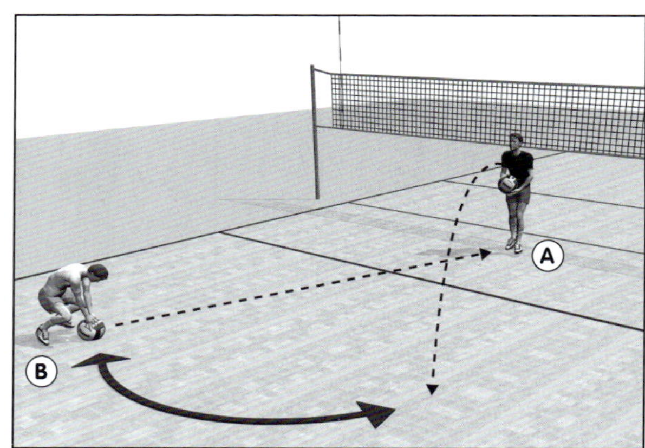

Beinarbeit

A und B stehen mit einem Ball (bzw. mehreren Bällen im Ballbehälter) am Netz und werfen „dosiert“ nacheinander einen Ball ins Spielfeld. C muss eine Pylone umlaufen und den Ball zurückbaggern.

Variation: C muss den Ball (im größeren Winkel) zu dem anderen Netzpartner baggern

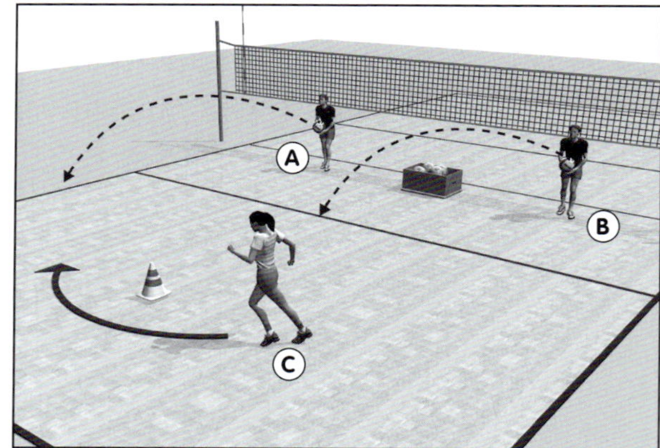

Beinarbeit
Orientierung

A bis D stehen am Netz und haben jeweils einen Ball. E bis H stehen an der Grundlinie mit dem Rücken zum Netz. Auf ein Signal werfen A bis D ihre Bälle im Sprung über das Netz. E bis H drehen sich um und baggern die Bälle jeweils zu ihrem Spieler frontal (später diagonal) zurück. A bis D wechseln auf die andere Netzseite und fangen die Bälle.

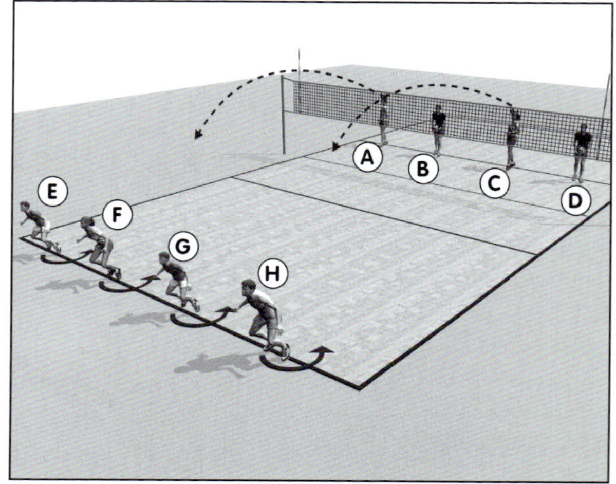

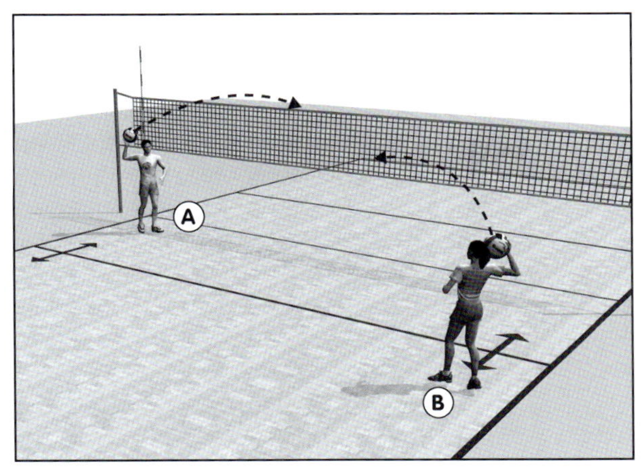

Beinarbeit
Orientierung
A und B stehen sich mit je einem Ball versetzt gegenüber. Sie werfen die Bälle gleichzeitig auf ihrer Höhe dem Partner zu. Beide bewegen sich seitwärts zum Ball und baggern ihn zurück. Spielfeldlinien für die Spielpositionen einbeziehen. Wie viele Durchgänge können die Partner sich die Bälle hin und her baggern?

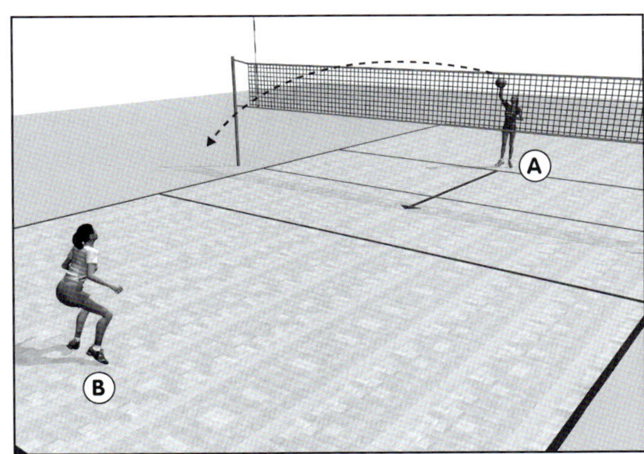

Beinarbeit
Orientierung
A schlägt auf B, der den Ball auf seine Zuspielposition baggert. Inzwischen ist A auf diese Position gelaufen, fängt den Ball und wirft ihn zu B zurück. Dieser macht nun den nächsten Aufschlag, während A auf die Annahmeposition gelaufen ist.

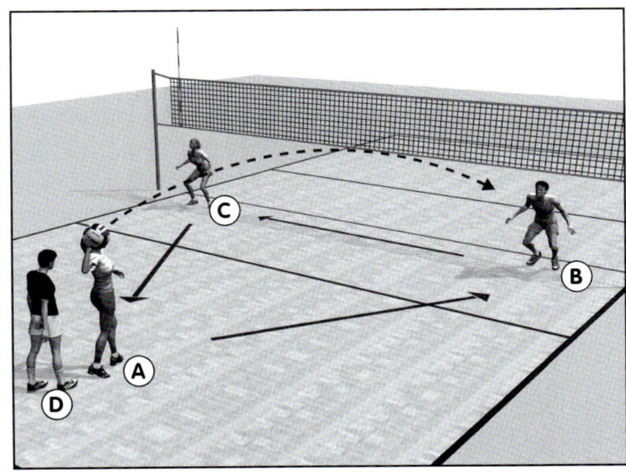

Beinarbeit
Orientierung
A wirft zu B, dieser baggert zu C, der wiederum zu D baggert. Jeder Spieler läuft dem Ball nach.
Variation: nach jedem Bagger eine Zusatzaktion durchführen (Gleiter, Bodenklatsch, Sprung usw.)

Spielbrett einarmig

Jeder Spieler hat einen Ball, spannt per Faustbildung die Unterarmmuskulatur an und baggert den Ball auf der schmalen oder breiten Unterarminnenseite. Dabei soll der Ball von Grundlinie zu Grundlinie „jongliert“ werden.

Variation: erst fünf Kontakte auf der Stelle baggern ohne Ortsveränderung – erst dann darf gestartet werden mit dem anderen Arm spielen

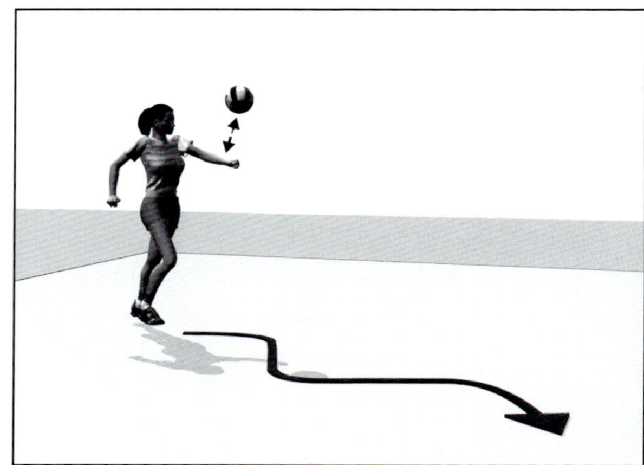

Spielbrett einarmig

Wie die vorausgegangene Übung, nur wird der Ball abwechselnd links – rechts bzw. situativ gespielt. Es gilt den Ball mit erhöhter Geschwindigkeit zu treiben. Auf lang durchgestreckten Arm achten!

Variation: nach jedem Unterarmkontakt den Ball einmal auf dem Boden prellen lassen

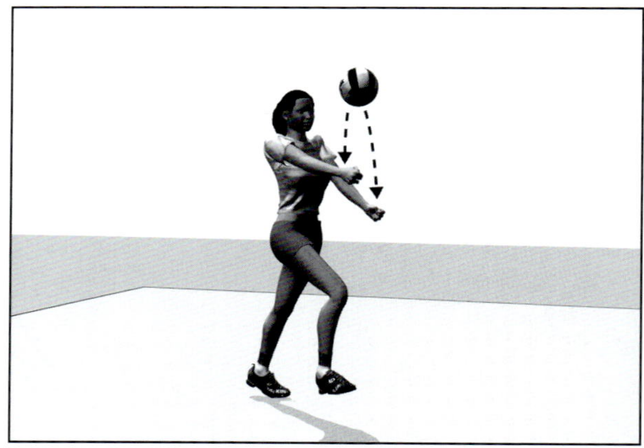

Spielbrett ein- und beidarmig

A und B stehen sich gegenüber. Jeder Spieler hat vier Kontakte: (1) beidarmig sich selbst den Ball hochbaggern, (2) einarmig rechts, (3) einarmig links und (4) beidarmig zum Partner zurück baggern.

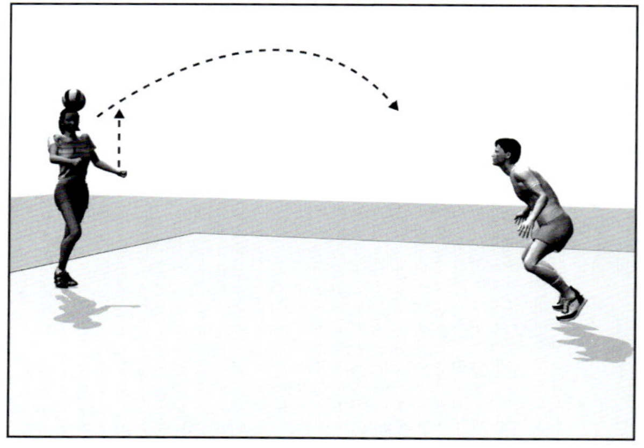

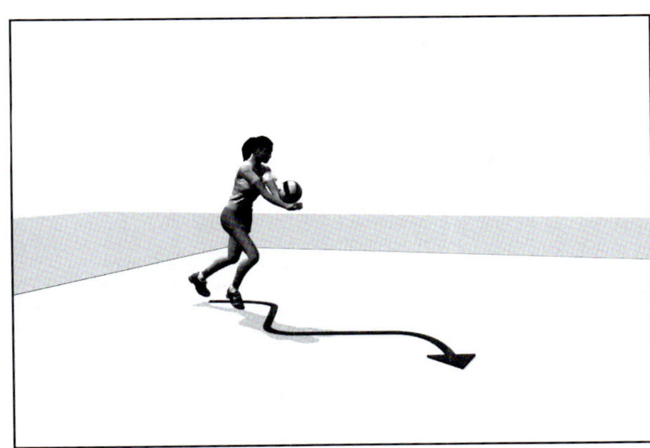

Spielbrett
Kontrolle

Jeder hat einen Ball und legt diesen auf die durchgestreckten Unterarme. Damit der Ball nicht vom Spielbrett herunter rollt, werden die Handgelenke aufgerichtet. Nun müssen die Spieler den Ball – wie Tänzer – mit verschiedenen Schrittfolgen und Drehungen balancieren.

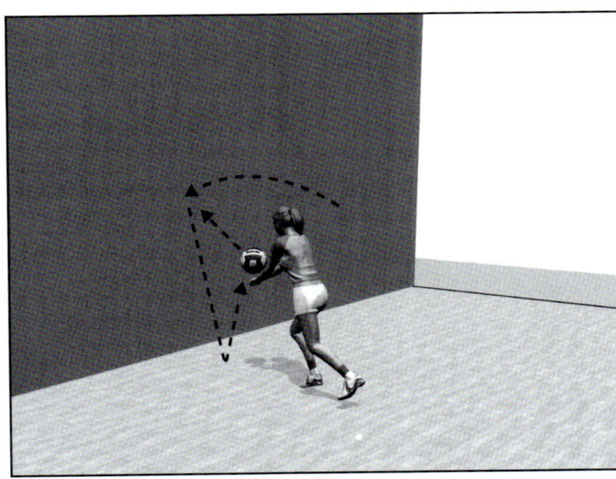

Spielbrett
Schubbewegung

Jeder wirft sich den Ball von unten an die Wand (etwa reichhoch). Den zurückprallenden Ball auf dem Boden prellen lassen und danach gegen die Wand baggern.

Variation: vor dem Rückspiel an die Wand sich selbst den Ball mit dem Bagger hochspielen Nonstop-Bagger ohne Prellkontakt

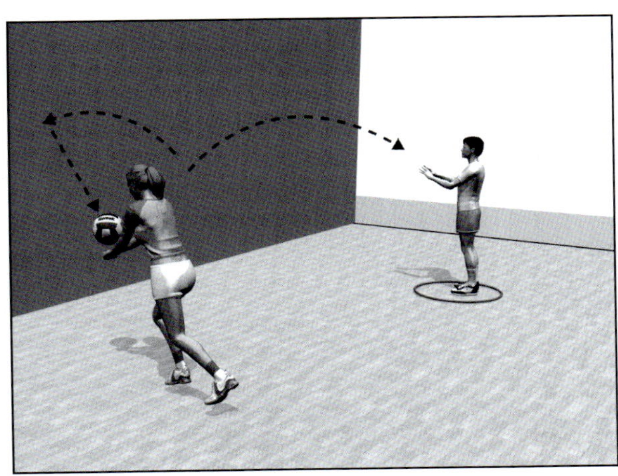

Spielbrett
Orientierung

A wirft oder schlägt den Ball an die Wand (etwa reichhoch oder etwas höher). Den zurückprallenden Ball über die Wand zu B baggern, der in einem Reifen steht. Dieser fängt den Ball und wirft ihn an A zurück, wenn er den Reifen nicht verlassen muss. Andernfalls ist B an der Reihe.

Beinarbeit
Einschätzung Flugbahn

A bis D stehen hinter der Grundlinie. Auf der anderen Spielfeldhälfte steht T mit einem Ballbehälter. T klatscht auf den Ball oder ruft „Hepp“ und wirft den Ball ins Gegenfeld. A anschließend B usw. laufen schnell auf die Spielposition. Sie fangen den Ball mit der anzustrebenden Baggerarmstellung und bringen den Ball zum Behälter.
Variation: zum Behälter (Zuspielsposition) baggern

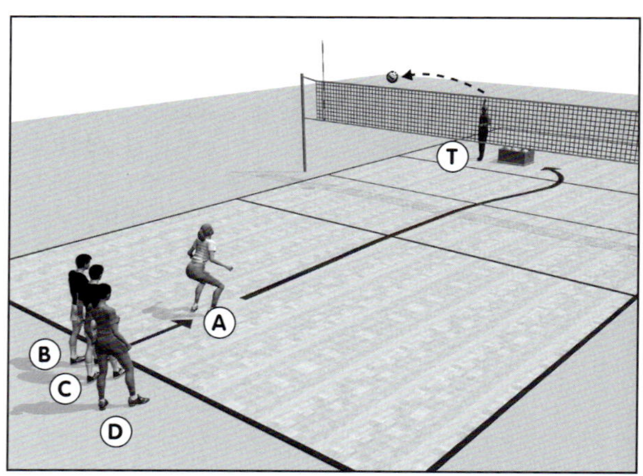

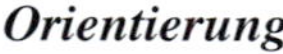

Orientierung

A wirft (später schlägt) auf B. Der wirft einen eigenen Ball senkrecht hoch, baggert anschließend den zugeworfenen Ball zu C und fängt seinen eigenen Ball wieder. C wirft inzwischen einen zweiten Ball zu A. Nach zehn Durchgängen erfolgt der Wechsel.

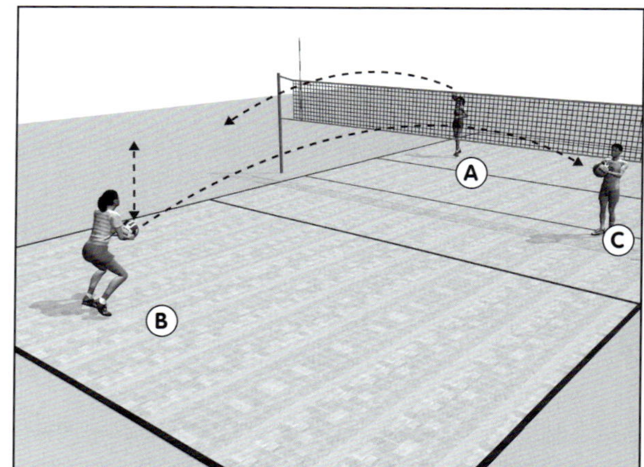

Einschätzung Flugkurve
Absprache

A wirft (schlägt) einen Ball aus ca. 3,00 m Entfernung schräg nach oben an die Wand. B oder C rufen „ich“, laufen zur Spielposition und baggern aus sicherem Stand heraus zu A. Über die Nutzung von Linien oder das Aufstellen von Pylonen wird eine Spielfläche gebildet.

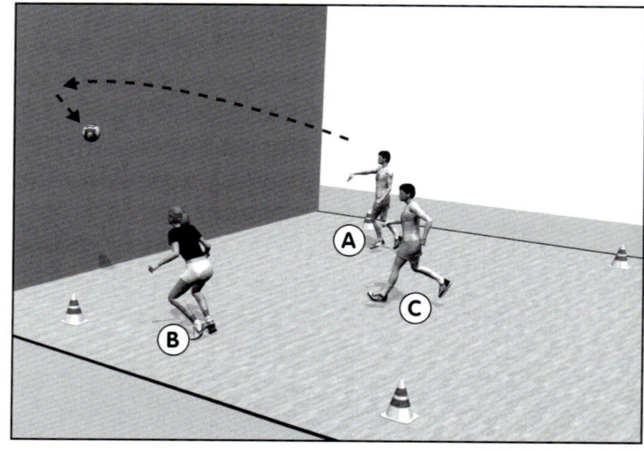

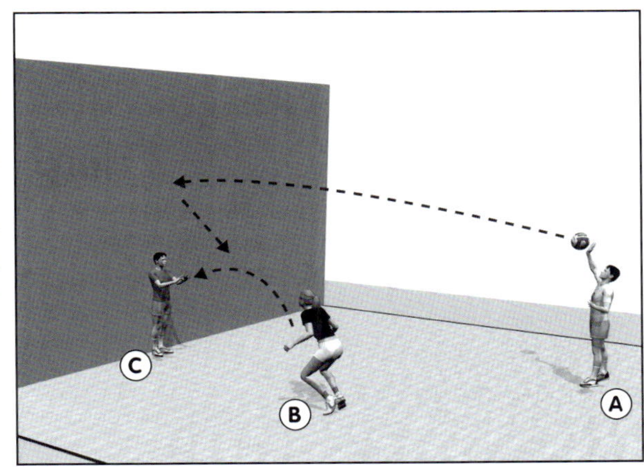

Einschätzung Flugkurve
Differenzierung
A wirft (schlägt) einen Ball aus 6m bis 8m Entfernung gegen die Wand. B beobachtet die Flugkurve und baggert aus einer sicheren Standposition den Ball zu C. Dieser nimmt nach jedem Durchgang vor dem Wurf eine neue Position nahe entlang der Wand ein.

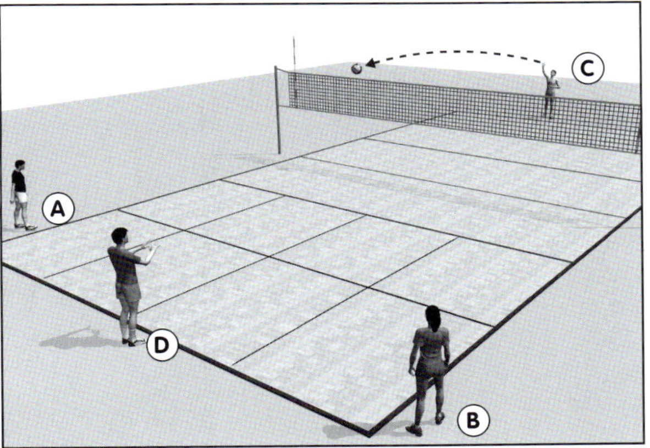

Einschätzung Flugkurve
A und B stehen außerhalb des Spielfeldes. C schlägt in das Gegenfeld auf, das durch Klebeband oder Pylonen in verschiedene Sektoren eingeteilt ist. D fängt den Aufschlag hinter der Grundlinie und wirft den Ball als Schlagwurf zu C. A oder B müssen während der Ballfluges (möglichst vor Überqueren des Netzes) rufen, in welchem Sektor der Ball landen wird. Nach zehn Versuchen erfolgt der Wechsel.
Variation: Standort von A und B verändern

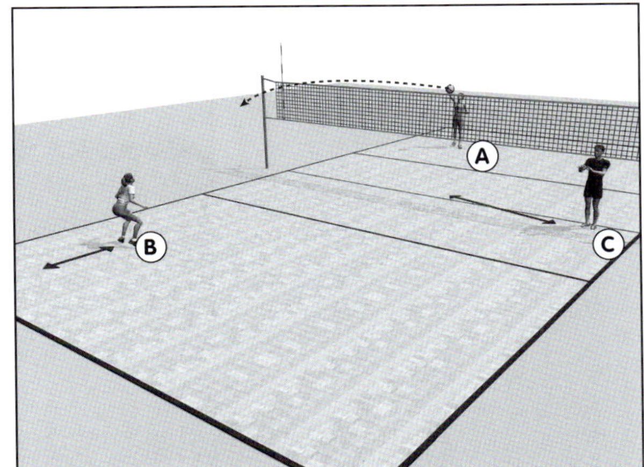

Aufschlag-Annahme
Erleichterte Bedingungen
A und B stehen jeweils etwa 2,00m vor der Grundlinie. A schlägt auf B, der den Ball hoch zu C ans Netz baggert. Dieser fängt den Ball, wirft den Ball zu B und wechselt auf die andere Netzseite. Nun beginnt B mit dem Aufschlag usw. Nach zehn Durchgängen erfolgt der Wechsel.

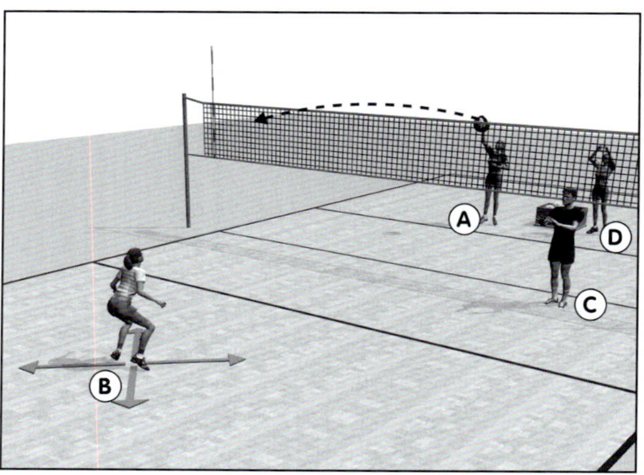

Aufschlag-Annahme
Beinarbeit

A schlägt aus dem gegnerischen Mittelfeld vor und hinter oder links und rechts des Aktionsradius von Annehmer B. Dieser baggert zu C, der den Ball fängt. C wirft zu D, der neben dem Ballbehälter steht.

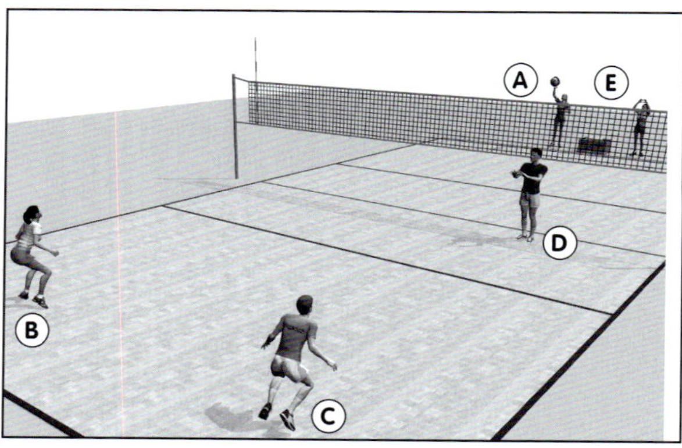

Aufschlag-Annahme
Einschätzung Flugbahn

A schlägt auf, B und C nehmen an. D fängt die Bälle auf der Zuspielposition und wirft sie anschließend zu E. Er versorgt A mit Bällen. Der Annehmer, der nicht annimmt, ruft dem Mitspieler die Flugbahn des Aufschlags zu (kurz, Aus, Netz usw.).

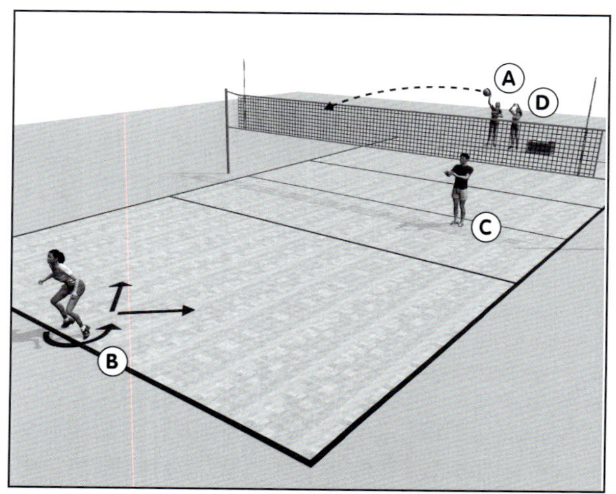

Aufschlag-Annahme
Reaktion, Beinarbeit

A wirft sich den Ball zum Aufschlag an und ruft dabei „Hepp“. Dies ist das Signal für B, der mit dem Rücken zum Netz auf der Grundlinie steht. B dreht sich um, orientiert sich zur Spielposition und spielt den Ball auf C. Dieser fängt den Ball und wirft den Ball zu D, der in der Zwischenzeit einen zweiten Ball an A übergeben hat.

Aufschlag-Annahme
Reaktion, Orientierung

Über das Netz wird ein Fallschirm (oder zwei Weichturnmatten) gelegt, um die Sicht ins Gegenfeld zu verhindern. Spieler A und B schlagen nacheinander auf. C und D nehmen die Bälle an und baggern möglichst präzise auf die Zuspielposition E. E rollt oder wirft die Bälle zu den Aufschlägern. F wechselt für den Annehmer ein, dieser rotiert zur Fangposition. E wechselt zu den Aufschlägern und A begibt sich hinter die gegnerische Grundlinie usw.

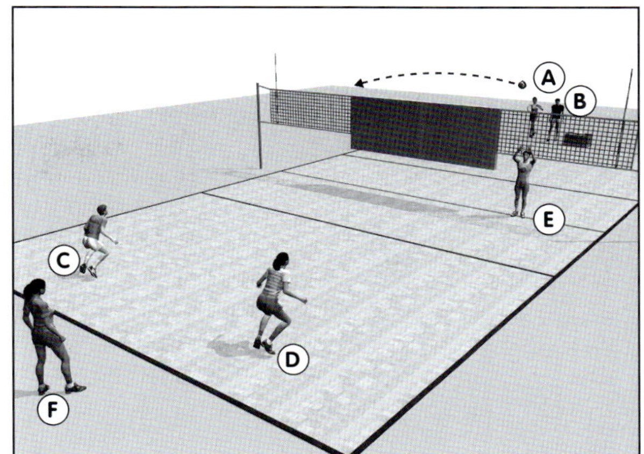

Aufschlag-Annahme
Abstimmung

A, B und C nehmen an und stimmen ihre Zuständigkeit vor jedem Aufschlag ab. Die Annehmer baggern auf die Zuspielposition D. E und F schlagen auf. Der annehmende Spieler ersetzt D und die frei gewordene Lücke im Riegel wird durch G aufgefüllt. D läuft schnell um das Feld und übernimmt die Warteposition.

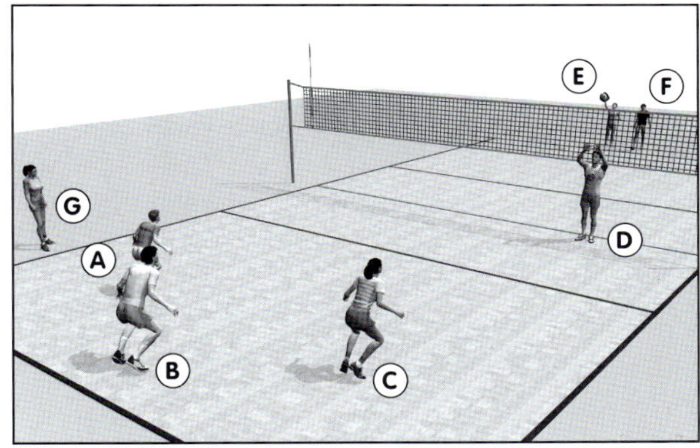

Aufschlag-Annahme
Zusatzbelastung

A schlägt in schneller zeitlicher Folge Bälle in den gegnerischen Längskorridor. B, C, D, E nehmen im Einer- oder Zweierriegel an. Sie müssen den Spielern F und G, die auf einer Matte am Netz stehen, den Ball so zubaggern, dass diese – ohne die Matte zu verlassen – den Ball über dem Kopf fangen können. Gelingt dies, wird rotiert. Gelingt es nicht muss der Annehmer dem Ball nachlaufen und bei A in den Ballbehälter legen. Je nach Gruppengröße kann man auch in die Gegenrichtung üben lassen.

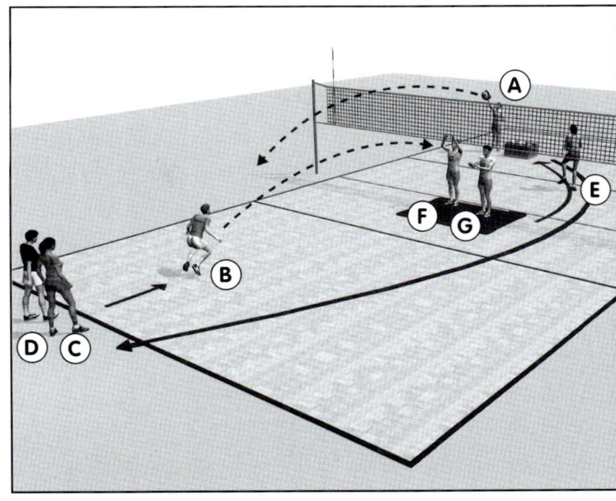

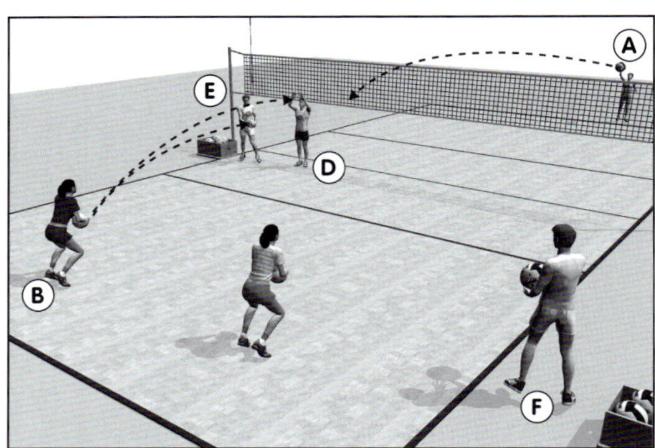

Aufschlag-Annahme
Absprache, Orientierung

A schlägt auf B oder C, die jeweils einen Ball in ihren Händen halten. Der Annehmer wirft seinen Ball zu D und baggert den Aufschlag zu E. D wirft den Ball wieder zurück und A beginnt mit dem nächsten Aufschlag. E legt den Ball in den Ballkasten. Nach zehn Aufschlägen wird rotiert. F versorgt die Annehmer mit Bällen.

Variation: Stellung von D und E verändern

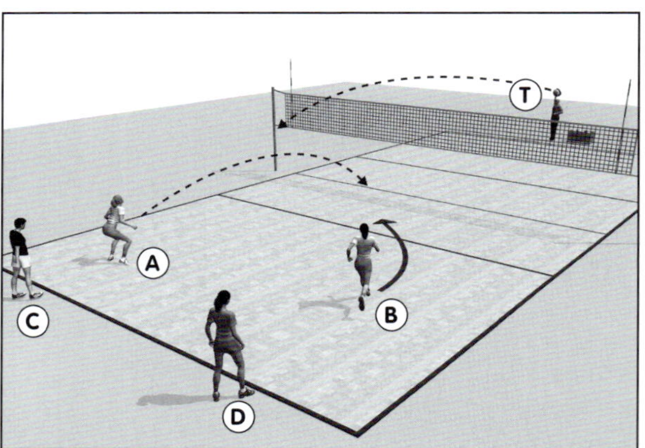

Aufschlag-Annahme
Absprache

T schlägt auf A oder B. Wer annimmt, ruft frühzeitig. Wer nicht annimmt, läuft ans Netz, fängt den Ball und legt den Ball im Ballbehälter von T ab. T schlägt möglichst viele Bälle zwischen A und B. C und D nehmen als nächstes Annahmepaar umgehend ihre Spielposition ein.

Variation: Handlungskette mit Zuspiel und Angriff verlängern

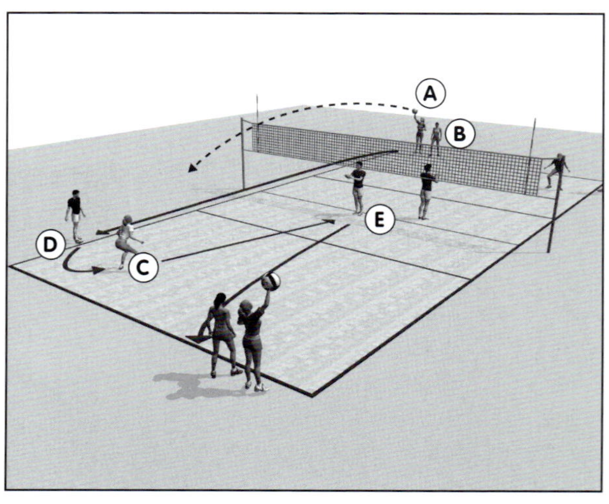

Aufschlag-Annahme
Umstellung

A schlägt auf C (Linie), C baggert zu E. Dieser fängt den Ball auf der Zuspielposition und stellt sich auf seiner Spielfeldseite zum Aufschlag an. B schlägt auf D, der aus der seitlichen Warteschleife auf die Annahmeposition eingewechselt ist. Von der Gegenrichtung wird ebenso verfahren. Alle Spieler rotieren wie der Ballweg es vorgibt.

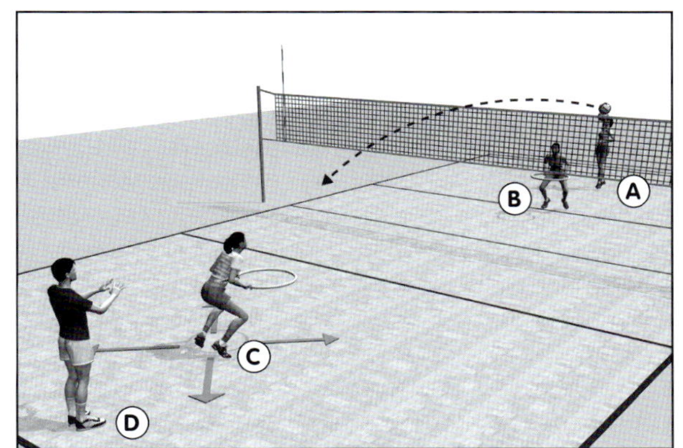

Spielformen
Einschätzung Flugbahn

A wirft den Ball im hohen Bogen (später flachere Flugkurven) über das Netz. C hält einen Reifen und muss – bevor der Ball das Netz überquert hat – den Reifen so auf den Boden legen, dass der Ball im Reifen aufspringt. Danach wirft D und B legt den Reifen. Die Zählweise erfolgt nach Tennisregeln.
Variation: A und D pritschen

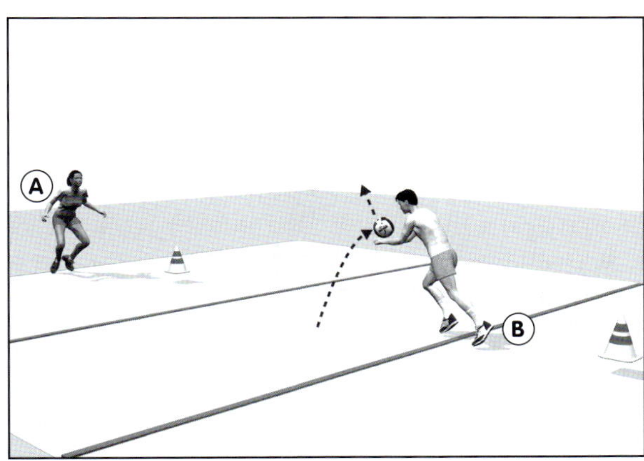

Spielformen
Waagerechtes Spielbrett

A und B stehen jeweils hinter einer Pylone. Zwischen ihnen befindet sich eine markierte Spielfläche (Linien nutzen). In dieser Spielfläche muss der Ball jedes Mal aufspringen. Wenn der Ball den Boden berührt, starten abwechselnd A oder B. Sie laufen zur Spielposition und baggern den Ball deutlich über Reichhöhe in die Spielfläche. Wer gewinnt als erster zehn Ballwechsel (Punkte)?

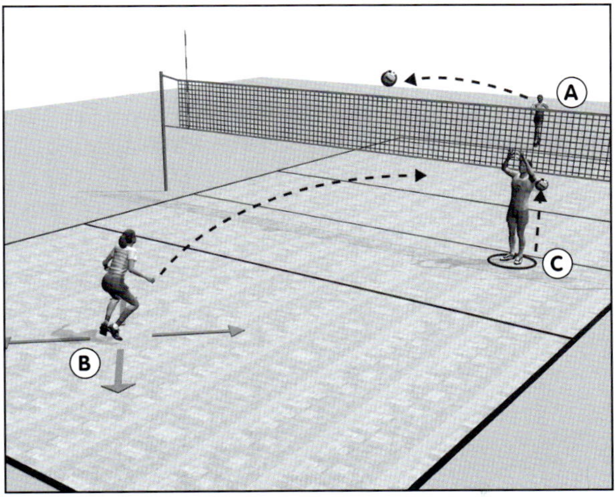

Spielformen
Zielgenauigkeit

B nimmt den Aufschlag von A auf C an. Dieser steht im Reifen und muss für einen Punkt von B den Ball über dem Kopf fangen, ohne den Reifen verlassen zu müssen.
C hat einen zweiten Ball, den er während des Aufschlags zu A rollt bzw. wirft. Wie viele Punkte kann B bei 20 Aufschlägen erzielen?

Spielformen Zielgenauigkeit

A, B und C (Team 1) schlagen auf D und E (Team 2). Wenn die Annehmer es dreimal hintereinander schaffen, ihrem Zuspieler F im Reifen (auf der Matte) den Ball zuzubaggern, rotieren sie im Uhrzeigersinn. Wie viele Aufschläge benötigt Team 1 bis Team 2 sich wieder in der Anfangsformation befindet?

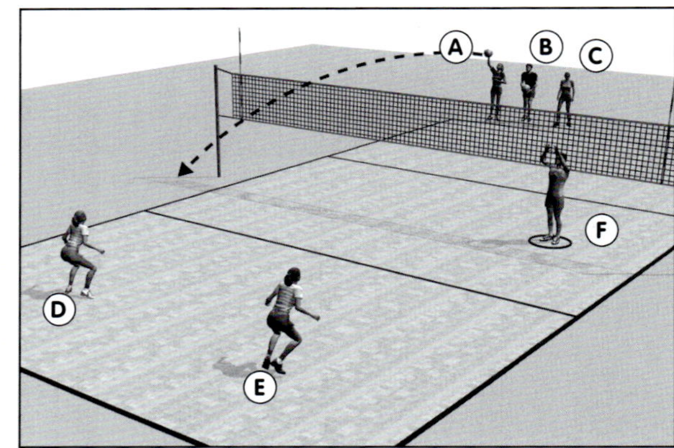

Spielformen Zielgenauigkeit

Die Teams 1 und 2 teilen sich in jeweils gleich viele Annehmer und Aufschläger auf. Auf den beiden Zuspielpositionen befinden sich jeweils zwei offene Kästen (ohne Kastendeckel). Welches Team kann zuerst zehn Annahmen in die Kästen spielen?

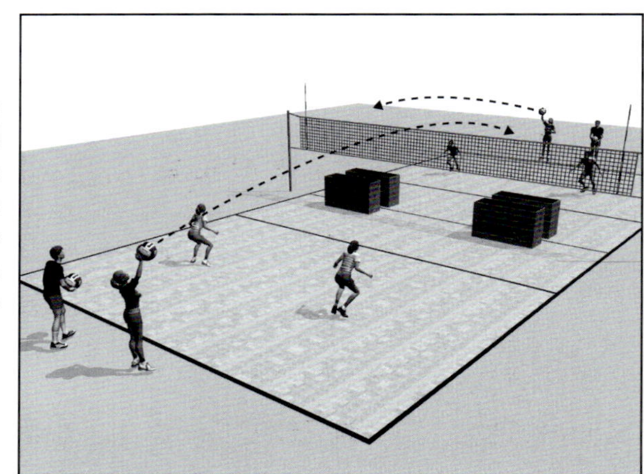

Spielformen Zielgenauigkeit

Die Zweierteams A und B beginnen als Aufschläger, C und D als Annehmer. Die Annehmer erhalten einen Punkt, wenn sie den Ball auf den Reifenspieler am Netz annehmen können und bei jedem zweiten verschlagenen Aufschlag. Die Annehmer gewinnen das Spiel, wenn sie es schaffen, eher zwölf Punkte zu sammeln als fünf Fehlannahmen zu spielen.

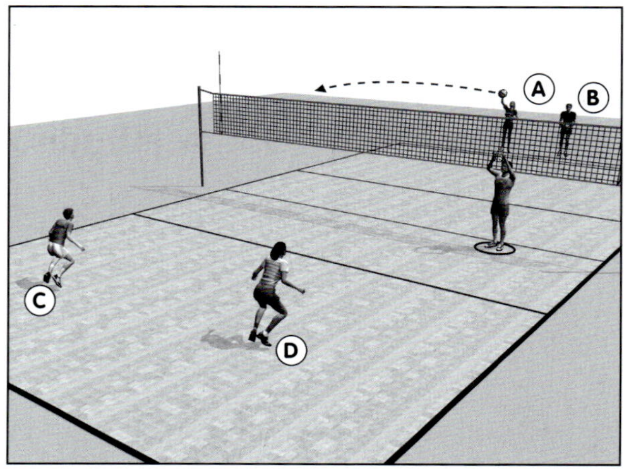

Kapitel

5

Spielereignis Zuspiel

5.1 Taktische Empfehlungen
5.2 Methodische Ratschläge
5.3 Techniken
5.4 Spiel- und Übungsformen

5.1 Taktische Empfehlungen

Individualtaktische Hinweise für das Spielverhalten

- Jeder Spieler im Team muss in der Lage sein, den Ball von einer beliebigen Spielfeldposition (insbesondere Feldzuspiele) präzise auf eine Angreiferposition spielen zu können!
- Beobachte aufmerksam die eigenen Annahmespieler und reagiere mit erhöhter Wahrnehmungsschärfe unverzüglich auf erkennbare Druckbedingungen, die der Annahmespieler bewältigen muss!
- Antizipiere frühzeitig den Zuspielort gemäß der Annahmequalität!
- Behalte die Auftaktbewegungen deines Schnellangreifers im Blickfeld!
- Nutze den Überraschungseffekt aus, in dem Finten spärlich eingesetzt werden!
- Nicht der Steller mit vielen variablen und komplizierten Zuspielen ist der Beste, sondern ein Spielmacher, der seine Mitspieler so einsetzt, dass sich diese erfolgreich gegen die gegnerische Abwehr behaupten können!
- In der Rolle des Spielmachers gilt es immer wieder folgende Antworten zu finden:
  * Wer aus dem Team besetzt welche Angriffspositionen?
  * Welche Vorzüge/Stärken besitzen diese Spieler?
  * Wie ist die Tagesform der einzelnen Angreifer?
  * Wer hat sich bislang im Match durchsetzen können?
  * Welchen Spieler sollte ich in einer Notsituation vorziehen?
  * Wo ist ein deutlicher Schwachpunkt in der gegnerischen Blockreihe?
- Kommuniziere ständig mit deinen Mitspielern!
- Verzögere bzw. beschleunige das Zuspiel, wenn ein Angreifer zu schnell bzw. zu langsam am Absprungort ist!
- Spiele lieber einen ruhigen und sicheren Pass, wenn das Spielgeschehen sehr hektisch verläuft!
- Kämpfe um den bestmöglichen Pass in der jeweiligen Spielsituation und bringe den Block zum Laufen!
- Spiele den Ball immer vor den angreifenden Mitspieler!
- Versuche die Bewegungsaktion (Sprung oder nicht) des gegnerischen Mittelblockers wahrzunehmen!
- Spiele den Ball immer aus einer balancierten, etablierten Körperposition!

5.2 Methodische Ratschläge

Tipps für die methodische Anfängerschulung

- Am Anfang muss die Grundtechnik (Beinarbeit sowie Zuspielpritschen über kürzere Distanzen) vor der Entwicklung zu den Spezialtechniken stehen.
- Am Anfang des Lernprozesses das Schließen („Bethaltung“) und Öffnen der Hände unmittelbar vor dem Ballkontakt nutzen, um die Funktion der Daumen gezielt zu fördern.
- Zur Vorbereitung auf den Technikerwerb können eine Vielzahl von Spielen aus der Ballschule gewählt werden, in denen das „Kurzkontakt-Handling“ gefördert wird.
- Auch die Hallenwand bietet viel: die Erfahrung mit konstanten Einfalls- und Ausfallswinkeln bei unterschiedlichen Abständen und verschiedenen Zielfeldern.
- Zu den beliebten Zielfeldern zählen auch Basketballkörbe und Basketballbretter.
- Den Lernprozess mit konstanter d. h. senkrechter Schulterachse zur Abspielrichtung starten, erst dann folgen variable Schulterstellungen.
- Von konstanten zu variablen (Richtung, Distanz, Technik) und schließlich zu komplexen (Wettkampf-)Bedingungen übergehen: zunächst aus dem Sitzen, dann aus dem sicheren Stand ohne Bewegung und schließlich Läuferbewegungen im Übungsbetrieb einbauen.
- Erweitere in den Zuspieler-Übungen die Anforderungen für die Wahrnehmung (z. B. Signale auf der gegnerischen Netzseite).

5.3 Techniken

Frontal nach vorn

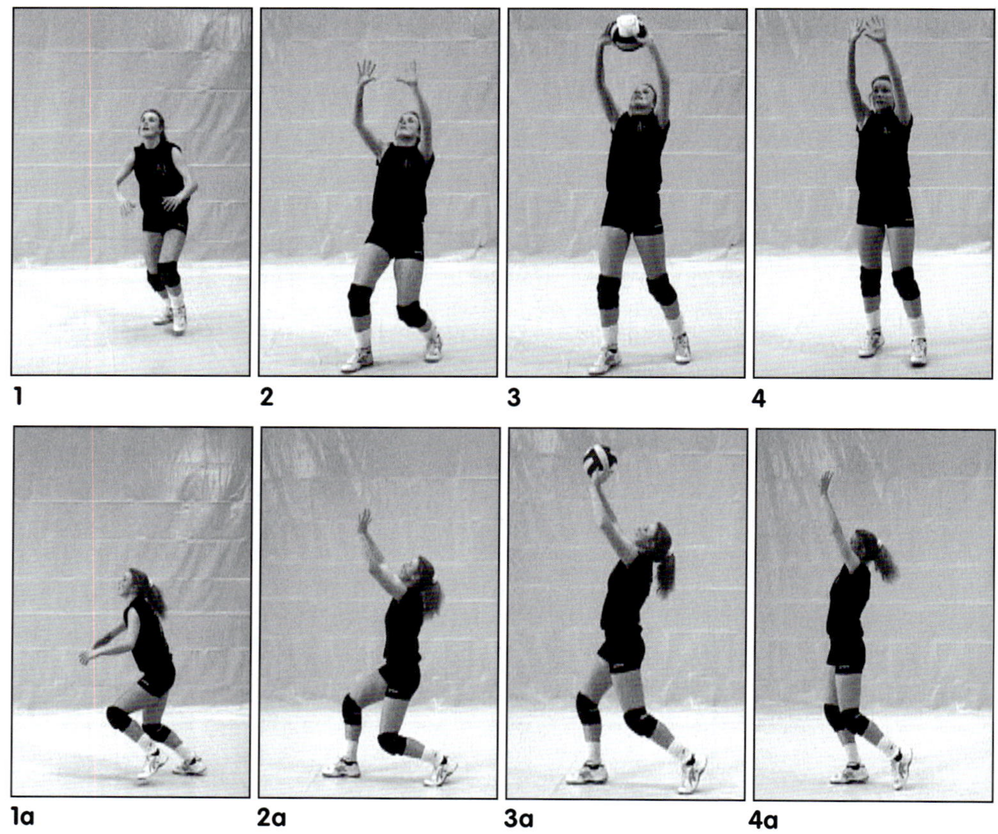

(1) Schnelle und gleitende Bewegung zum antizipierten Balltreffpunkt und Übergang zu einer stabilen Stellung.

(2) Etwa schulterbreite Schritt-, Grätschstellung einnehmen. Den Blick nicht nur auf den Ball fixieren. Körperposition als neutrale Stellung unter dem Ball aufbauen. Hände in Zuspielstellung frühzeitig anheben. Ellenbogen zeigen leicht geöffnet nach vorn außen und sind über Schulterhöhe (bei weiträumigen Bewegungen zum Netz gilt: Einstemmen über das netznahe Bein und Ausrichten der Schulter zur Position IV).

(3) Hauptimpuls kommt insbesondere bei weiten Pässen aus den Beinen und setzt sich durch Körperstreckung bis zur Übertragung auf den Ball fort. Blick durch das Fingerdreieck (Daumen und Zeigefinger). Ballkontakt ist schräg über der Stirn.

(4) Harmonische Ganzkörperstreckung (keine völlige Streckung), Verlagerung des Körperschwerpunkts nach vorn. Einnahme der neuen Spielstellung (Sicherung des Angriffs).

Ballkontakt

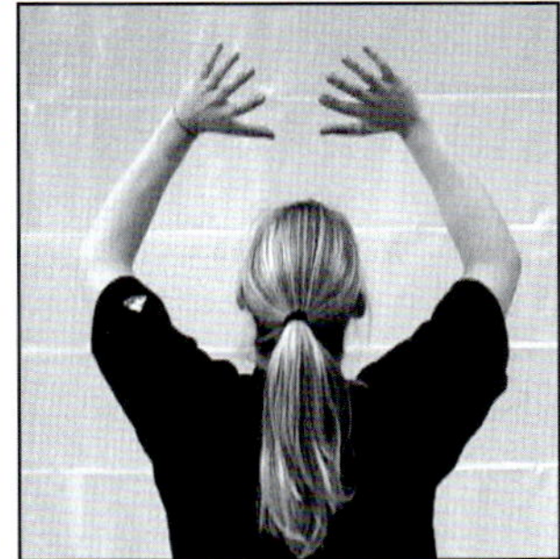

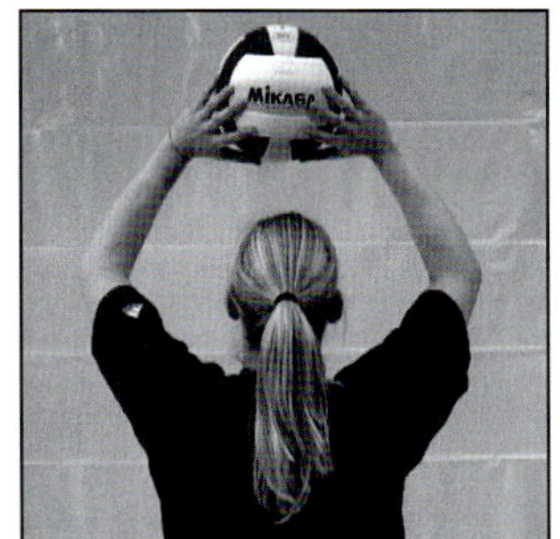

Blick durch das Dreieck aus Daumen und Zeigefingern. Finger sind gespreizt, angespannt und umfassen den Ball. Handgelenke sind nach hinten daumenwärts abgekippt (= Körbchenstellung). Hände sind etwa handbreit auseinander. Handteller berühren nicht den Ball. Ringfinger und kleine Finger geben dem Ball eine seitliche Führung.

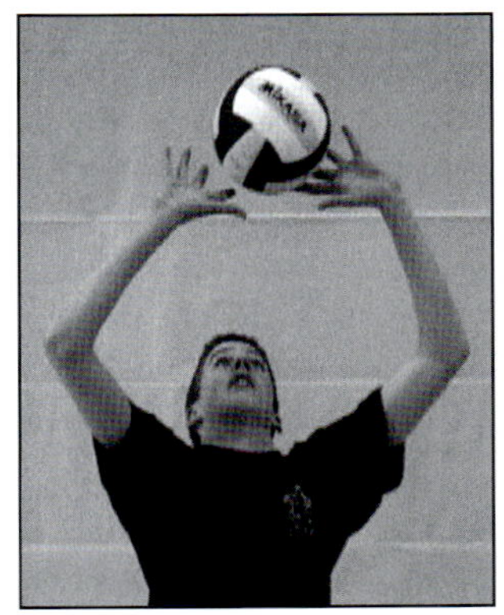

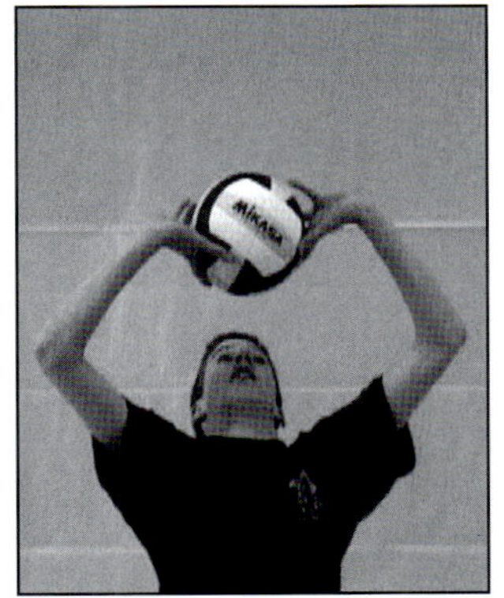

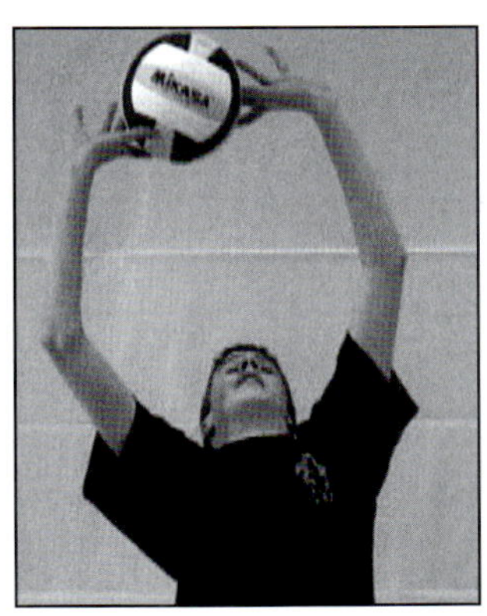

Aktionsradius

Selbst in schwierigen Spielkonstellationen im Moment des Stellens ist das obere Zuspiel gegenüber dem Zuspielbagger aus Präzisionsgründen vorzuziehen.

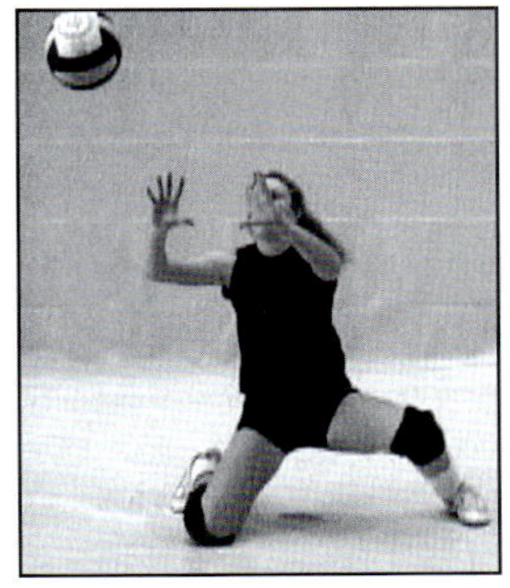

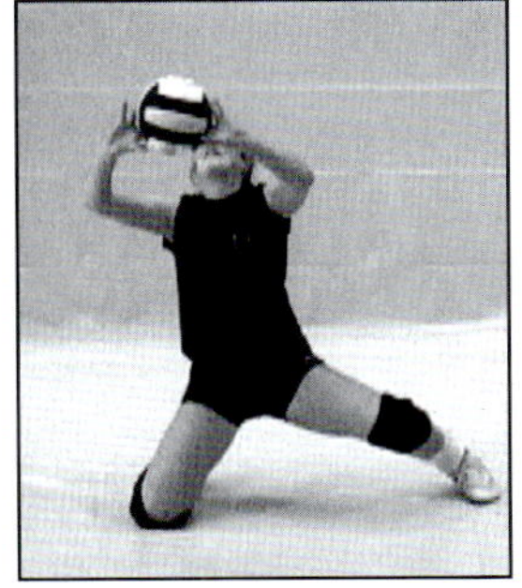

Abspielrichtungen

Aus jeweils einer neutralen Spielposition (unter dem Ball stehen) wird die Richtung, Steigung und Geschwindigkeit des Zuspiels in erster Linie aus dem Handgelenk und dem Daumen gesteuert. Von wesentlicher Bedeutung ist, dass weder über eine Hüftbewegung noch über die Neigung des Rumpfes Verrätersignale ausgegeben werden.

Lateralpass (links – rechts)

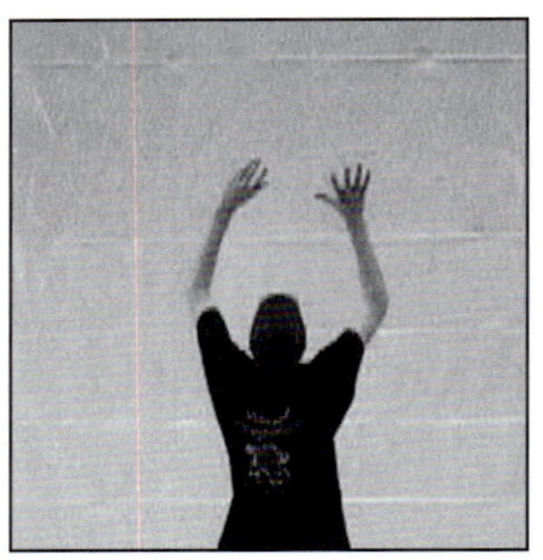

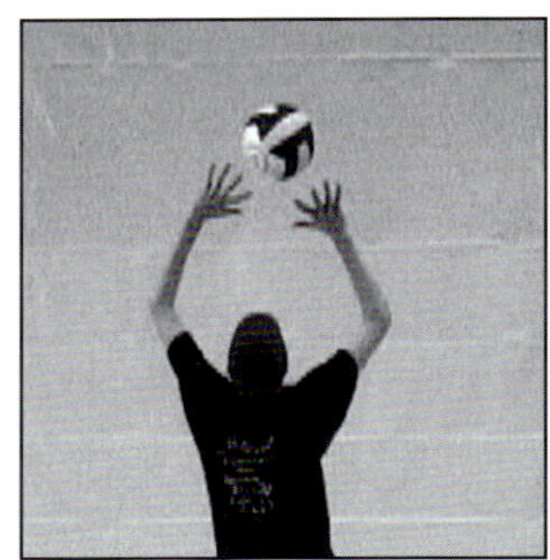

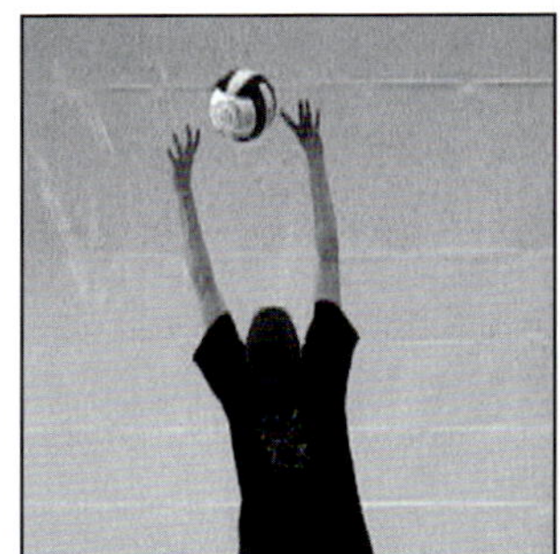

Kopfpass

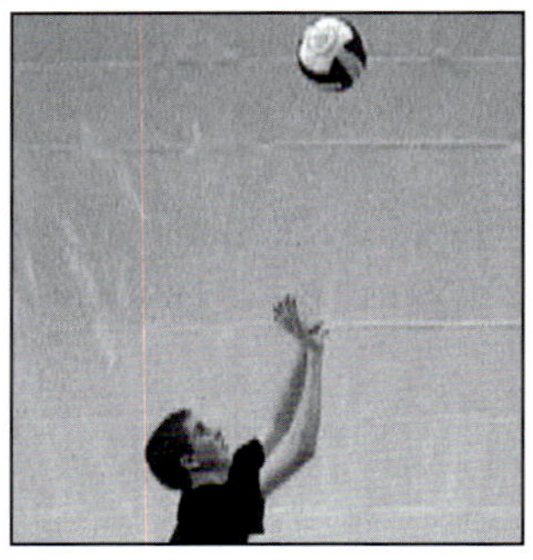

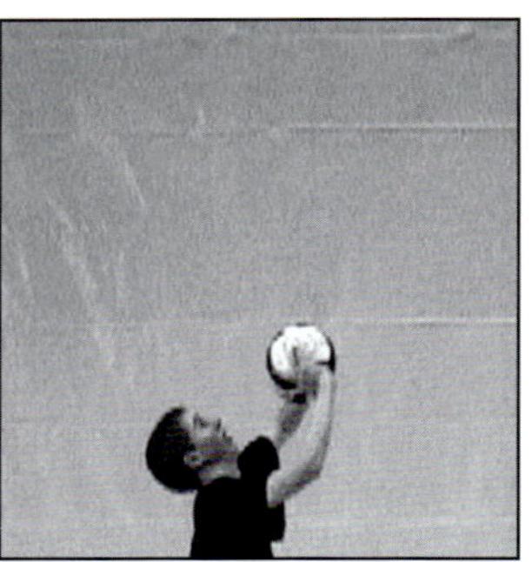

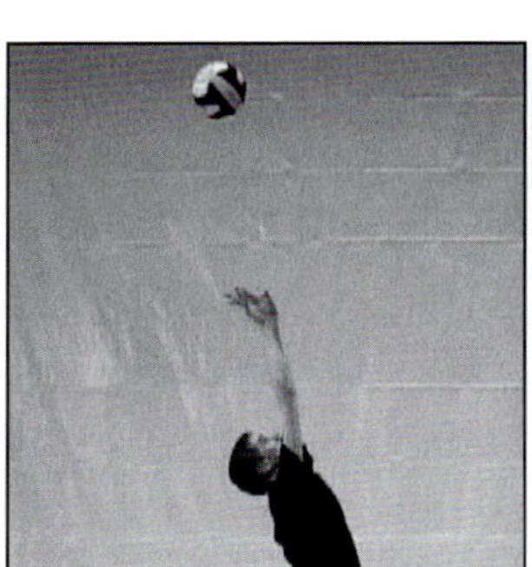

Zuspielsystem

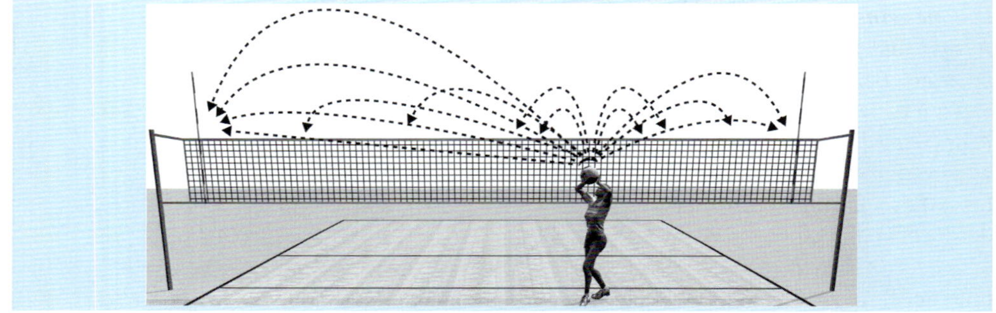

Abb. 12: Differenzierung der Pässe (ohne netzentfernte Feldzuspiele)

5.4 Spiel- und Übungsformen

Eine Vielzahl der Übungen, die zuvor für das untere Zuspiel vorgestellt wurden, können auch für das obere Zuspiel verwendet werden.

Fingergymnastik

Die Finger werden in schneller Folge zur Faust geschlossen und sofort wieder geöffnet (50-mal). Danach wird ein Ball bei völlig gestreckten Armen mit hoher Frequenz auf den Fingern gerollt (Rückwärtsrotation). Erst im Stand, dann in der Bewegung üben lassen.

Linke und rechte Hand im Wechsel.

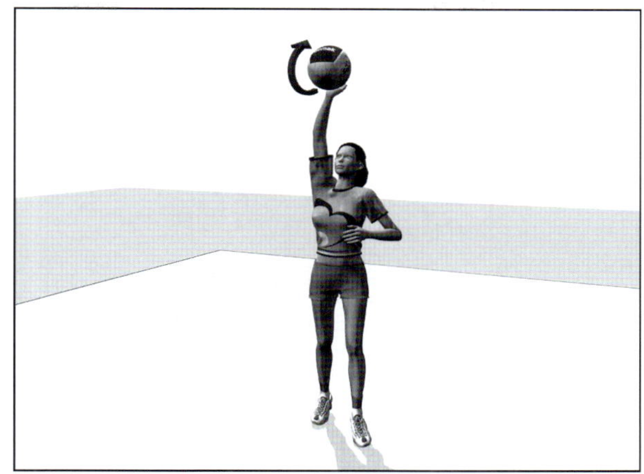

Bewegungsvorstellung Imitation

Die Spieler stehen etwa eine Fußlänge entfernt vor der Wand und heben einen ruhenden Ball auf. Sie bringen ihn in die Spielposition und strecken sich allmählich nach vorn-oben bis der Ball nur noch mit Daumen und Zeigefinger gegen die Wand gedrückt wird.

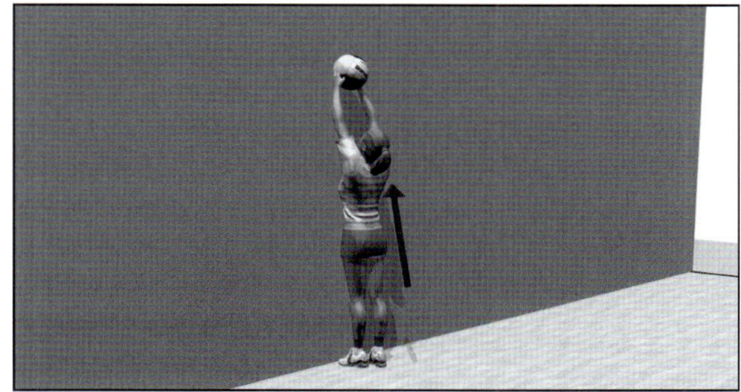

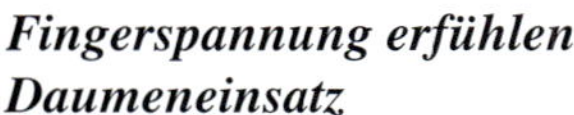

Fingerspannung erfühlen Daumeneinsatz

A sitzt und hält den Ball in Spielposition. B übt mit seinen Händen einen leichten Widerstand aus, den A bei der Streckung der Arme überwinden muss. Nacheinander werden bis auf den Daumen alle Finger bei der Streckung gelöst. B drückt nun den Ball in die gewölbten Hände über der Stirn zurück.

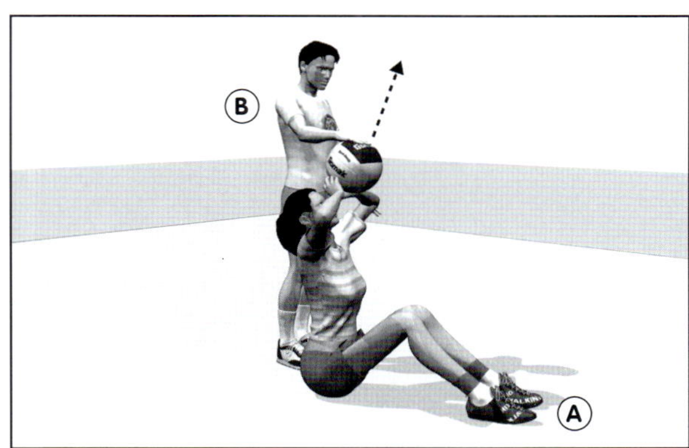

Beinarbeit
Körbchenhaltung

Den Ball mittels Schockwurf nach vorn werfen und zum Spielort laufen. Dann einen Stoppschritt ausführen und den Ball in der korrekten Zuspielstellung fangen. Während der Ortsveränderung bis kurz vor dem Fangen die Hände über dem Kopf in die Bethaltung nehmen. Unmittelbar nach dem Fangen die Körbchenhaltung kontrollieren.

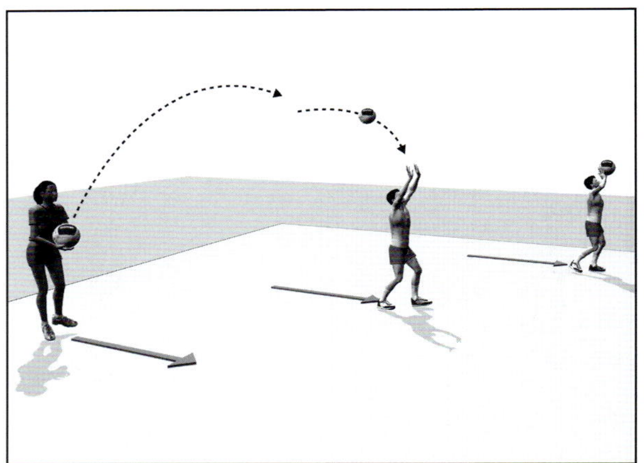

Variation: Prellwurf und Zusatzaufgabe lösen (z. B. Hände auf den Boden legen, Drehung usw.)
Variation: Ball über das Netz werfen

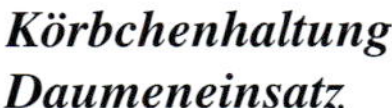

Körbchenhaltung
Daumeneinsatz

A steht auf einem Kasten, B sitzt im Strecksitz direkt am Kasten. B lässt den Ball in die Hände von A fallen, die in Bethaltung geschlossen sind. A öffnet die Hände und fängt den Ball in der korrekten Zuspielstellung. Aus dieser Stellung wirft A den Ball zu B zurück.

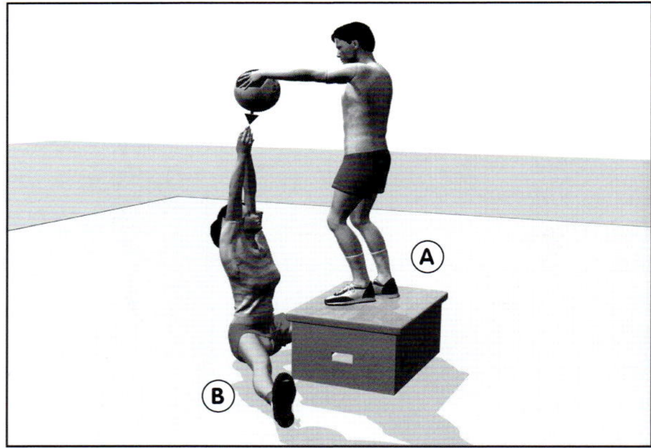

Körbchenhaltung
Beinarbeit

A wirft unterschiedlich genaue, aber erreichbare Bälle in alle Richtungen und B muss den Kontrollpass spielen und anschließend den Ball fangen. A kontrolliert den Stoppschritt und die Zuspielposition.

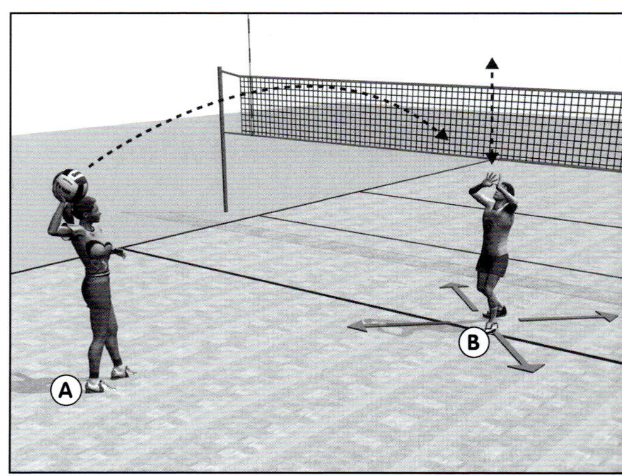

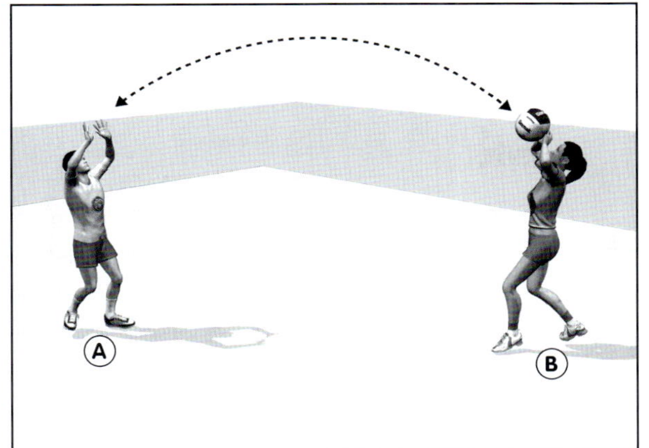

Körbchenhaltung
Krafteinsatz

A wirft B in halbhoher Flugbahn einen Ball zu. B pritscht den Ball zurück und A fängt den Ball in der Zuspielposition. Kurz nach dem Abwurf ruft A mit welcher Flugbahn (flach, halb, hoch) B den Ball zurückspielen soll.

Variationen: unterschiedliche Bälle und verschiedene Würfe

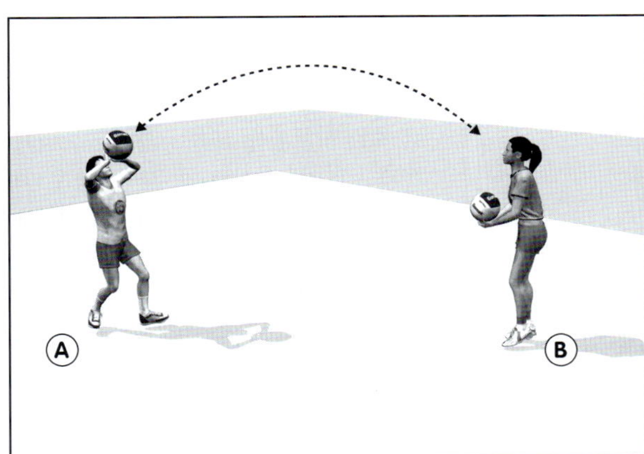

Spielpunkt
Abspielwinkel

A hält einen Ball in Pritschhaltung vor der Stirn. B wirft in einem Bogen (halbhoch) einen Ball zu A, den dieser mit dem gehaltenen Ball „zurückboxen“ soll.

Variation: B hält auch einen Ball in Pritschhaltung

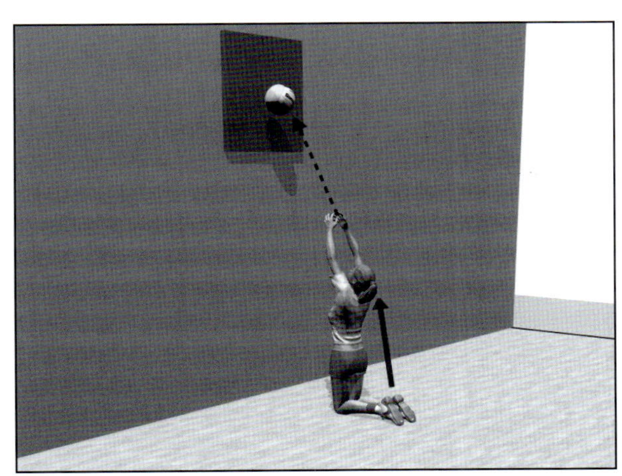

Handgelenk
Streckimpuls

Im Kniestand befindet sich der Spieler vor der Wand, wobei das Gesäß die Fersen berührt. Unmittelbar nach dem Anwurf streckt sich der Spieler dem Ball entgegen und pritscht den Ball in eine Zielfläche. Den Abpraller fängt der Spieler in der Pritschhaltung (später Nonstop).

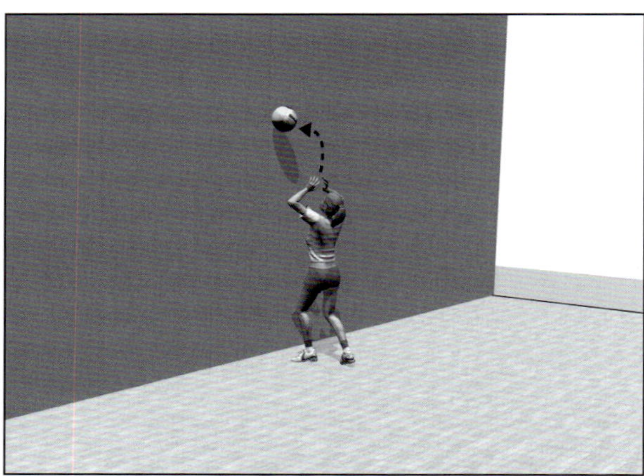

Handgelenk
Daumeneinsatz

Der Spieler steht sehr dicht vor der Wand und führt in sehr schneller Folge kontinuierlich Zuspiele an die Wand aus. Die Zielfläche ist ca. 50 cm oberhalb der Stirn.

Variation: an der Wand befinden sich mehrere Zielflächen (differenzierter Krafteinsatz)

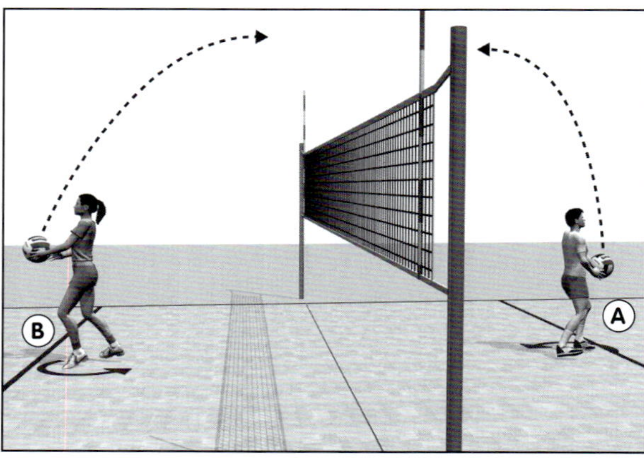

Spielpunkt
Wahrnehmung

A und B haben jeder einen Ball, stehen mit dem Rücken zueinander und werfen sich die Bälle auf ein Signal gleichzeitig über den Kopf zu. A und B drehen sich um. Nach einem Eigenpass pritschen sie den Ball zum Partner zurück.

Variation: A und B pritschen sich gleichzeitig senkrecht die Bälle hoch, tauschen die Plätze und führen ein Eigenzuspiel aus

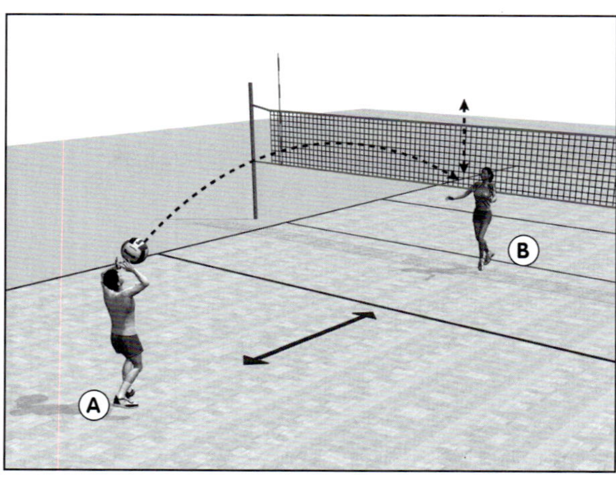

Beinarbeit
Streckimpuls

A pritscht zu B, läuft zu B und berührt die Hüfte von B. A bewegt sich dann schnell wieder auf seine Ausgangsposition. Nach einem Eigenzuspiel pritscht B den Ball wieder zurück. Nach acht bis zehn Wiederholungen ist B an der Reihe.

Beinarbeit
Wahrnehmung
A und B stehen nebeneinander. A pritscht den Ball nach zwei Eigenzuspielen diagonal hoch nach vorn. B läuft zum Ball, pritscht nach einem Eigenzuspiel und nach einer Körperdrehung den Ball zurück zu A. B nimmt wieder schnell seine Ausgangsposition ein und startet erneut, wenn A den Diagonalpass spielt. Wechsel nach acht bis zehn Wiederholungen.

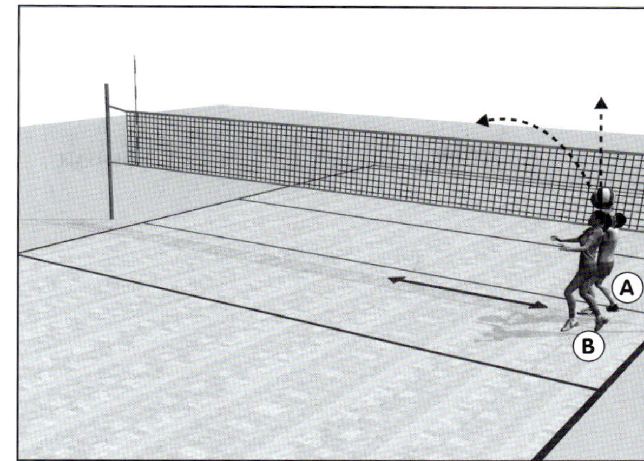

Wahrnehmung
Spielpunkt
A spielt abwechselnd sich einen Ball selbst zu und den zweiten Ball zu B. A muss das Timing zur Höhe des Eigenzuspiels mit dem Fremdzuspiel abstimmen.

Variation: Erleichterung mit Fangen und Werfen bzw. Luftballonen
Erschwerung mit einem dritten Ball (Eigenzuspiel von B)

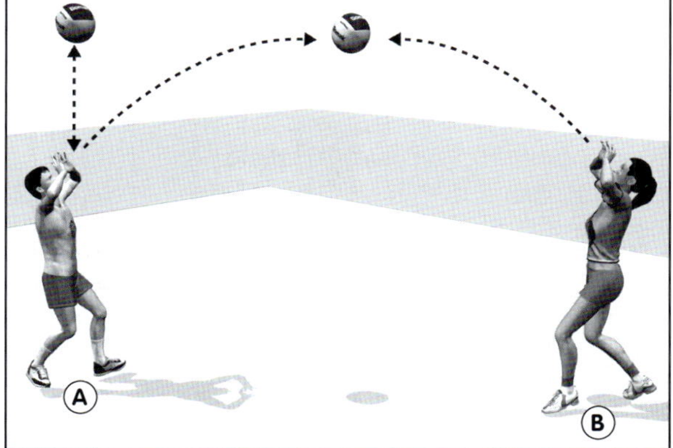

Beinarbeit
Spielpunkt
A, B und C stehen hintereinander. A spielt den Ball hoch nach vorn, läuft unter ihn und pritscht den Ball nach einem Eigenzuspiel und einer Körperdrehung zu B. A läuft zurück und stellt sich hinter C.

Variation: ohne Eigenzuspiel direkt zurückspielen
Kopfpass bzw. Sprungzuspiel

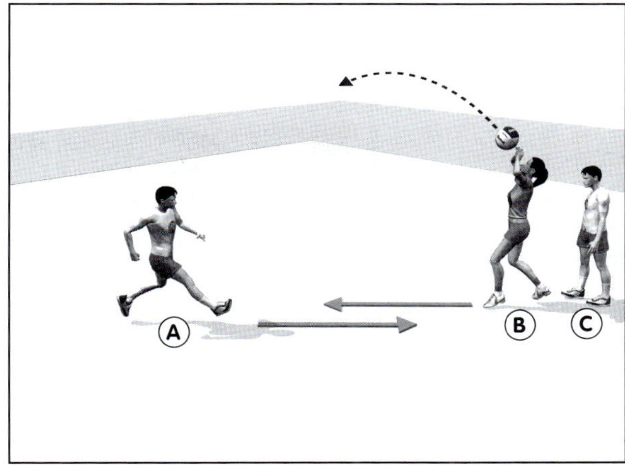

Beinarbeit „Angriffssicherung“

A, B und C stehen in einem Dreieck. A pritscht zu B (1), läuft dem Ball nach (Sicherung) und kehrt anschließend zu seiner Ausgangsposition zurück. Nach einem Eigenzuspiel (2) läuft B seinem Pass (3) nach usw.

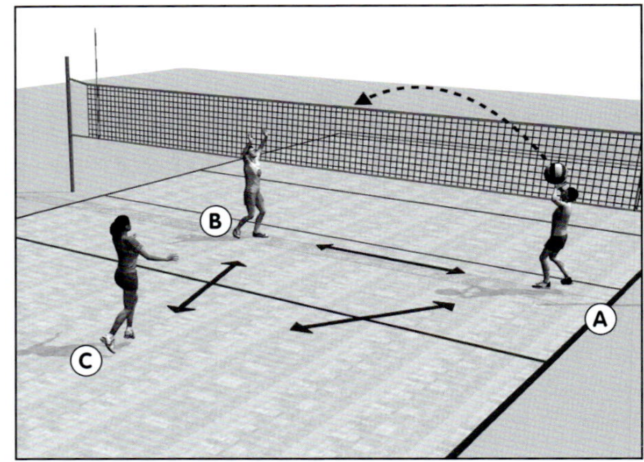

Beinarbeit Spielpunkt

A, B und C spielen den Ball kontinuierlich nacheinander gegen die Wand (Zielfeld). Vor dem Abspiel umlaufen sie eine Pylone und orientieren sich zum Ball.

Variation: nach einem Eigenzuspiel und Körperdrehung wird ein Kopfpass gegen die Wand gespielt

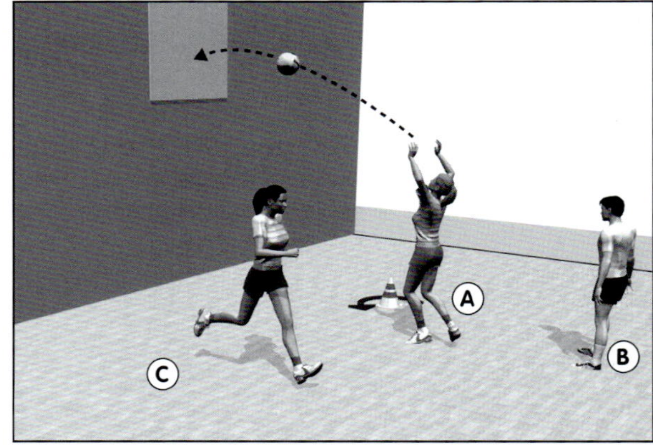

Spielpunkt Daumeneinsatz

A steht mit dem Rücken zu B und wirft sich den Ball an. Er spielt einen Kopfpass zu B. B gibt fünf Fehlerrückmeldungen: zu kurz, lang, eng, weit oder flach. Dann dreht sich B um und spielt einen Kopfpass zu A usw.

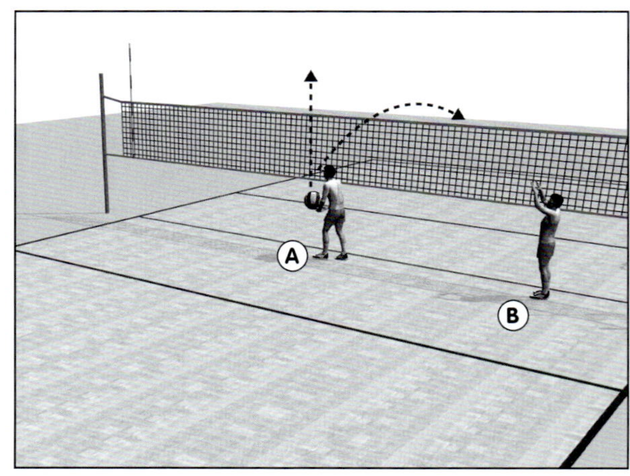

Spielpunkt Daumeneinsatz

A und B stehen hintereinander. A pritscht den Ball nach vorn, läuft dem Ball nach und pritscht den Ball als Kopfpass zu B. Dieser gibt die gleichen Rückmeldungen wie in der vorherigen Übung.

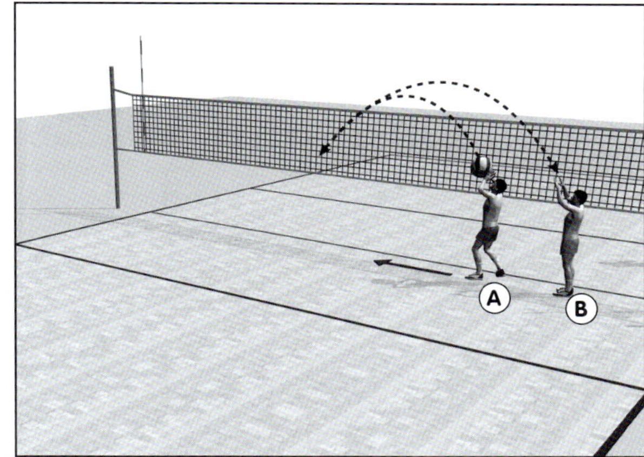

Spielpunkt Beinarbeit

A, B und C stehen parallel am Netz. A passt zu B, B passt über Kopf zu C, C zu A, der mittlerweile mit B die Plätze getauscht hat.

Variation: ohne Platztausch, d.h. B dreht sich nach dem Kopfpass in die Abspielrichtung. Nach ca. zehn bis zwölf Wiederholungen erfolgt der Wechsel.

Wahrnehmung Spielpunkt

A und B stehen parallel am Netz. Auf der Höhe von B steht C ca. 3,00 m entfernt im Spielfeld. A und B pritschen sich den Ball zu. Wenn B den Ball über Kopf spielt, läuft C zum Spielort und passt zu B zurück. A wechselt zur Ausgangsposition von C und beobachtet insbesondere das Passspiel von B. Nach ca. zehn Kopfpässen von B erfolgt der Wechsel.

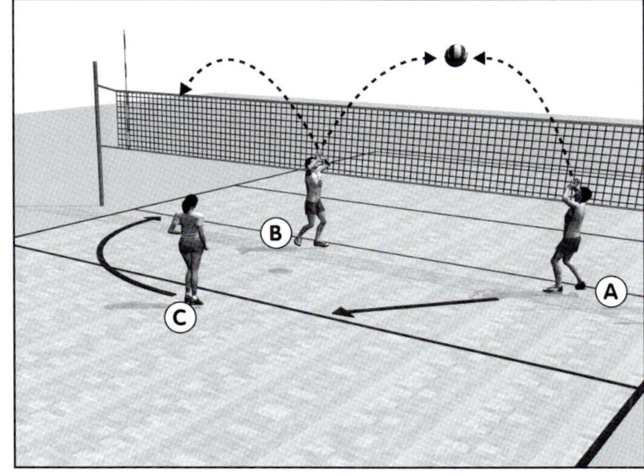

Spielpunkt
Streckimpuls

A, B, C und D stehen im Rechteck, wobei zwei Spieler parallel zum Netz stehen. Der Ball wird gegen den Uhrzeigersinn gespielt. Die Spieler stehen mit ihrer Schulterachse zum jeweils erwarteten Ball. Während des Eigenzuspieles wird die Schulterachse in die neue Abspielrichtung gedreht und es erfolgt ein hoher Pass zum Mitspieler.

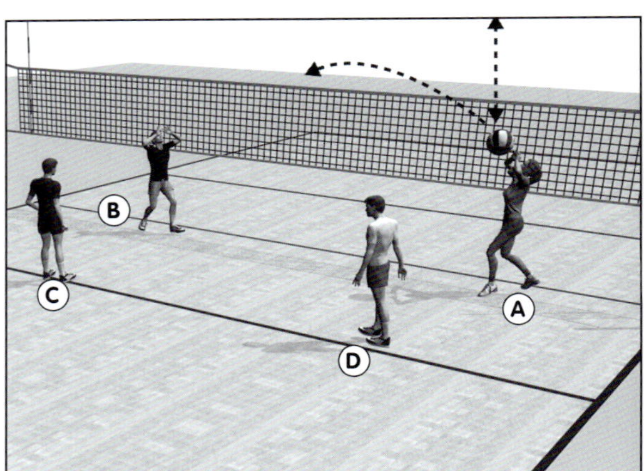

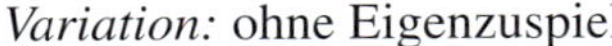

Variation: ohne Eigenzuspiel

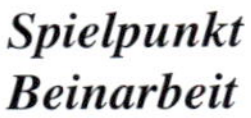

Spielpunkt
Beinarbeit

A und B stehen parallel am Netz. C und D hintereinander mittig im Spielfeld. C spielt zu B (gegen den Uhrzeigersinn), der zu A passt usw. Jeder Spieler läuft seinem Pass nach.

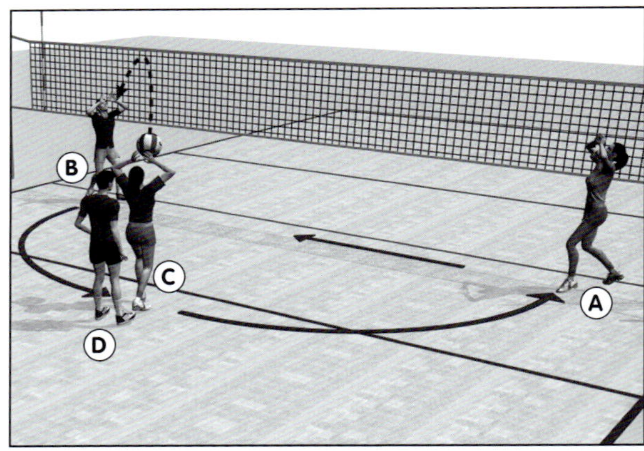

Variation: Sprungpass von den rechten Netzseite (B zu A)
Distanz der Spieler im Dreieck erhöhen.

Spielpunkt
Sprungtiming

A und B stehen parallel am Netz und spielen sich kontinuierlich im Sprung den Ball zu.

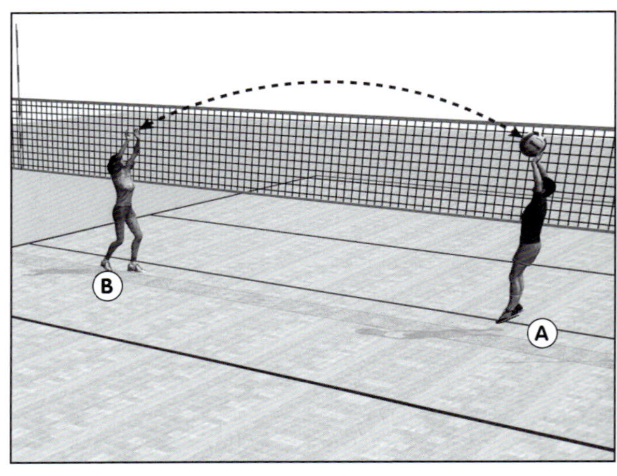

Variation: zu dritt parallel am Netz, wobei der mittlere Spieler immer im Sprung den Ball über Kopf spielt und sich anschließend in die Abspielrichtung dreht. Nach ca. zehn Wiederholungen durchwechseln.

Wahrnehmung Spielpunkt

A und B, C und D, E und F usw. spielen sich senkrecht zum Netz den Ball ständig hin und her. Es gilt, die Flugkurven und Zuspielzeitpunkte untereinander zu beobachten. Wenn es sich anbietet, tauschen die Spieler nach vorherigem Zuruf untereinander die Plätze, ohne dabei die Kontrolle über die zu pritschenden Bälle zu verlieren.

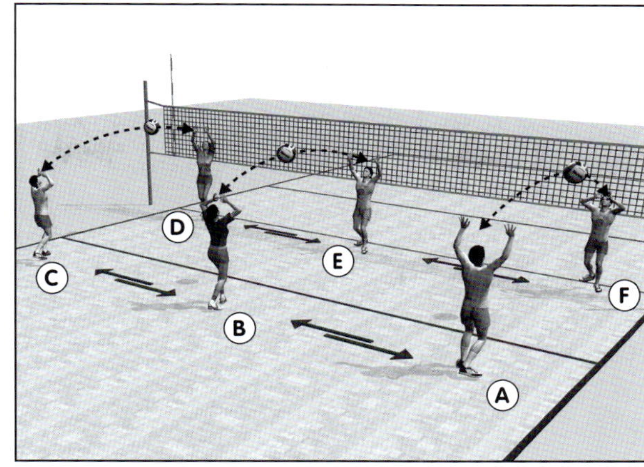

Wahrnehmung

A und B stehen senkrecht zum Netz. A pritscht zu B, B macht ein Eigenzuspiel und schaut zu A, der mit den Fingern eine Zahl anzeigt. B ruft die Zahl laut und pritscht zu A zurück.

Variation: ohne Eigenzuspiel und A zeigt kurz nach dem Zenit der Ballflugkurve die Zahl an

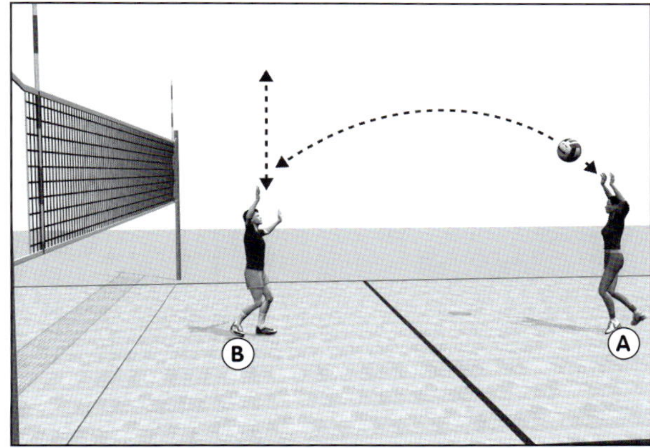

Wahrnehmung

A und B stehen parallel am Netz. C und D hintereinander im Spielfeld. A spielt zu C, währenddessen hebt D (für C nicht sichtbar) einen Arm. Dies ist das Signal für A oder B sich umzudrehen. C muss den Pass zu dem Spieler spielen, der ihm nicht den Rücken zeigt. Nach ca. zehn Wiederholungen erfolgt der Wechsel zwischen C und D, danach tauschen die Netzspieler mit den Feldspielern die Plätze.

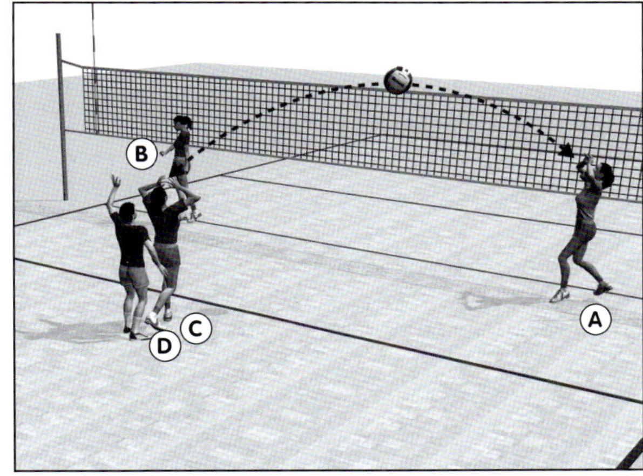

Wahrnehmung
Beinarbeit

A, B, C und D stehen im Rechteck. Jeder Spieler, der den Ball zugespielt bekommt, macht zunächst zwei Eigenzuspiele und spielt den Ball dann zu einem der Mitspieler. Die zwei Spieler, die den Ball nicht erhalten haben, tauschen die Plätze untereinander.

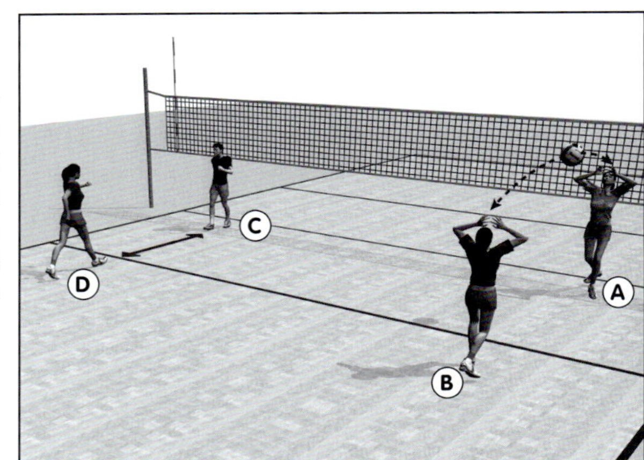

Beinarbeit
Spielpunkt

A und B stehen senkrecht zum Netz. A macht zunächst ein Eigenzuspiel und pritscht dann zu B. Während des Eigenzuspieles umläuft B eine Pylone, kehrt auf seine Ausgangsposition zurück und spielt den Ball zu A zurück.

Variation: B berührt eine Linie, die Wand
A macht nach dem Abspiel einen Blocksprung am Netz

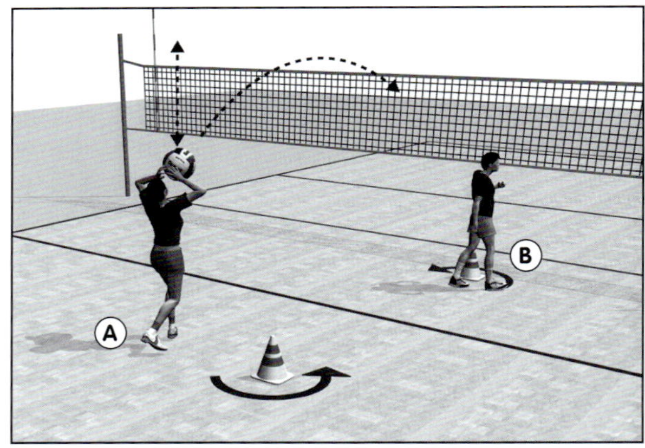

Beinarbeit
Präzision

A bis D stehen jeweils mit einem Ball räumlich verteilt im Spielfeld. E bis G starten kurz nacheinander aus dem Aufschlagraum und pritschen die von den Zuspielstationen A bis D zugeworfenen (zugepritschten) Bälle präzise zurück.

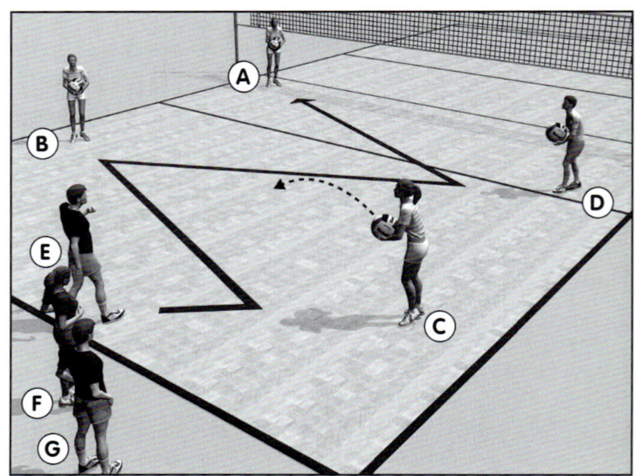

Beinarbeit
Präzision unter Belastung

A bis D stehen parallel am Netz. A passt zu C, C zu B, B zu D, D zu A, A zu C usw. Nach jedem Abspiel läuft der entsprechende Spieler um eine Pylone (bzw. bis zur Grundlinie). Nach ca. acht Ballkontakten von jedem Spieler erfolgt zur Regeneration ein Sprungzuspiel ohne Platzwechsel.

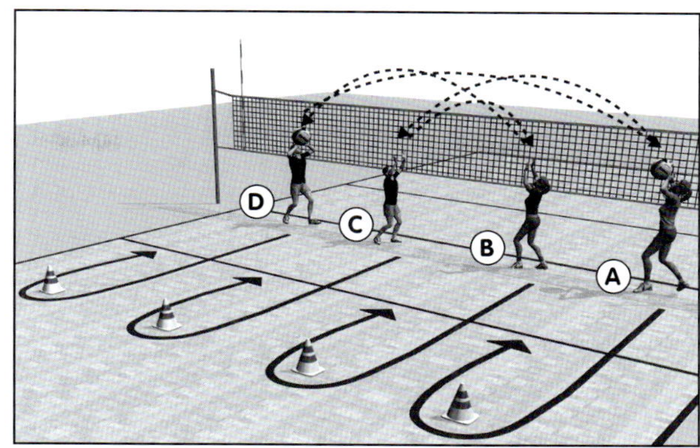

Wahrnehmung
Spielpunkt

Die Spielpaare A und D, C und B usw. stehen sich versetzt gegenüber (Linien zur Orientierung einbeziehen). Beide Spieler werfen sich den Ball gleichzeitig an, spielen den Ball senkrecht nach vorn, bewegen sich zur Seite und pritschen den Ball zum Partner zurück. Wie viele Wiederholungen schaffen die Spielpaare ohne Ballkontrollverlust?

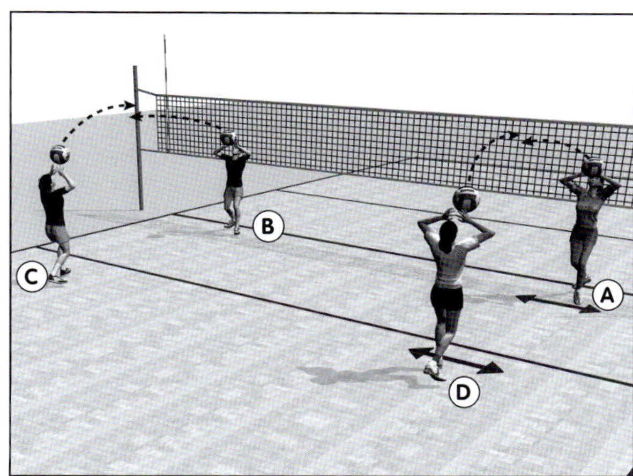

Präzision
Spielpunkt

A spielt den Ball abwechselnd von einer Netzseite zur anderen. Vor jeder Netzüberquerung macht A ein Eigenzuspiel. Pro Netzpassage gilt es fünf bis sechs Netzüberquerungen anzusteuern.

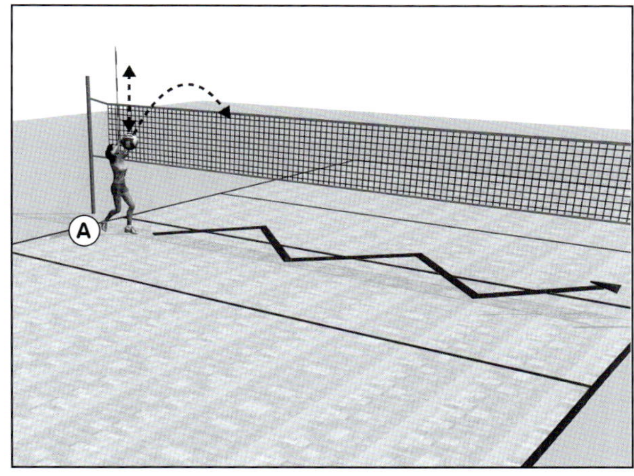

Wahrnehmung
Präzision

Zwei Spielerpaare spielen sich parallel am Netz den Ball hoch zu. Um auf Zuruf ihre Positionen untereinander wechseln zu können, müssen sie die Flugbahnen richtig einschätzen.

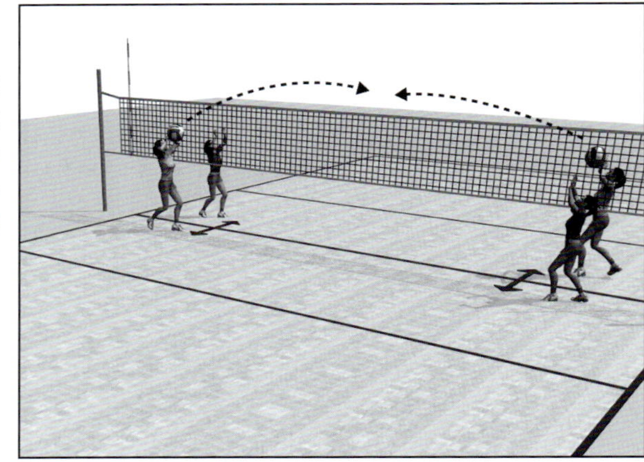

Präzision
Spielpunkt

A und B stehen ca. 2,00 m nebeneinander und 3,00 m vom Netz. A spielt den Ball senkrecht zum Netz. B erläuft die Position und passt über Kopf auf die Position II. Dorthin ist mittlerweile A gelaufen und spielt den Ball auf seine Ausgangsposition, wo sich nunmehr B befindet. A läuft auf die Ausgangsposition von B. B macht ein Eigenzuspiel und eröffnet den nächsten Durchgang.

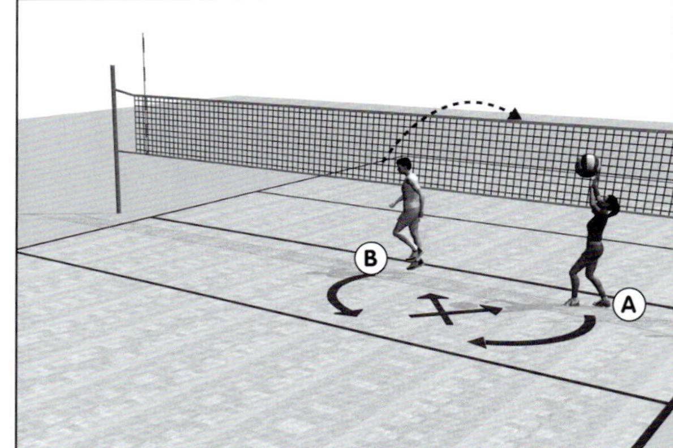

Präzision
Spielpunkt

A vollzieht eine Rolle vorwärts auf der Turnmatte. Währenddessen wirft T einen Ball in die zentrale Netzposition. A orientiert sich zum Ball und stellt einen Ball auf B, der erhöht auf einem Kasten diesen auf der Außenposition fängt. Kurz bevor C startet, wirft B den Ball zu T.

Variation: T ruft kurz vor Ballkontakt die Passart zu; auch auf der zweiten Außenposition ist ein Fänger auf einem Kasten positioniert

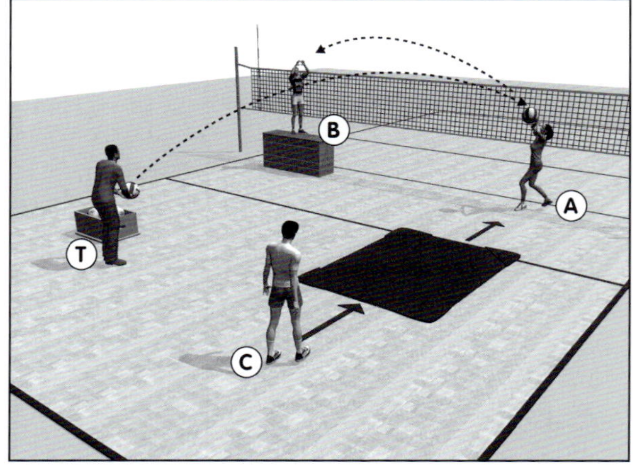

Beinarbeit
Spielpunkt

A, B und C stehen hintereinander auf der Außenposition. A wirft den Ball zu T. T spielt den Ball ans Netz. A ist zwischenzeitlich auf die Zuspielposition gelaufen, führt eine Körperdrehung aus und stellt einen hohen, weiten Außenpass zu D. D leitet den Ball direkt zu T weiter usw.

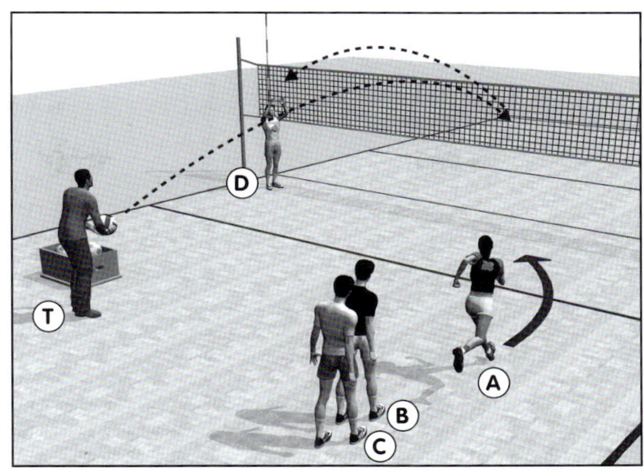

Präzision

A steht auf der Zuspielposition am Netz und erhält von T einen zugeworfenen Ball. T ruft auf welche Position der Ball gepritscht werden soll (B oder C). Von dort wird der Ball auf D zugeworfen, der neben T steht und T mit Bällen versorgt. Nach ca. 15 Wiederholungen tauschen A und D, sowie B und C die Plätze.

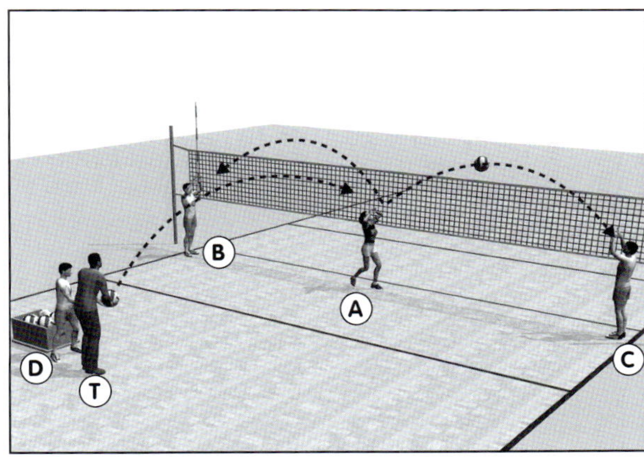

Beinarbeit
Wahrnehmung

T steht mit einem Ballbehälter im Spielfeld und wirft den Ball in den Netzbereich (variabel). A startet aus dem Rückraum, läuft unter den Ball und stellt den Ball auf eine der beiden Außenpositionen B oder C, die auf Kästen stehen. Auf der anderen Netzseite steht D. Er bewegt sich kurz vor dem Ballkontakt von A mit einem Schritt auf eine der beiden Außenpositionen. A soll entgegengesetzt der Bewegung von D den Ball spielen. G versorgt T mit Bällen und F startet kurz nach dem Passspiel von A.

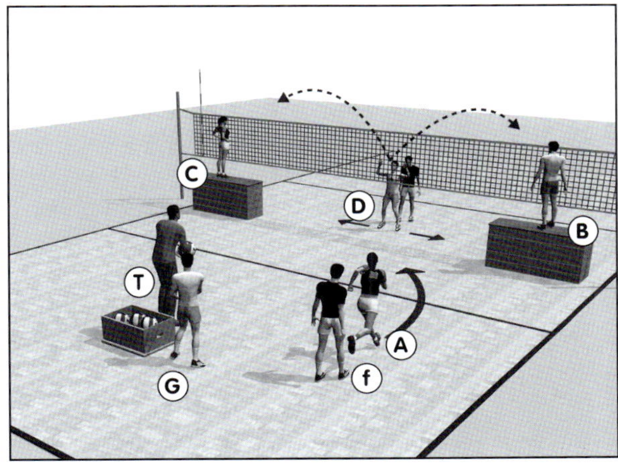

Annahme-Zuspiel

Im Bereich der Grundlinie steht A mit einem Ballbehälter und schlägt auf Annahmespieler B (C in Warteposition). B spielt auf Zuspieler D, der von einer Markierung aus zum Netz gestartet ist. Das Zuspiel erfolgt auf die Außenposition, auf die B gelaufen ist. Dort wird der Ball gefangen und zur Aufschlagposition gewechselt.

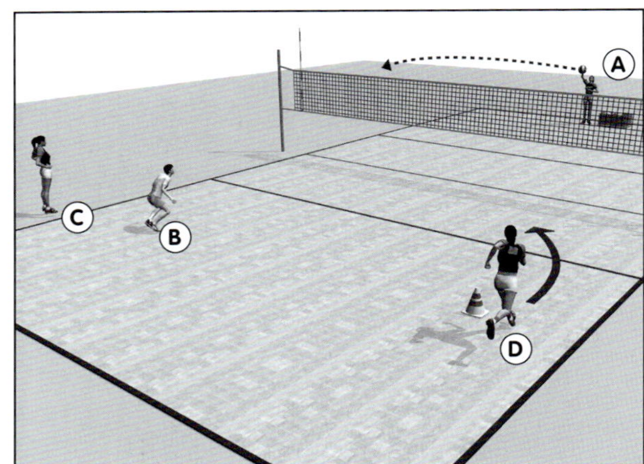

Annahme-Zuspiel

A und B nehmen den Aufschlag von C an. D läuft auf die Zuspielposition und spielt den Ball auf die Position, die T anzeigt (Faust = Zuspiel zu T, der neben dem Pfosten auf der Außenposition IV steht; Überkreuzte Arme = Meterzuspiel und dann Pass auf T; offene Hand = Pass auf Position II). Aufschläger rotiert mit Annehmer. Bei Pass auf Position II läuft der Annehmer, wenn dieser einen Fehler macht. Die Übung kann auf beiden Spielfeldseiten absolviert werden.

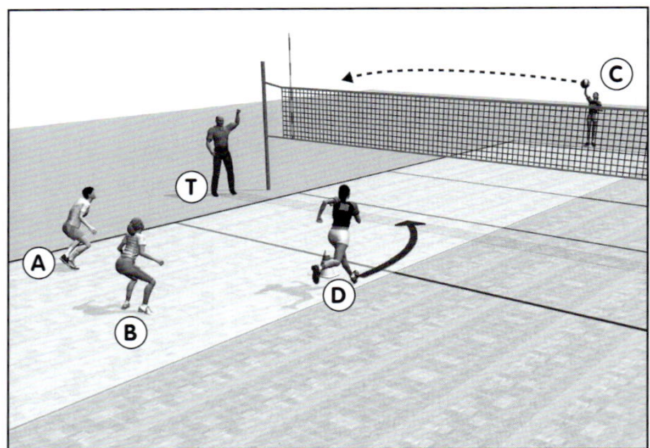

Zuspiel-Angriff

T versorgt den Zuspieler A in sehr schneller Folge (bevor der Angreifer geschlagen hat, wirft T bereits den nächsten Ball) mit genauen bzw. ungenauen Bällen. B bis D greifen abwechselnd auf der vorgebenden Netzposition an.

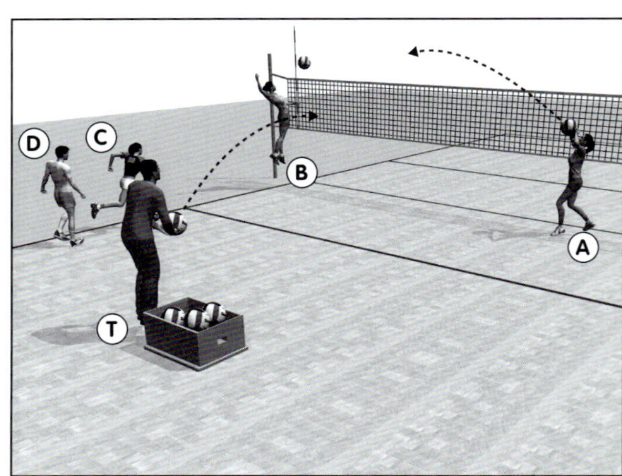

Zuspiel-Angriff
Der Zuspieler A steht am Netz und führt einen Blocksprung aus. Während des Sprungs wirft T einen Ball in den Zuspielbereich. A orientiert sich zum Ball und spielt auf eine der beiden Außenpositionen, die jeweils von zwei oder drei Spielern besetzt sind. Wer geschlagen hat, läuft dem Ball hinterher und legt ihn in den Ballbehälter von T.

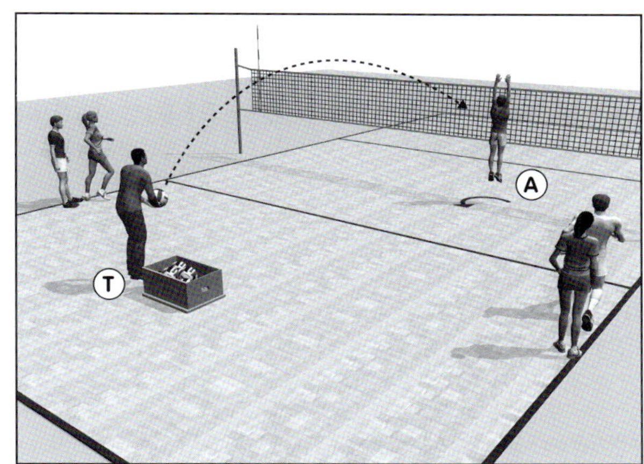

Annahme-Zuspiel-Angriff
T steht mit einem Ballbehälter im Spielfeld und schlägt den Ball in den Annahmebereich (variabel) von B und C. Zuspieler A startet entweder als Netzspieler oder aus dem Rückraum und läuft unter den Ball. Er stellt ihn auf eine der beiden Außenpositionen, die von B oder C eingenommen worden sind.

Variation: Angriff auch über die MitteAngriff gegen Block

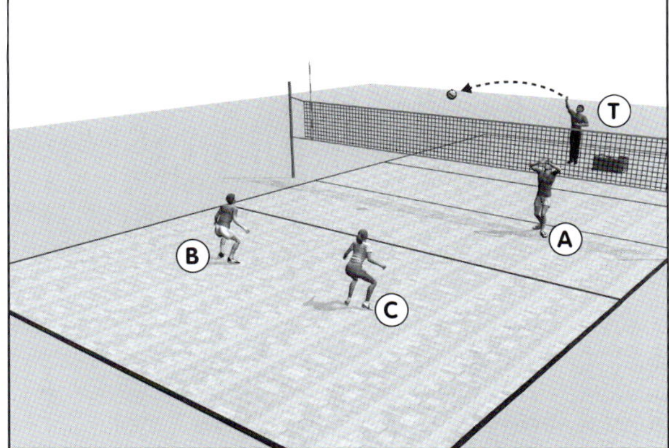

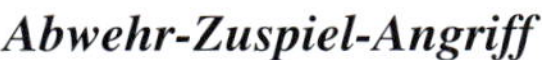

Abwehr-Zuspiel-Angriff
Neben dem Spielfeld auf Höhe des Netzpfostens stehen B, C und D, die nacheinander den Ball auf E bzw. F (Position I) schlagen. Zuspieler A (bzw. G) spielt auf die Außenposition II, auf der der Annahmespieler angreift. B bis F rotieren ständig durch.

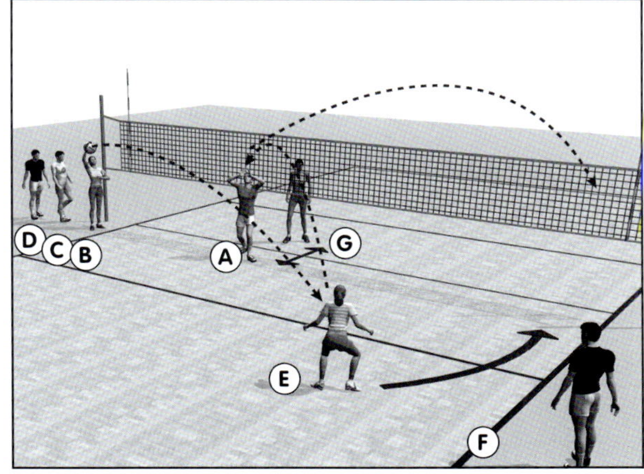

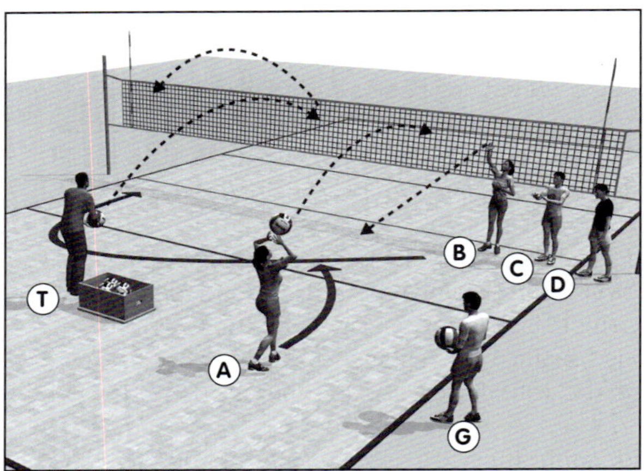

Zuspiel-Angriff
Zeitdruck

Zuspieler A (G) spielt von Position I einen Ball auf B bzw. C und D (Position II). B schlägt auf A zurück, A wehrt ab auf Position II, an der inzwischen C den Ball abfängt. Nach der Abwehraktion startet A zum Zuspielbereich ans Netz. Dort bekommt er von T (steht mit einem Ballbehälter im Spielfeld) einen Ball in den Netzbereich (variabel) zugeworfen. A stellt auf Position IV, wohin zwischenzeitlich B gewechselt ist und dort angreift.

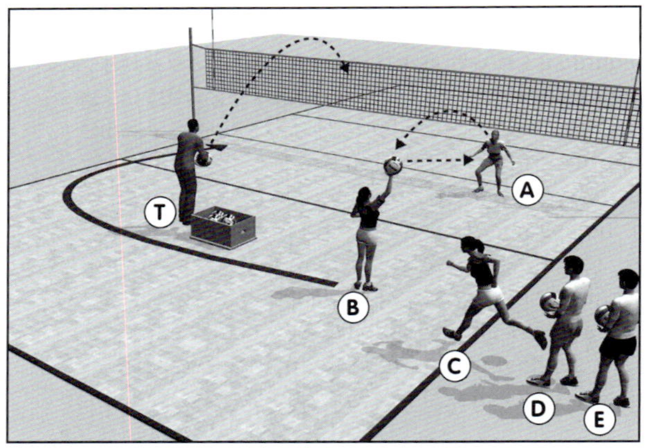

Zuspiel-Angriff
Zeitdruck

Angreifer B (C, D, E) steht auf Position I und schlägt auf Zuspieler A, der auf Position II steht. A muss zunächst den Ball von Position I zurückspielen, um sofort danach das Anspiel von T zu erlaufen. B läuft nach seinem Anspiel auf die Position IV, greift dort an, holt den Ball an und schließt sich wieder in der Angreiferreihe an.

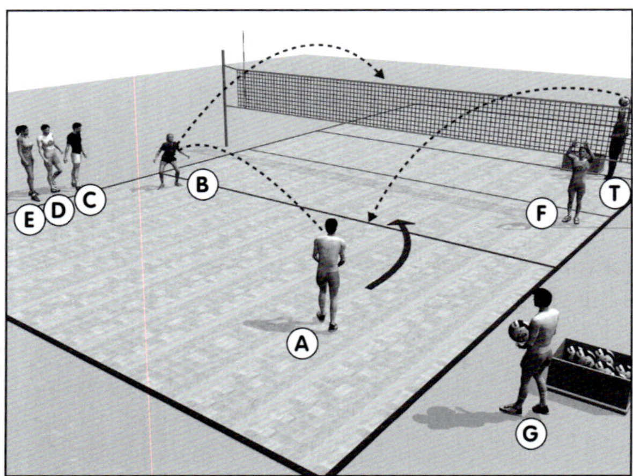

Zuspiel-Angriff
Zeitdruck

T schlägt von der gegnerischen Position IV den Ball auf Position I. A (G) wirft vor der Abwehr einen Ball zum Angreifer B (C, D, E) und wehrt den Trainerball zu F (Position II) ab. Er läuft auf die Zuspielposition und stellt den von B zur Zuspielposition weitergeleiteten Ball auf die Außenposition IV. F fängt den Ball und legt ihn in den Ballbehälter neben die Ausgangsposition der Zuspieler.

Wettkampfformen
Zuspielsquash

A und B spielen in einem abgegrenzten Spielfeld vor der Wand. An ihr wird in der Höhe von ca. 2,40–3,00m eine Linie geklebt oder gekreidet. Die ersten zwei Ballkontakte müssen einfach gespielt werden. Ab dem fünften Kontakt beginnt der Wettkampf. In einem Abstand von ca. einem Meter vor der Wand wird eine Tabuzone festgelegt.
Variation: ein Eigenzuspiel wird gestattet

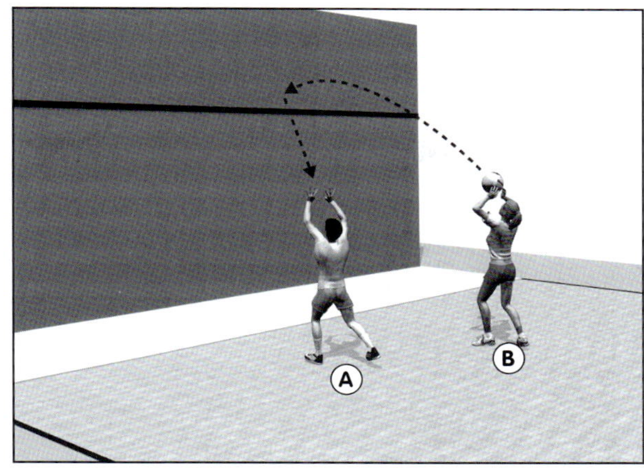

Wettkampfformen
Überholer gewinnt

Zwei bis vier Spieler treten gegeneinander an und stehen hintereinander in einer bestimmten Entfernung vom Basketballkorb. Die ersten beiden Spieler haben je einen Ball. Trifft A direkt in den Korb, fängt er den Ball und wirft diesen zu C. Trifft A den Korb nicht, kann er einen zweiten (ggf. dritten) Versuch von dem Ort starten, an dem er den Abpraller gefangen hat. Trifft A den Korb nicht, bevor B seinen Ball ins Ziel gepritscht hat, scheidet A aus.

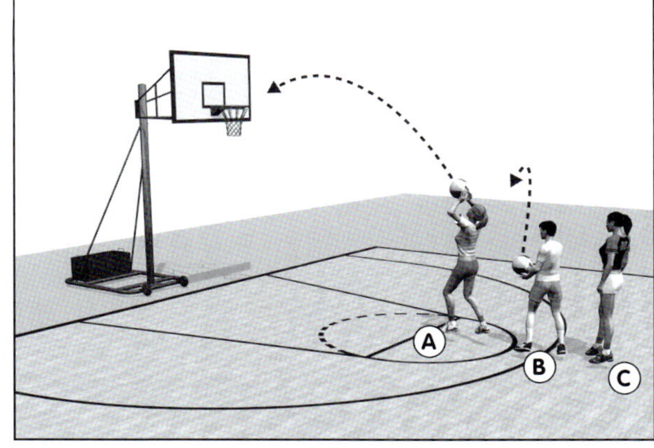

Wettkampfformen
Reise um den Korb

Es werden acht bis zehn verschiedene Punkte um den Basketballkorb gewählt (z. B. am „Basketball-Trapez"). Spieler A startet an der ersten, B dagegen an der letzten Markierung. Von jeder Markierung muss im oberen Zuspiel ein Treffer erzielt werden, um zum nächsten Abspielpunkt wechseln zu können. Wer hat als erster von allen Markierungen getroffen?

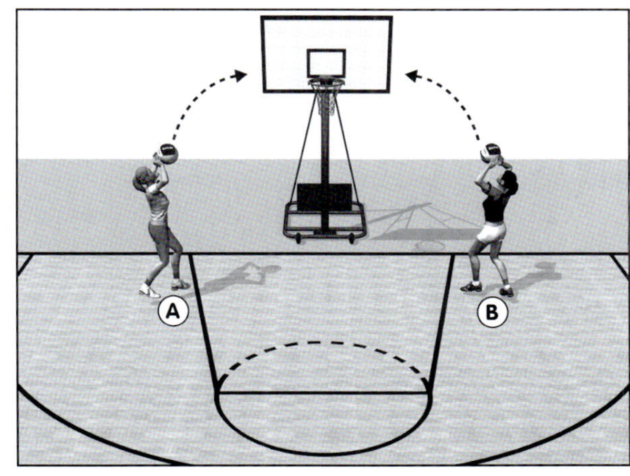

Wettkampfformen Schnelligkeit

Vier bis fünf Spieler stehen hinter einer Linie, die sich nahe an einer Stirnseite der Halle befindet. Auf ein Signal werfen sich die Spieler die Bälle an und pritschen so hoch und weit wie möglich. Nach einem Bodenkontakt führen sie ein zweites Zuspiel aus usw. Welchem Spieler gelingt es mit den wenigsten Ballkontakten über die gegenüberliegende Wand wieder zur Ausgangsposition zurück zu kehren.

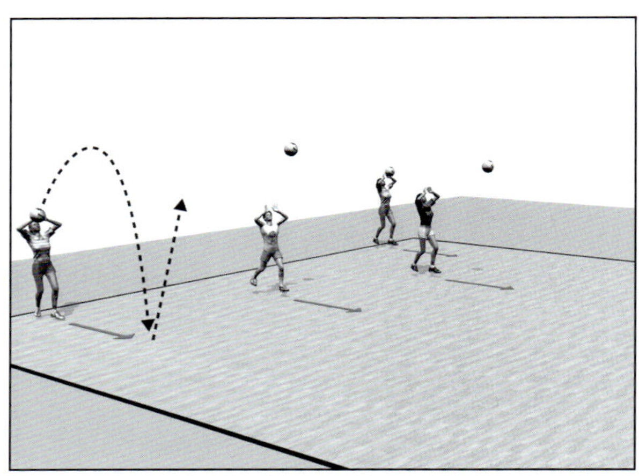

Variation: ohne Bodenkontakt, nur direkte Zuspiele oder nur Kopfpässe

Wettkampfformen Hindernisparcours

Die Spieler starten einzeln aus der Ecke einer Halle und müssen im fortwährenden Pritschen diverse Gegenstände übersteigen (Langbank, Kasten), Slalomstangen umlaufen, Zielfelder an der Wand treffen usw. Welcher Spieler kann den Parcours in der kürzesten Zeit bewältigen?

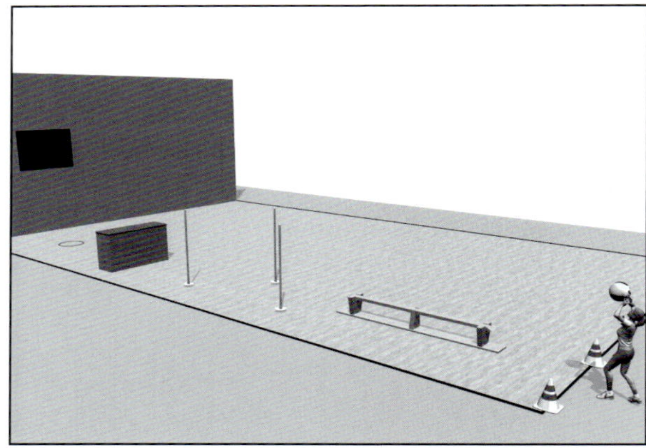

Wettkampfformen Präzisionsdruck

Zwei Teams treten gegeneinander an. Jedes Team besteht aus zwei Aufschlägern, zwei Annehmern, einem Zuspieler und einem Fänger auf einem Kasten (Position IV). Die Aufschläger schlagen nacheinander in den zuvor eingegrenzten Annahmebereich. Welches Team kann zuerst 15 oder 20 Bälle zum Fänger zuspielen?

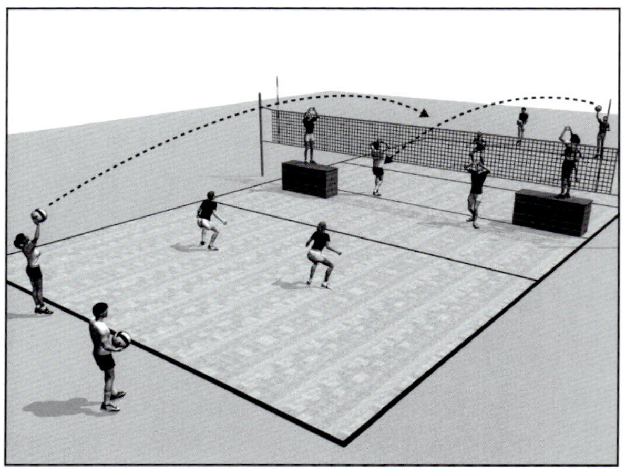

Kapitel

6

Spielereignis Angriff

6.1 Taktische Empfehlungen
6.2 Methodische Ratschläge
6.3 Techniken
6.4 Spiel- und Übungsformen

6.1 Taktische Empfehlungen

Individual-taktische Hinweise für das Spielverhalten

- Orientiere dich rechtzeitig in die Anlaufposition!
- Beobachte aufmerksam die eigenen Annahmespieler und reagiere mit erhöhter Wahrnehmungsschärfe unverzüglich auf erkennbare Druckbedingungen, die der Zuspieler bewältigen muss!
- Bei ungünstigem Spielaufbau verlagere deinen Anlaufbeginn weiter außen!
- Antizipiere frühzeitig den Absprung- und Schlagort gemäß der Zuspielqualität!
- Richte den Blick nicht nur auf Ball und Zuspieler, sondern versuche auch den gegnerischen Block und die gegnerischen Feldabwehrspieler im Blickfeld zu behalten!
- In der Regel stehen dir immer mehrere Schlagoptionen offen: Wähle die unerwartete Option!
- Je mehr du verschiedene Lösungen im Angriffsrepertoire besitzt, umso mehr steigt auch die Erfolgswahrscheinlichkeit!
- Technische Qualität ist Erfolg versprechender als ein „Hammer"!
- Die Qualität eines Angreifers tritt gerade in schwierigen Spielsituationen (verstellter Ball, ungünstiger Spielaufbau, mächtige Blockwand usw.) in Erscheinung, wenn er sich trotzdem durchsetzen kann!
- In der Rolle des Angreifers gilt es immer wieder folgende Antworten zu finden:
  - Wer in der Blockreihe konnte die eigenen Angriffsbemühungen bislang einschränken?
  - Welcher Blockspieler verfügt über die niedrigste Handlungshöhe?
  - Welcher gegnerische Feldabwehrspieler kratzt laufend die Angriffsbälle noch vom Boden?
  - Welcher Gegner weist Schwächen in der hohen, seitlichen oder tiefen Abwehr auf?
  - Wo befindet sich der gegnerische Zuspieler?
- Wenn der Ball dicht ans Netz gestellt wird, dann eher Fingerspitzen des Blocks anschlagen!
- Wenn der hohe Außenball normal gestellt wurde, dann hohes Abschlagen an der Blocknaht!
- Bei einem schnellen Außenpass, zwischen den Blockspielern schlagen!
- Verrate dem Gegner nicht zu früh deinen Absprungort!

6.2 Methodische Ratschläge

Tipps für die methodische Anfängerschulung

- Angesichts der Komplexität und der damit verbundenen Schwierigkeit dieser Technik ist eine Aufsplitterung des Vorgehens ratsam: Anlauf und Absprung stellen isolierbare Lernsequenzen dar. Davon getrennt kann auch die Schlagbewegung erst alleine erlernt werden, bevor die Sequenzen zusammen geführt werden.
- Am Anfang des Lernprozesses sollten einerseits Rhythmisierungshilfen für den Anlauf und andererseits Wahrnehmungsaufgaben für die räumlich-zeitliche Abstimmung („Timing") im Vordergrund stehen.
- Zur Vorbereitung auf den Technikerwerb können eine Vielzahl von Spielen aus der Ballschule gewählt werden, in denen „Schlagballwurf-Bewegungen" und „Flugkurven-Einschätzungen" gefördert werden.
- Auch die Hallenwand bietet viel: nämlich die Erfahrung mit konstanten Einfalls- und Ausfallswinkeln bei unterschiedlichen Abständen.
- Die ersten ganzheitlichen Übungen können (unter Wegfall der Einschätzung von Flugkurven der Zuspiele) mit Tennisbällen ausgeführt werden.
- Um dem Anfänger das Problem des Timings unterschiedlicher Flugkurven zu demonstrieren, sollte der Trainer kurzgestellte Bälle durch Anwerfen simulieren und später pritschen (lassen).
- Wesentlich ist auch das methodische Heranführen über variable Netzhöhen: erst mit tiefen (stirnhoch) bis reichhohen Netzen, dann allmählich das Netz auf die Wettkampfhöhe steigern.
- Von vereinfachten über einfachen, konstanten zu variablen (Richtung, Distanz, Technik) und schließlich zu komplexen (Wettkampf-) Bedingungen übergehen: von fixierten Bällen aus dem Stand bis zu spielspezifischen Handlungsketten (Annahme-Zuspiel-Angriff-Abwehr).

6.3 Techniken

Frontal in Anlaufrichtung (hoher Außenpass)

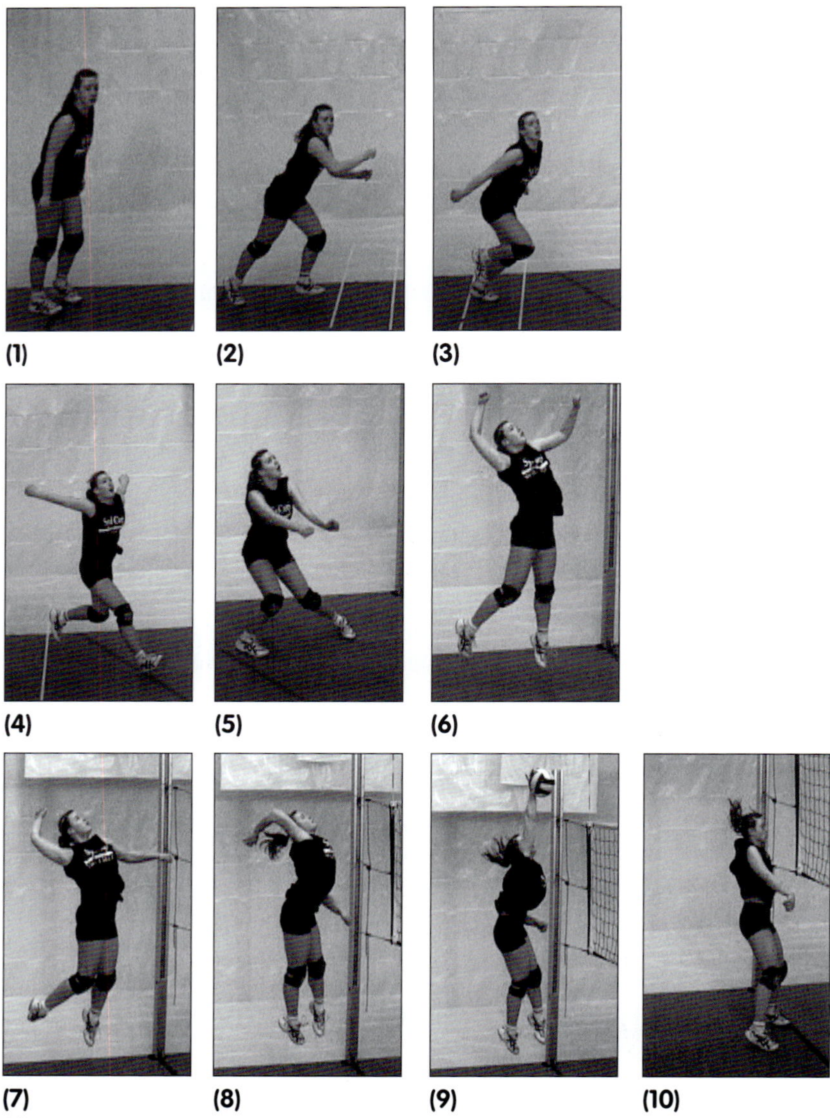

(1) (2) (3) (4) (5) (6) (7) (8) (9) (10)

(1) Ausgangsposition für den Anlauf schnellstmöglich einnehmen (für Rechtshänder auf der Position IV außerhalb des Spielfeldes und relativ „spitz" (30° bis 45°) zum Netz bzw. auf der Position II eher senkrecht zum Netz). Blick zum Ball mit Einschätzung und Entscheidung über Annahmequalität und Zuspielposition. Der Weg zur Ausgangsposition erfolgt in der Regel von der Annahmeposition bogenförmig mit Verbindungsschritten.

(2) Der vorletzte Schritt im Anlauf ist der Orientierungsschritt. Mit ihm wird auch das Timing festgelegt: erst abwarten, dann hohe Beschleunigung im Anlauf aufnehmen. Rechtshänder führen den Orientierungsschritt mit links aus. Gleichzeitig beginnt die Rhythmushilfe „vor": die Arme schwingen deutlich vor.
(3) Über den Abdruck des Orientierungsschrittes wird die Rhythmushilfe fortgesetzt „zurück": Arme werden aktiv nach hinten-oben geschwungen. Der „letzte" Schritt wird mit deutlicher Geschwindigkeitszunahme eingeleitet: der Stemmschritt.
(4) Der Stemmschritt wird über die Ferse aufgesetzt und rollt nach vorn über den Ballen ab. Der Armschwung ist am Umkehrpunkt angelangt.
(5) Nahezu zeitgleich mit dem Stemmschritt setzt der Rechtshänder den linken Beistellschritt – etwa schulterbreit – vor. Der Beistellschritt wird einwärts (nicht in Anlaufrichtung, sondern eher parallel zum Netz) aufgesetzt, um die explosive horizontale Vorwärtsbewegung in einen senkrechten Absprung umzuwandeln. Stemmschritt wie Beistellschritt benötigen eine relativ kurze Bodenkontaktzeit, damit die aufgebaute Energie nicht „verpufft". Der Körperschwerpunkt wird rückverlagert und abgesenkt.
(6), (7), (8) Ein energischer und beidarmiger Armschwung („vor" als Rhythmushilfe) nach vorn-oben unterstützt den explosiven Absprung. Beide Handrücken zeigen zunächst nach oben. Schlagarm und Schlagschulter werden aufgedreht (zurückgenommen). Der Schwungarm verharrt zwecks Körperstabilisierung kurzzeitig etwa in Kopfhöhe („zeigt zum Ball"). Die Schlagbewegung wird durch die Auflösung der Oberkörperverwringung-Bogenspannung eingeleitet. Der Schlagarm schnellt „peitschenartig" durch die zeitliche Beschleunigungs-Reihenfolge von Schulter-, Ellenbogen- und Handgelenk nach vorn-oben.
(9) Der Schlagarm ist im Moment des Balltreffens gestreckt. Die Hand ist gespannt, ein wenig geöffnet (Finger) und gewölbt. Sie klappt bei Ballkontakt von hinten-oben über den Ball. Der Gegenarm wird während der Schlagbewegung aktiv zum Körperzentrum gezogen. Der Ball wird ein wenig vor der Körperlängsachse getroffen.
(10) Die Landung erfolgt weich und beidbeinig wie eine „Feder". Übergang in die neue Spielposition.

Schrittfolge (Rechtshänder mit Rhythmushilfe „Amsterdam")

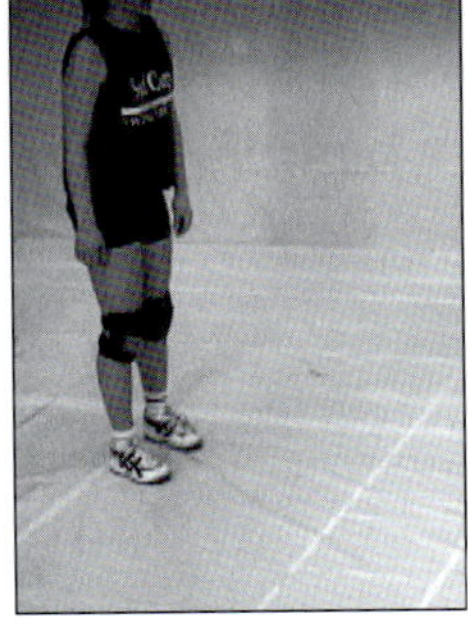

Ausgang

„Am …
Orientieren

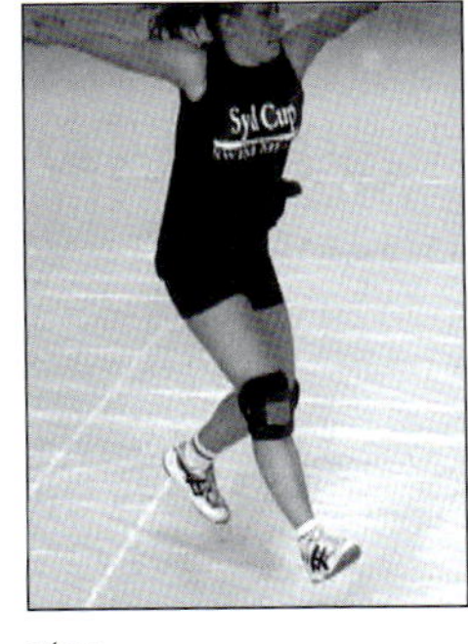

ster …
Stemmen

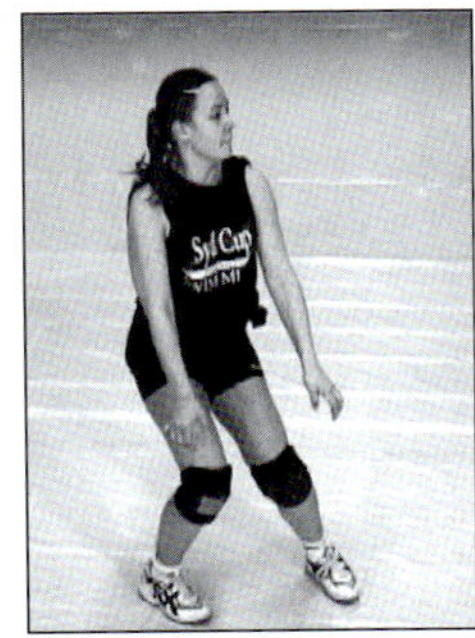

dam"
Beistellen

Angriffsvarianten

Folgende Anlaufvarianten sind gebräuchlich (der „verzögerte" Absprung lässt sich in den Darstellungen nicht illustrieren):

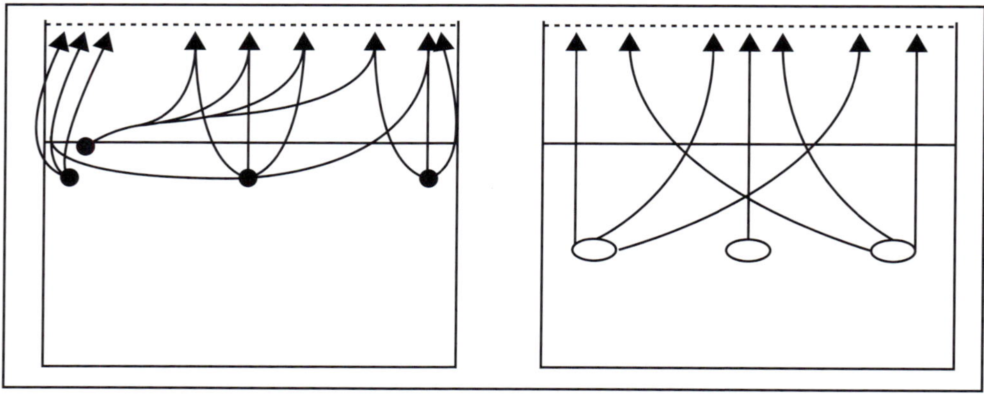

Abb. 13: Anlaufvarianten von Netzangriffen und Hinterfeldangriffen

Raum-Zeit-Varianten

Tab. 5: Verhältnis der Raum-Zeit-Koordination bei verschiedenen Angriffen (außer hoher Außenangriff)

	Schnellangriff a) Aufsteiger b) 2-m-Schuss	Meterangriff (mit/ohne Kombination)	Einbeiniger Angriff (Position II)	Hinterfeld- Angriff
Art	1. Tempo	2. Tempo	1.-2. Tempo	2. Tempo
Zeitpunkt Absprung	a) vor b) während Zuspieler- Ballkontakt	im Umkehrpunkt der Ballflugkurve	Zuspieler- Ballkontakt während Orientierungs- (Impuls)schritt	im Umkehrpunkt Ballflugkurve
Ballflugkurve Treffpunkt	a) aufsteigend b) linear aufsteigende Phase	symmetrisch absteigende Phase	asymmetrisch absteigende Phase	asymmetrisch absteigende Phase
Technik- Auffälligkeiten	Stemmschritt: kürzer, über Fußballen, gleichzeitig Schlagarm: kein Ausschwingen	Absprung bei „Meter Kopf" ist näher beim Zuspieler	Absprung: über Fußballen des Sprungbeins Schlagarm: kein Ausschwingen	Absprung: dynamisch nach vorn in die Flugbahn des Balles

Aus dem relativ großen Repertoire von Angriffsschlägen sind insbesondere folgende Angriffsvarianten (zusätzlich zu den in der Tabelle 5 aufgeführten Angriffsoptionen) zu nennen:

Passiver Angriff: In sehr ungünstigen Spielsituationen wird der Angriffsschlag absichtlich so in den Block geschlagen, dass der Ball vom eigenen Team gesichert werden kann und ein erneuter Angriffsaufbau und Angriffserfolg angestrebt wird.

Verdeckte Schläge: Auf den Außenpositionen wie auch beim Angriff über die Mitte wird bei relativ stabiler unveränderter Schulterstellung der Ball entgegen der Anlaufrichtung geschlagen.

Blockanschlagen („wipe-off"): Mittels verdeckter Schläge, Handgelenksschläge, Drehschläge, Lobs wird der Blockabpraller ins gegnerische Feld oder ins Aus absichtlich als Option gesucht.

Stopper („chip" oder „stop roll"): Ein häufig vom Hinterfeldspieler (Diagonalspieler) genutzter Angriffsball. Anstelle eines aktiven Ausschwingens des Schlagarmes bremst insbesondere der Handteller entweder den Impuls auf den Ball oder verleiht dem Ball eine zusätzliche Vorwärtsrotation. In beiden Fällen wird der Ball hinter den Block platziert.

In den Block drücken: Tritt die Situation auf, dass das Zuspiel an die Netzkante erfolgt und das gegnerische Team einen mächtigen Block aufbauen konnte, bietet es sich an, den Ball mit der offenen Hand und den Fingerspitzen aktiv in die Blocknaht zwischen den Blockspielern oder in eine Einerblockfläche zu drücken.

Täuschungsanläufe: Vorzugsweise beim Angriff in der Mitte wird über den Anlauf das erste Tempo signalisiert. Am Absprungort wird für einen winzigen Augenblick verharrt und ein Angriffsschlag im zweiten Tempo (Meterball) ausgeführt.

Flieger („flying balls"): Das seitliche Täuschen des Angriffsortes wird genutzt, indem ein Schussangriff signalisiert und aber ein Meterangriff realisiert wird. Auch das Antäuschen des Angriffsortes von der Außenposition und die Schlagausführung weiter innen durch eine horizontale Absprungrichtung sind vermehrt zu beobachten.

Lob („tip"): Eine häufig im Nachwuchsbereich anzutreffende Angriffsvariante. Sie kann aber zur Dankeball-Situation führen, wenn schon frühzeitig mit senkrecht gestrecktem Arm abgesprungen wird und so die eigentliche Täuschungsabsicht nicht gelingen kann. Der Lob als Täuschung verlangt ein nahezu identische Schlagbewegung wie beim harten, frontalen Angriffsschlag. Der Unterschied besteht allerdings darin, dass im letzten Augenblick das peitschenartige Vorschnellen des Handgelenkes abgebremst und der „Schlag" mit der offenen Hand und den Fingerspitzen ausgeführt wird.

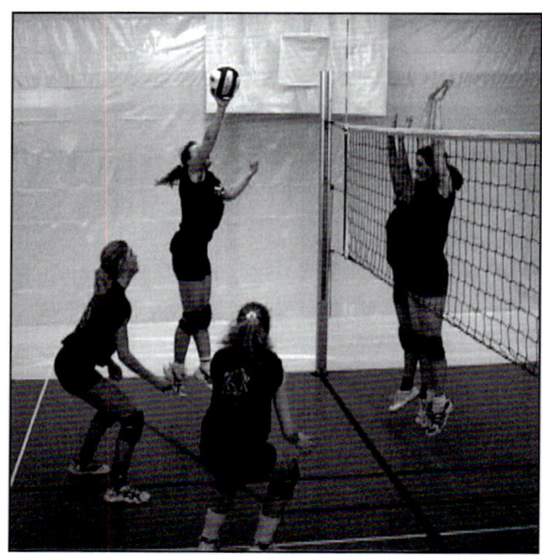

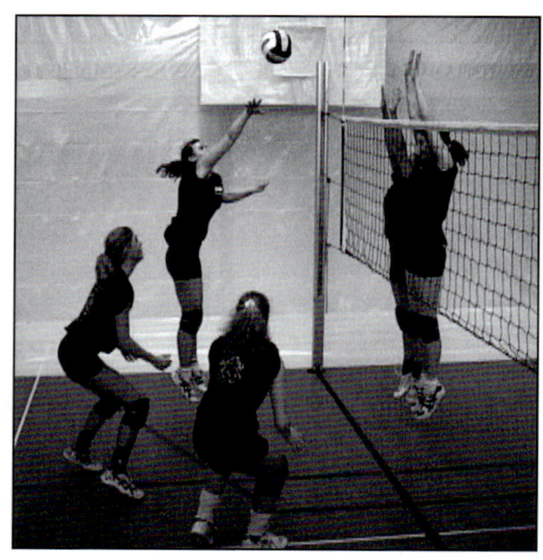

Drehschlag: Bereits mit dem Absprung wird ein Drehimpuls initiiert, der den Körper in der Luft um die Längsachse rotieren lässt. Hierdurch wird in erster Linie eine neue Angriffsrichtung (z. B. Linienschlag) geschaffen. Entscheidend ist auch die Steuerung über den Schwungarm und die Schwungschulter.

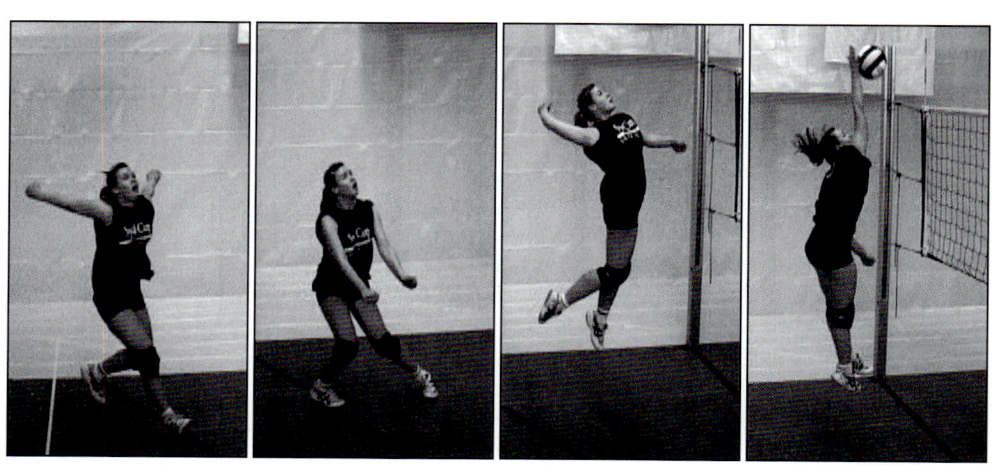

Handgelenksschlag („drive"): Die als taktische Angriffe bezeichneten Angriffsbälle werden gezielt auf spezielle Feldpositionen geschlagen. Anstelle des explosiv schnellen Armzuges und der damit verbundenen maximal hohen Geschwindigkeit wird ein dosierter – mit viel Handgelenksimpuls gesteuerter – Schlag angewandt.

6.4 Spiel- und Übungsformen

Die Mehrzahl der vorgestellten Übungen können für das Erlernen und Festigen der verschiedenen Angriffsvarianten benutzt werden.

Anlauf
Imitation, Rhythmus

Auf den Boden werden positionsspezifisch Markierungen für Ausgangsstellung, Orientierungsschritt, Stemmschritt, Beistellschritt auslegt. Die Spieler sollen Bein- und Armbewegung rhythmisieren.

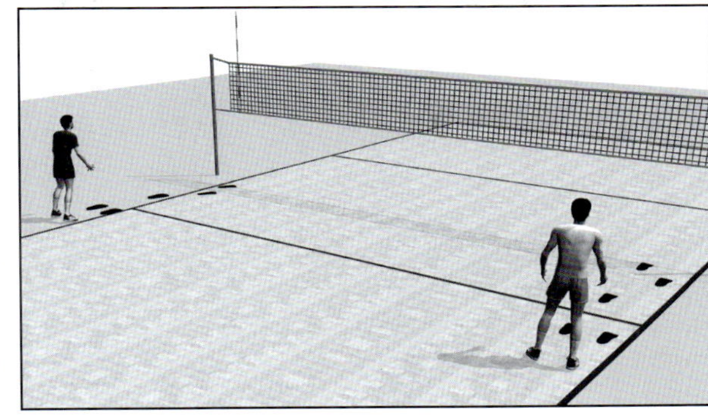

Variation: nur Absprunglinie kleben (ca. Armlänge vom Netz) kleben

Anlauf
Stemmbewegung

Die Spieler stehen in Schrittstellung mit dem linken Bein (Rechtshänder) am Ende eines Kastenoberteils (oder einer Matte). Vom linken Bein drücken sich die Spieler vom Kasten ab und setzen betont nacheinander Stemm- und Beistellschritt zum Absprung auf. Der Armeinsatz wird entsprechend koordiniert.

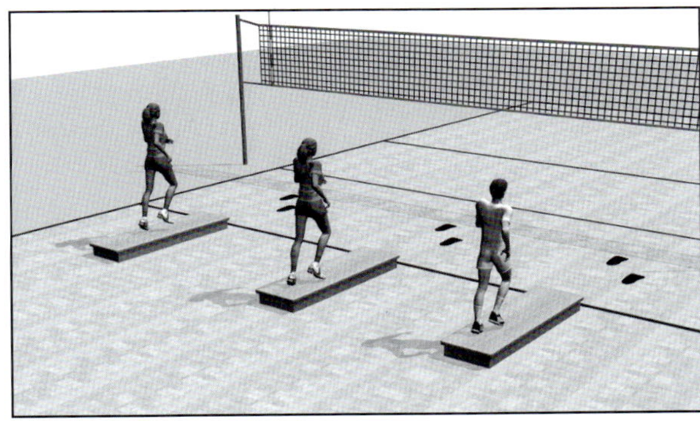

Anlauf
Stemmbewegung

Eine Armlänge vom Netz entfernt werden Gymnastikreifen ausgelegt. Die Spieler beginnen ihren Anlaufrhythmus, springen im Reifen beidbeinig ab und landen wieder im Reifen.

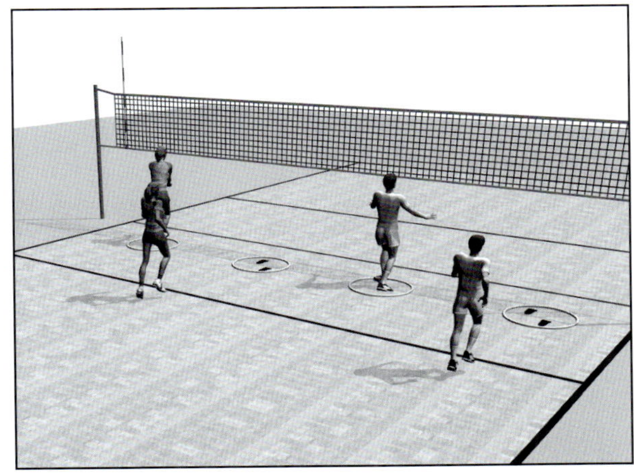

Variation: Reifen werden im Spielfeld verteilt und die Spieler laufen von Reifen zu Reifen, um darin einen senkrechten Sprung auszuführen

Schlag Handgelenk

Die Spieler halten den Ball mit der linken Hand schulterhoch auf der Schlagarmseite. Die rechte Hand „winkt“ mit lockerem Handgelenk in hoher Frequenz über dem Ball. Auf ein Signal „schlagprellen“ alle ihren Ball auf den Boden, so dass er senkrecht nach oben abspringt.

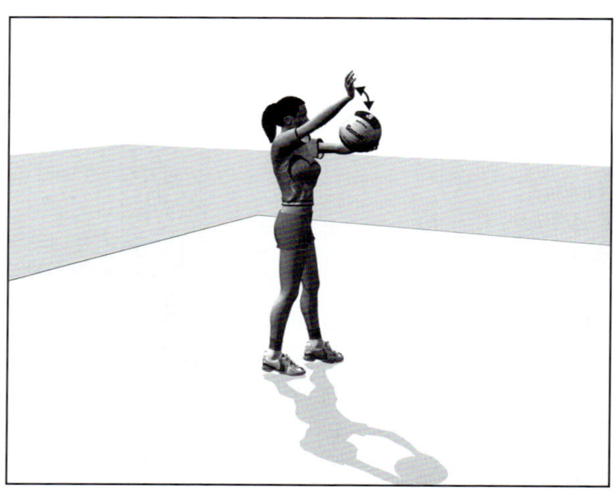

Variation: die Spieler werfen sich den Ball an und schlagen den fallenden Ball auf Schulterhöhe mit gestrecktem Arm senkrecht nach unten

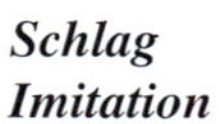

Schlag Imitation

Der Spieler dreht die Schulter auf und führt den Schlagarm zurück. Der Ellenbogen befindet sich auf Schulterhöhe weit hinten. In der linken Hand liegt der Ball reichhoch auf der Schlagarmseite. Die Schlaghand wird durch die Führung des Ellenbogens auf den fixierten Ball geschlagen.

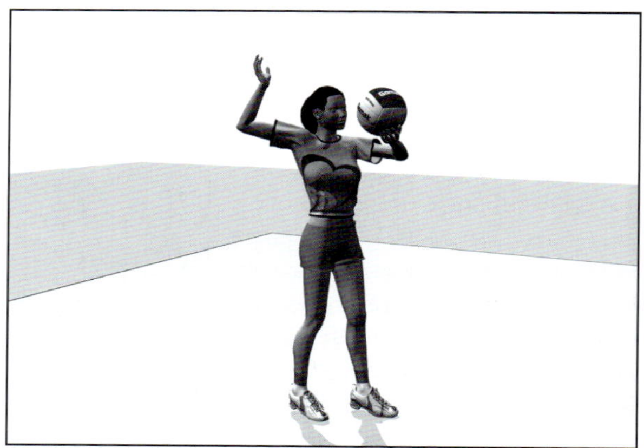

Schlag Kontrolle-Armbewegung

Der Spieler steht ca. 3,00m bis 5,00m von der Wand entfernt, wirft sich den Ball beidhändig so hoch an, dass unmittelbar nach dem Anwurf die komplette Schlagbewegung vollzogen werden kann.

Variation: den Ball mit der Gegenseite schlagen Anzahl der Schläge gegen die Wand festlegen

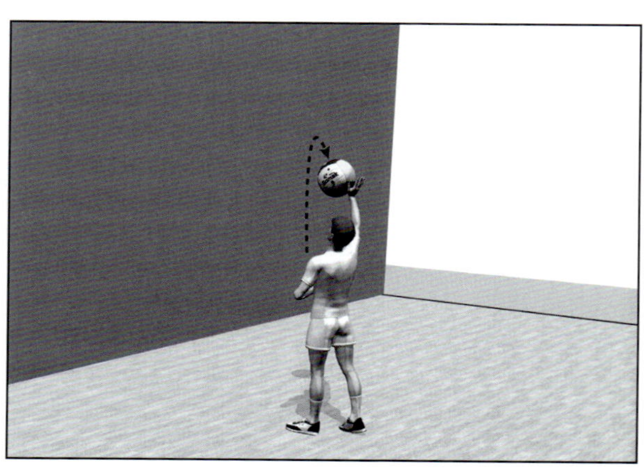

Schlag
Treffpunkt

A steht seitlich zu B und wirft dem Partner den Ball etwa 2,00m hoch zu. B schlägt den Ball vor der Wand (ca. 1,00m bis 2,00m) auf den Boden. A fängt ihn und wirft B erneut den Ball zu. Nach ca. zehn bis zwölf Wiederholungen erfolgt der Wechsel.

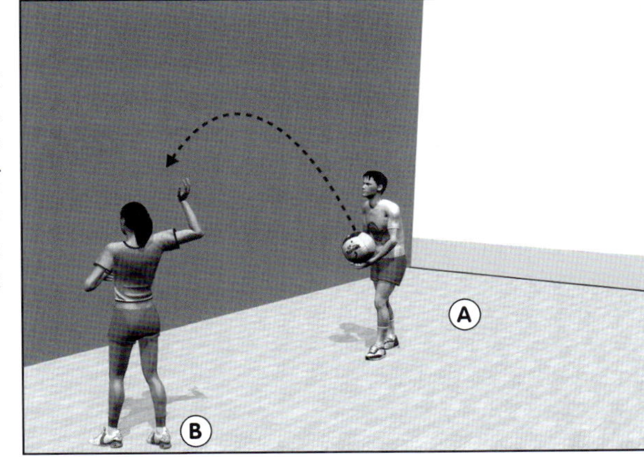

Schlag
Treffpunkte

A und B stehen sich am Netz gegenüber (jeweils ca. 5,00m bis 6,00m vom Netz). A wirft sich beidhändig den Ball an und schlägt ihn in unterschiedlichen Flugkurven zu B: (a) Treffpunkt hinter und unterhalb des „Balläquators“ = Bogenball, (b) Treffpunkt hinter und oberhalb des „Balläquators“ = Aufsetzer etwa in Netznähe und (c) Treffpunkt auf dem „Nordpol“ = Aufsetzer nah am Körper und steile Flugkurve zum Partner.

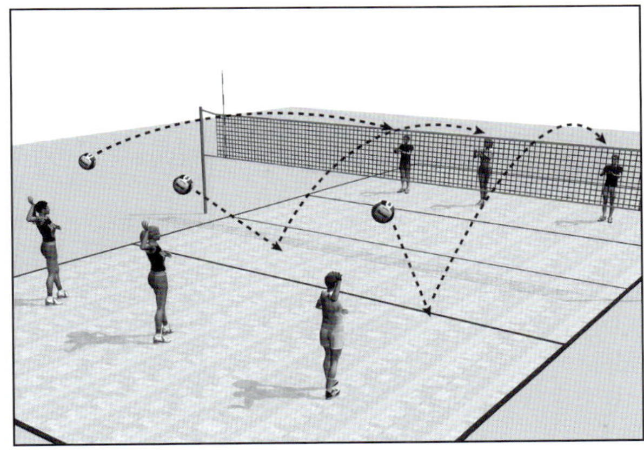

Schlag
Kontrolle-Armbewegung

A steht etwas mehr als eine Armlänge vor dem Netz, wirft sich den Ball an und schlägt ihn über das kopfhoch gespannte Netz zu B. B fängt den Ball und wirft (rollt) ihn zurück. Nach ca. zehn bis zwölf Wiederholungen wechseln A und B die Aufgabe.

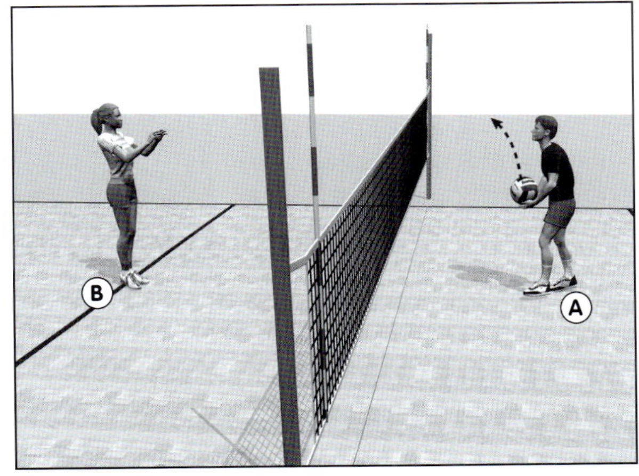

Schlag
Treffpunkt
A und B spielen Volleyball-Squash gegen die Wand. An ihr befindet sich eine Linie in Reichhöhe und vor der Wand ist eine Linie auf dem Hallenboden abgeklebt. A und B schlagen nacheinander den Ball als Aufsetzer gegen die Wand. Fehler sind: Ball berührt die Fläche zwischen den Linien oder fällt außerhalb des Spielfeldes zu Boden.

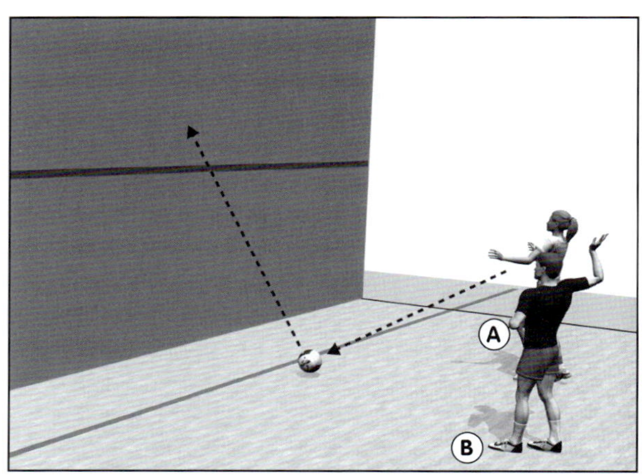

Timing
Absprung
Die Spieler stehen vor der Wand (ca. 4,00–6,00m) und werfen mit einem Prellwurf den Ball an die Wand. Den Abpraller fangen sie im höchsten Punkt des Sprunges.

Variation: Ball noch im Sprung wieder vor die Wand werfen Abstand zur Wand erhöhen, Anlaufrhythmus und Schlag vor die Wand

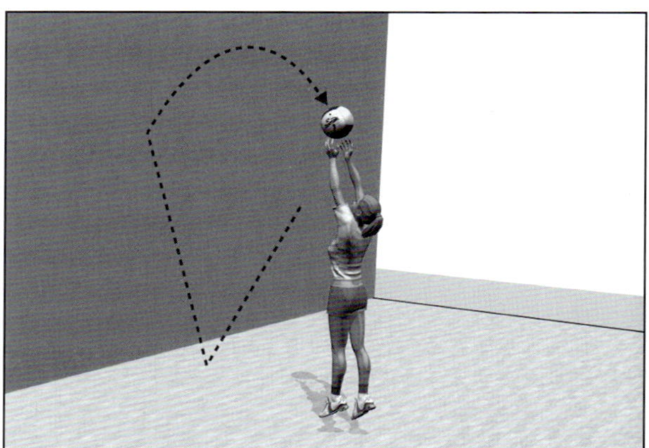

Anlauf
Schlag ohne Timing
Die Spieler haben einen Tennisball in ihrer Schlaghand. Sie führen den Anlauf aus und werfen den Tennisball über das Netz. Im gegnerischen Feld liegen als Trefferziele Reifen (Pylonen, Kästen usw.).

Variation: Zur Schulung des Schwungarmes wird der Tennisball zunächst in der linken Hand gehalten und nach dem Absprung auf Schulterhöhe in die rechte Hand gewechselt

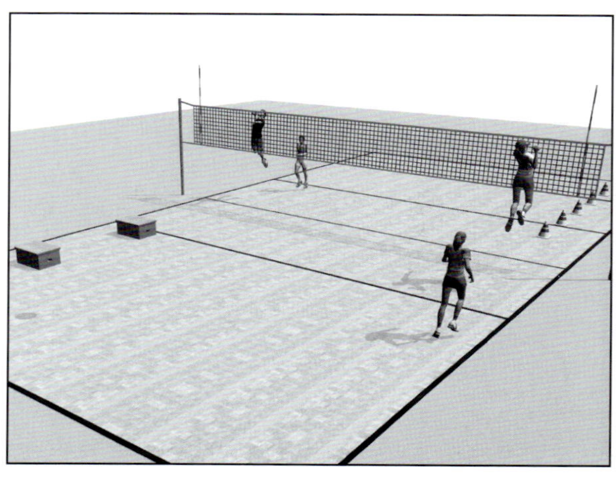

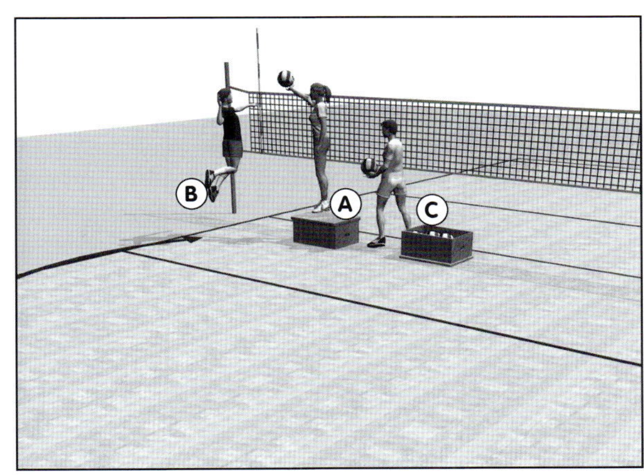

Schlag
Anlauf ohne Timing
A steht auf einem Kasten am tief gespannten Netz und hält einen Ball in der flachen (Daumen anlegen) Hand. B steht in Armlänge von A entfernt. Er springt ab, schlägt den Ball aus der Hand über das Netz, landet, zieht sich zurück. Nach einem Anlauf schlägt B einen zweiten Ball (den A von C erhalten hat).

Variation: am schräg gespannten Netz die Abschlaghöhe verändern

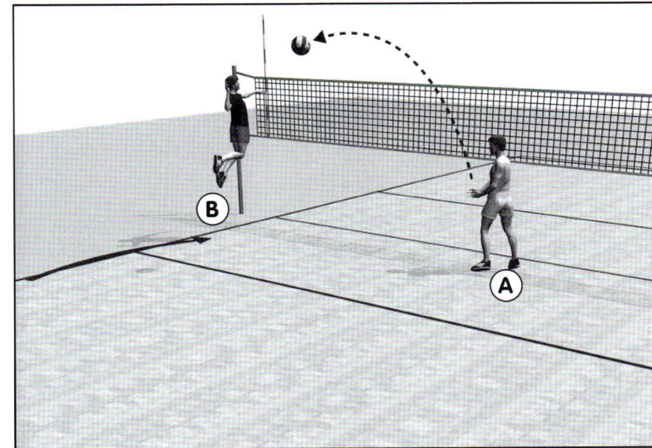

Timing
Kontrolle-Armbewegung
A steht zentral am Netz und wirft von unten nach oben Bälle auf die Außenposition. B schlägt nach dem Anlauf den Ball im höchsten Punkt in die vorgehaltene Gegenhand. Er landet beidbeinig mit dem Ball in der Vorhalte.

Variation: A wirft aus unterschiedlichen Feldpositionen

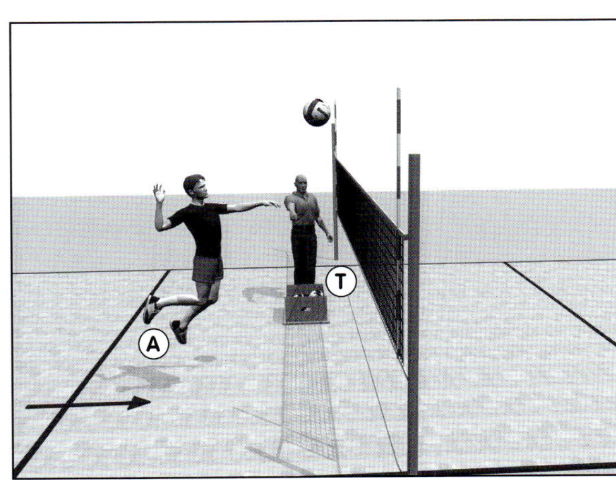

Schlag
Anlauf ohne Timing
Nach einem Signal („Hepp“ oder „Klatsch“ auf den Ball) von T läuft A an. Mit dem Absprung wirft T den Ball in die Schlaghand von A (aufsteigende Bälle). Im höchsten Punkt des Sprunges schlägt A den Ball über das Netz (reichhoch gespannt).

Variation: Netz so erhöhen, dass der Schlagarm im Sprung über das Netz reicht

Anlauf-Schlag
Einfacheres Timing

T steht am Netz und wirft Meterbälle an (ca. 1,00 bis 1,50m über Netz und ca. 1,00 bis 1,50m von T seitlich entfernt). A läuft an, wenn T mit dem Anwerfen beginnt. Der Umkehrpunkt der Flugkurve ist mit dem Absprungzeitpunkt identisch. Wer geschlagen hat, holt den Ball und „stemmt" ihn seitlich in die Hüfte von T. T kann so den Ball „blind" ergreifen und damit in schneller Folge Bälle werfen.

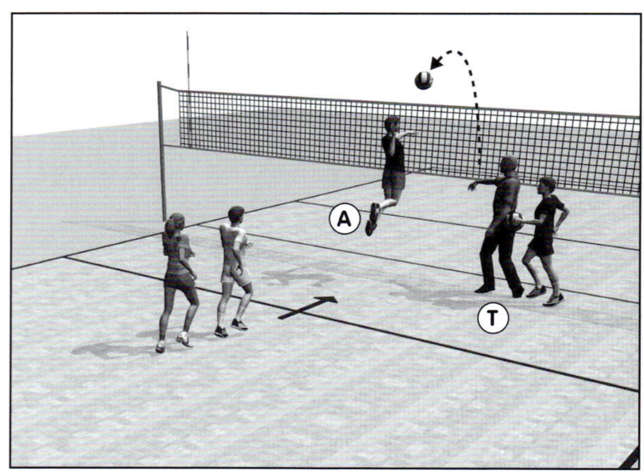

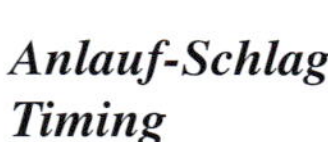

Anlauf-Schlag
Timing

T steht am Netz und wirft halbhohe Bälle (2,00 bis 3,00m hoch und 3,00 bis 4,00m von sich entfernt) auf die Außenpositionen.

Variation: ab diesem Zeitpunkt können auch Hinterfeldangriffe und hohe Außenangriffe ins Repertoire aufgenommen werden, Trefferziele ins gegnerische Feld platzieren.

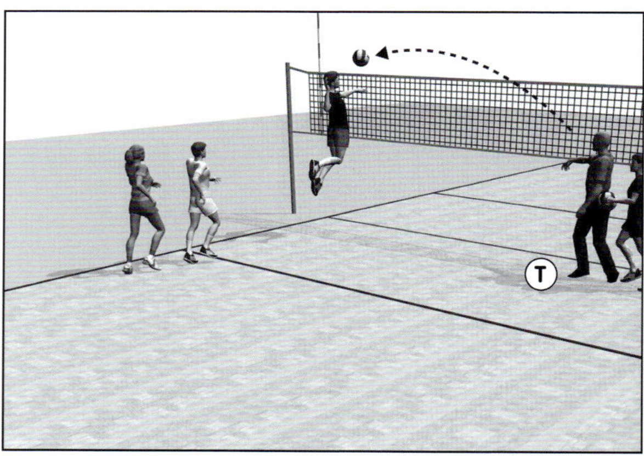

Anlaufdifferenzierung
Timing-Erleichterung

T wirft für A hintereinander drei Meterbälle an. Die Bälle greift sich T aus einem Ballbehälter. A muss von drei unterschiedlichen Markierungen starten (Entfernung und Winkel).

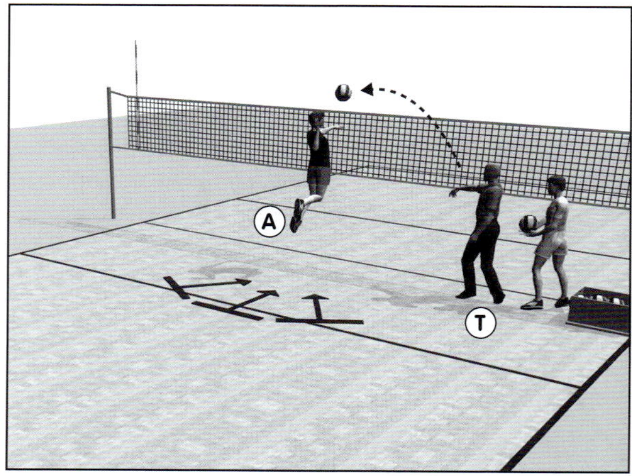

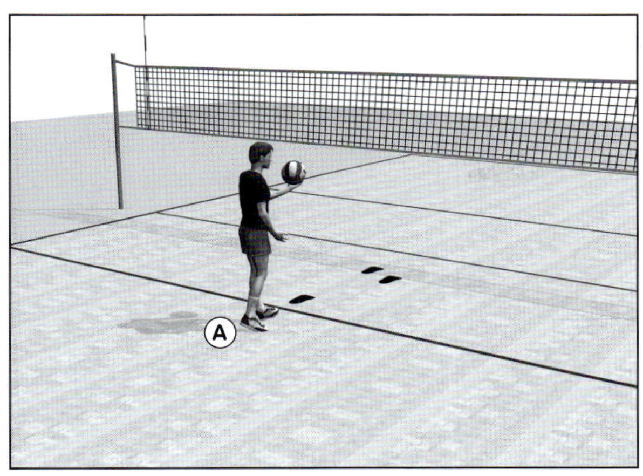

Schlagtreffpunkt
Timing-Erleichterung

A steht ungefähr der Meter vom Netz und hält den Ball in der linken Hand ausgestreckt vor sich (Schulterstabilisierung). A trägt während des Anlaufes den Ball wie auf einem Tablett. Mit dem Absprung wirft sich A den Ball leicht an und schlägt ihn in der aufsteigenden Phase über das zunächst noch tiefgespannte Netz.

Variation: präziser Wurf zum Netz von der Ausgangsposition (erfordert Übung bis zum Gelingen)

Lob
Armbewegung

A steht vor einer Wand, wirft sich den Ball an und führt abwechselnd einen Schlag oder Lob aus. Da die Aktionen nicht im Sprung erfolgen, kann sich A ganz auf eine stabile Ausholbewegung konzentrieren.

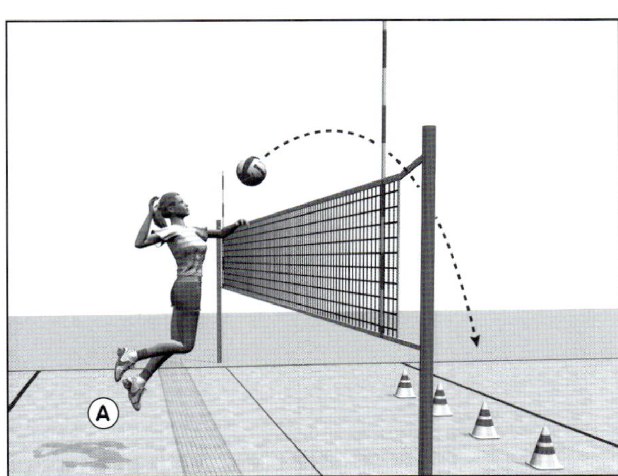

Lob
Treffpunkt-Präzision

A steht etwa eine Armlänge vom Netz entfernt und wirft sich den Ball als Meterball an. Er springt ab und spielt den Ball als Bogenlob oder als steilen Lob auf Markierungen im gegnerischen Spielfeld.

Variation: Anwürfe erfolgen vom Netz entfernt

Einbeiner
Anlauf

Am Netz sind drei Markierungen für die Schrittfolge (li – re – li) ausgelegt. Die Spieler laufen über die Markierungen, springen ab und vollziehen eine Körperdrehung. Sie landen mit paralleler Schulterstellung zum Netz.

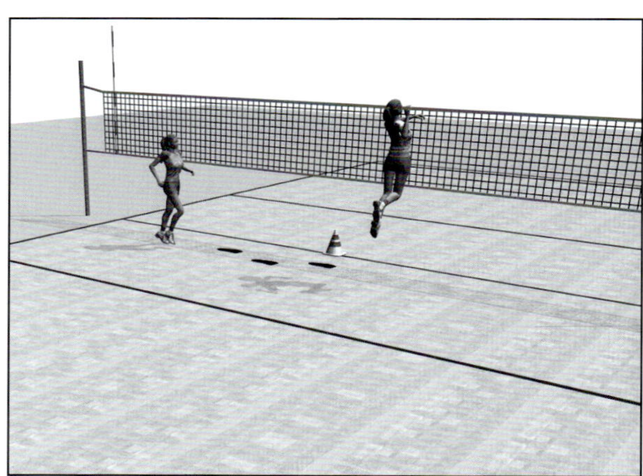

Variation: Tennisbälle über das Netz werfen ohne Bodenmarkierungen und T wirft Bälle an

Angriff nach Eigenzuspiel
Kommunikation Zuspieler

A steht auf einer Außenposition und pritscht dem Zuspieler den Ball zu. Danach bewegt sich A auf die Ausgangsposition für seinen Anlaufstart. Nach dem Zuspiel beginnt er mit dem Anlaufrhythmus und schlägt den Ball über das Netz. Nach der Landung gibt A eine Rückmeldung über die Qualität des Zuspiels.

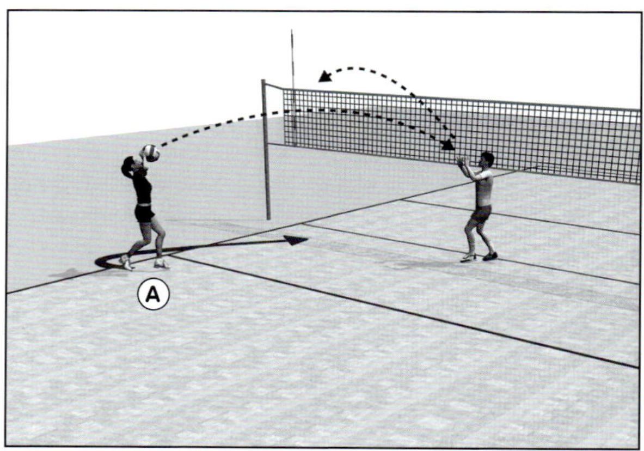

Variation: der Zuspieler schlägt den Ball erreichbar zurück. A wehrt ab usw.

Angriff nach Fremdzuspiel
Timing

A spielt schnell nacheinander fünf Bälle zu B, der A auf den Positionen IV, III, II einsetzt. Die Passfolge für A lautet: Außenpass, Meter vorne, Außenpass, Meter vorne, Meter Kopf.

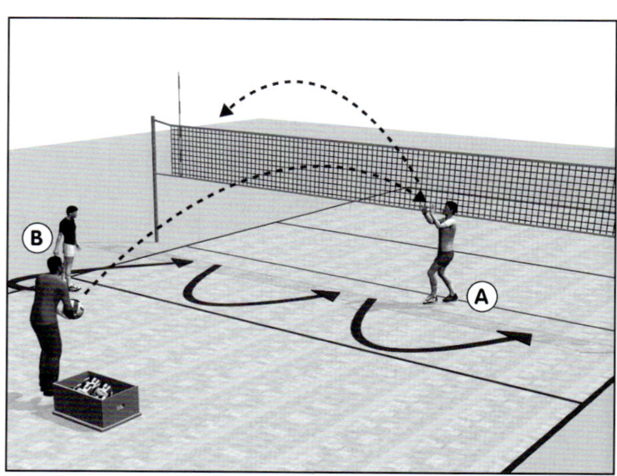

Angriff gegen Einerblock Wahrnehmung

A erhält vom Zuspieler Außenpässe und muss je nach Blockposition entscheiden, ob er einen Linienschlag oder ein Diagonalschlag ausführt. Der Blockspieler nimmt anfänglich seine Blockposition früh ein.

Variation: gesamtes Angriffsrepertoire (alle Angriffsorte)

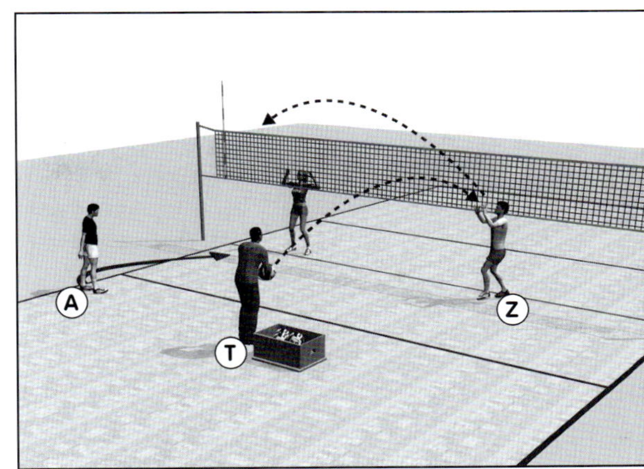

Angriff gegen Block Wahrnehmung

T spielt aus dem Feld zum Zuspieler, der den Ball auf die Außenposition stellt. Auf der gegnerischen Netzseite sind B (Mitte) und C (Außen) positioniert. A hat folgende Optionen: Diagonalangriff, wenn nur C blockt; Linienangriff, wenn nur B blockt; Lob über den Block, wenn B und C blocken. T signalisiert das Blockverhalten.

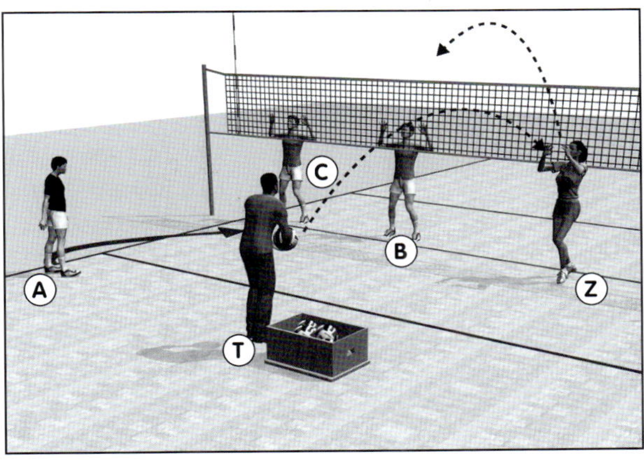

Angriff gegen Einerblock Belastung

D, E und F werfen schnell nacheinander einen Ball zu C und blocken anschließend. C spielt zu Zuspieler B, der den Ball auf die Außenposition stellt. A „blockt" zunächst den netzüberquerenden Ball und greift in der Pyramidenmethode an (1. Serie neun Bälle, 2. Serie sieben, 3. Serie fünf und schließlich 4. Serie drei Bälle). Der Angriffssektor ist vorgegeben und A muss in jeder Serie mehrheitlich den Block überwunden haben.

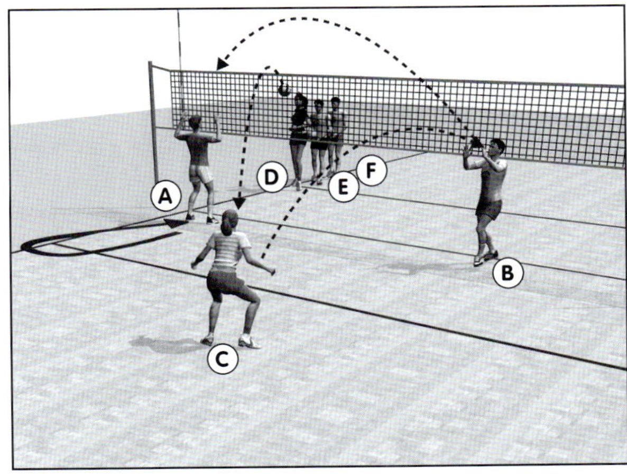

Angriff nach Abwehr
Umschaltfähigkeit

Am Netz stehen B auf der Zuspielerposition und C auf Position II. A wirft einen Ball zu B, kurz nachdem T von der gegnerischen Position IV einen erreichbaren Ball auf ihn geschlagen hat. A wehrt diesen Ball auf C ab, orientiert sich sofort zum Zuspiel und greift über die Position IV an.

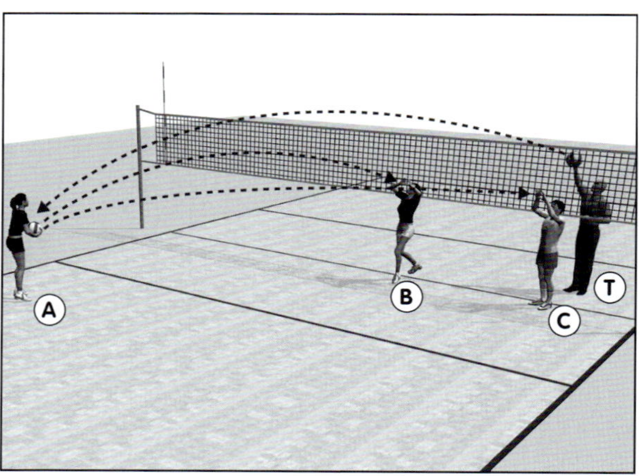

Angriff gegen Block
Belastung

Auf jeder Netzseite stehen ein Außenangreifer, ein Mittelblocker und ein Werfer in der Feldmitte. C wirft den Ball auf die Außenposition. A greift gegen den Doppelblock an und B sichert. Nach dem Angriff tauschen A und B die Plätze. Währenddessen hat F einen Ball auf D geworfen, der gegen A und B angreift. E sichert den Angriff von D. Danach tauschen D und E die Positionen. Nach ca. acht bis zehn Wiederholungen rotieren C und F mit A und B usw.

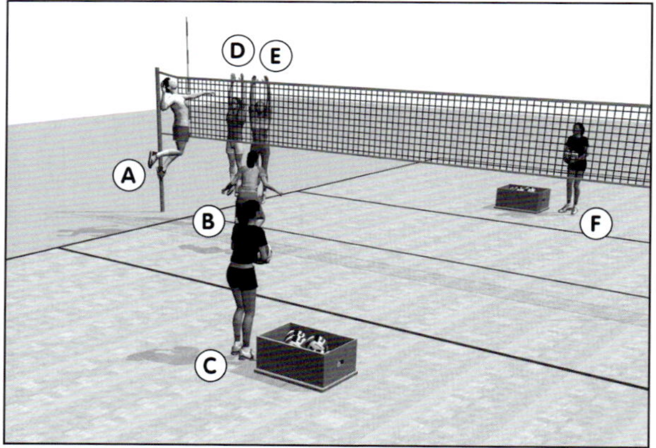

Angriff gegen Block
Belastung

A, B und C stehen am Netz. T befindet sich mit einem Ballwagen mittig im Spielfeld. Auf ein Signal von T springen alle drei Netzspieler zum Einerblock und wechseln nach der Landung ins „leere" gegnerische Feld. Währenddessen hat T einen Ball in das gegnerische Feld geschlagen und die Spieler D, E und F haben die Plätze von A, B und C eingenommen. A, B und C wehren den Ball ab und greifen gegen D, E und F an.

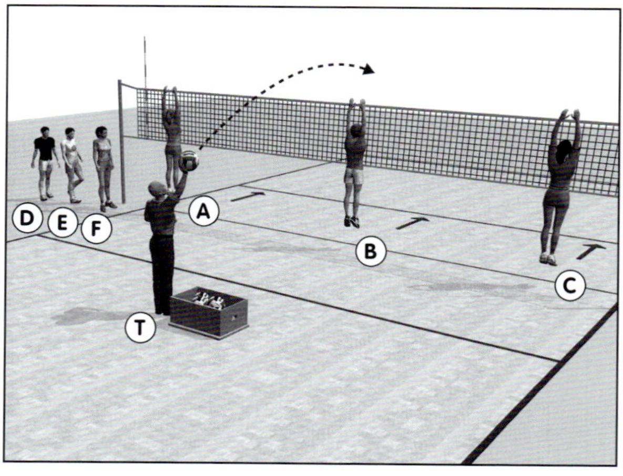

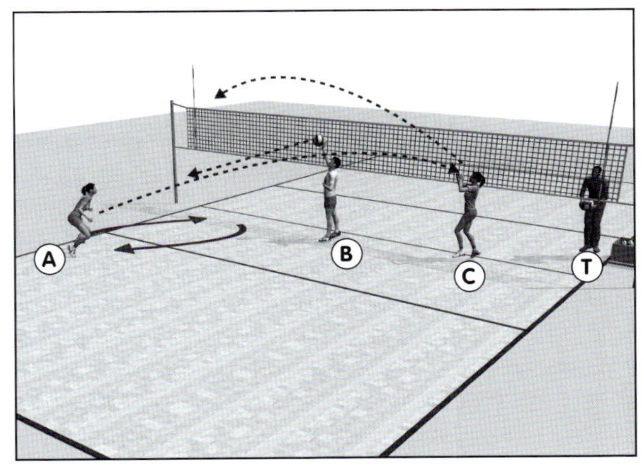

Angriff nach Annahme/Abwehr

B schlägt auf A, der den Ball auf C annimmt und auf der Außenposition angreift. Nach dem Angriff orientiert sich A auf seine Verteidigungsposition. T schlägt zwei Bälle hintereinander von der gegnerischen Position IV in seinen Abwehrbereich. A wehrt diese auf C ab. Nach zwei Serien à drei Wiederholungen erfolgt der Wechsel.

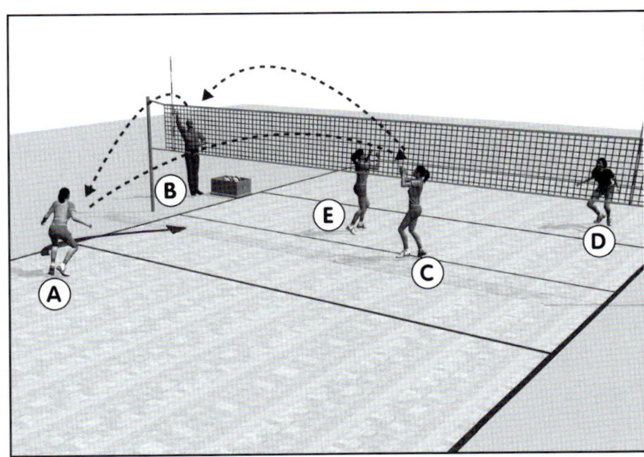

Angriff nach Annahme/Angriff

B schlägt auf A, der den Ball auf C annimmt und auf der Außenposition in Richtung gegnerischer IV angreift. D wehrt zu E ab. E stellt hoch bzw. schnell zu D und D greift an.

Variation: Einerblock von C und E

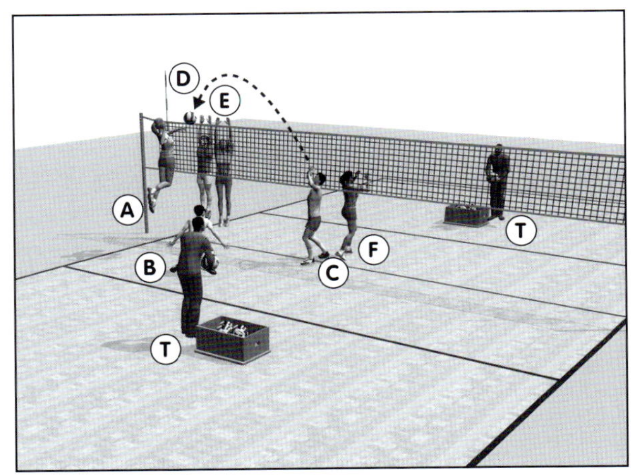

Angriffssicherung

T1 wirft zu C, der den Ball zu A stellt. A schlägt so in den Doppelblock von D und E, dass B den Ball sichern und neu aufbauen kann. Den zweiten Angriffsball soll A erfolgreich abschließen. Danach wirft T2 zu F, der den Ball zu D stellt. D schlägt in den Doppelblock von A und B. E sichert den Ball usw.

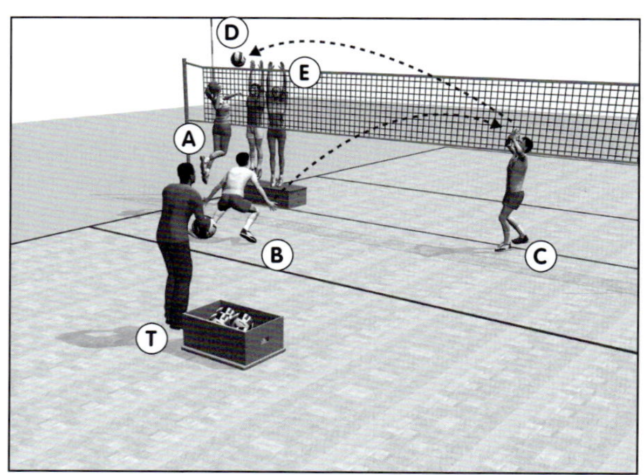

Angriffssicherung
Wahrnehmung

D und E stehen auf Kästen erhöht am Netz und bilden eine „Blockwand“. T spielt dem Zuspieler C den Ball zu. C stellt hoch (schnell) auf die Außenposition. A greift an und schlägt den ersten Ball in den Doppelblock. B sichert und spielt zu C. Den zweiten Angriffsball muss A erfolgreich verwerten. T signalisiert D und E, wie sie sich zu verhalten haben (Einer-, Doppelblock, Linienblock usw.).

Variation: A muss den Block so anspielen, dass der Ball ins Seitenaus fliegt

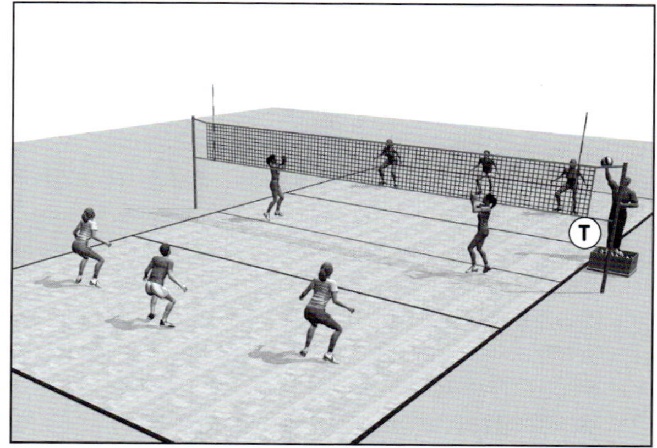

Schlagkontrolle
Spielfluss

Drei Angreifer und ein Zuspieler befinden sich auf jeder Spielfeldseite. T spielt von außen den Ball in eine Feldhälfte. Über die Außenpositionen soll so angegriffen werden, dass der Gegner einen Gegenangriff aufbauen kann. Diese Grundübung kann vielfältig variiert werden: Angriffsschläge, -orte, Zahl der Angreifer usw. Wesentlich ist, dass T jederzeit einen neuen Ball einstreuen kann.

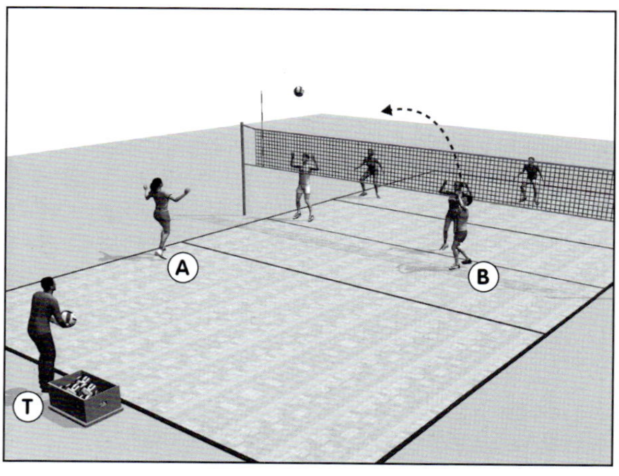

Angriff gegen Gegner
Dominanz

A muss sich gegen ein komplettes gegnerisches Team durchsetzen. T bringt von außen die Bälle ins Spiel. B stellt A jeweils einen Standardpass zu. Nach drei erfolgreichen Angriffsbällen in Serie wird A ausgewechselt.

Kapitel

7

Spielereignis Block

7.1 Taktische Empfehlungen

7.2 Methodische Ratschläge

7.3 Techniken

7.4 Spiel- und Übungsformen

7.1 *Taktische Empfehlungen*

Individualtaktische Hinweise für das Spielverhalten

- Orientiere dich frühzeitig in die Blockausgangsstellung mit Blick zum gegnerischen Team!
- Beobachte aufmerksam den Ball, den gegnerischen Zuspieler und vergegenwärtige unverzüglich die Optionen der gegnerischen Angreifer!
- Entscheide früh, ob die Situation eher für einen aktiven oder passiven Block günstig ist!
- Antizipiere den Absprung- und Schlagort des gegnerischen Angreifers gemäß der Zuspielqualität und der typischen Charakteristik des speziellen Angreifers!
- Blockiere im Regelfall die stärkste Angriffsrichtung des Angreifers und signalisiere dies deinen Feldabwehrspielern. Ist dies nicht ersichtlich, blockiere zunächst in Anlaufrichtung des Angreifers!
- Blockiere bei Passzuspielen nahe ans Netz direkt auf Ballhöhe!
- Bevorzuge bei Angriffsituationen eines Netzspielers, die weit vom Netz erfolgen, eher den diagonalen Block!
- Wenn ein Außenangriff vom Gegner erfolgt, legt der Außenblocker den Ort und den Zeitpunkt des Absprunges fest!
- Je höher der Pass zum gegnerischen Angreifer ist, umso später springe nach dem Angreifer ab!
- Je schneller der gegnerische Pass zum Angreifer ist, umso zeitnaher springe mit dem Angreifer ab!
- Greift das gegnerische Team über die Mitte an, entscheidet der Mittelblocker über Ort und Zeitpunkt des Absprungs!
- Verlagere je nach Charakteristik des gegnerischen Teams die Blockaufstellung eher nach innen oder nach außen!
- Um ein Anschlagen des Außenblocks zu vermeiden, zeigen Außenschulter und Außenhand ins gegnerische Spielfeld!
- Beim Hinterfeldangriff über die VI ist ein Dreierblock anzustreben!
- In einer Vielzahl von Netzattacken heißt die Devise: „Blocken wie eine Wand, auch wenn diese nur aus einem Blocker besteht!“
- Nicht die Sprunghöhe des Blocks ist entscheidend, sondern das Timing und die antizipierte Blockrichtung!
- Starken Block gegen starken Angriff und umgekehrt!
- Grundsätzliches Ziel muss immer lauten: einen effektiven Doppelblock zu stellen!

7.2 *Methodische Ratschläge*

Tipps für die methodische Anfängerschulung

- Im Lernprozess des Einerblocks steht zunächst die Wahrnehmung im Vordergrund, um das entscheidende Timing über den Ort und Zeitpunkt des Absprungs zu „lesen".
- Der Technikerwerb sollte zunächst erst im Stand erfolgen und sich bei entsprechender Automatisierung auf räumlich kurze und schließlich längere Strecken in der Netzpassage ausweiten.
- Es kann analytisch-synthetisch vorgegangen werden. Die Bewegungen der unteren und oberen Extremitäten werden zunächst isoliert erlernt und dann in einem zweiten Schritt verbunden.
- Wenn der Block als einzelnes technisches Element (= Einerblock) beherrscht wird, werden die Mitspieler zum Doppelblock und Dreierblock einbezogen.
- Wesentlich ist das methodische Heranführen über variable Netzhöhen: erst mit tiefen (stirnhoch) bis reichhohen Netzen, dann allmählich das Netz auf die Wettkampfhöhe steigern.
- Von vereinfachten über einfache, konstante zu variablen (Richtung, Distanz, Technik) und schließlich zu komplexen (Wettkampf-) Bedingungen übergehen: von fixierten Bällen aus dem Stand bis zu spielspezifischen Handlungsketten (Zuspiel-Angriff-Netzabwehr).

7.3 Techniken

Einerblock aus dem Stand

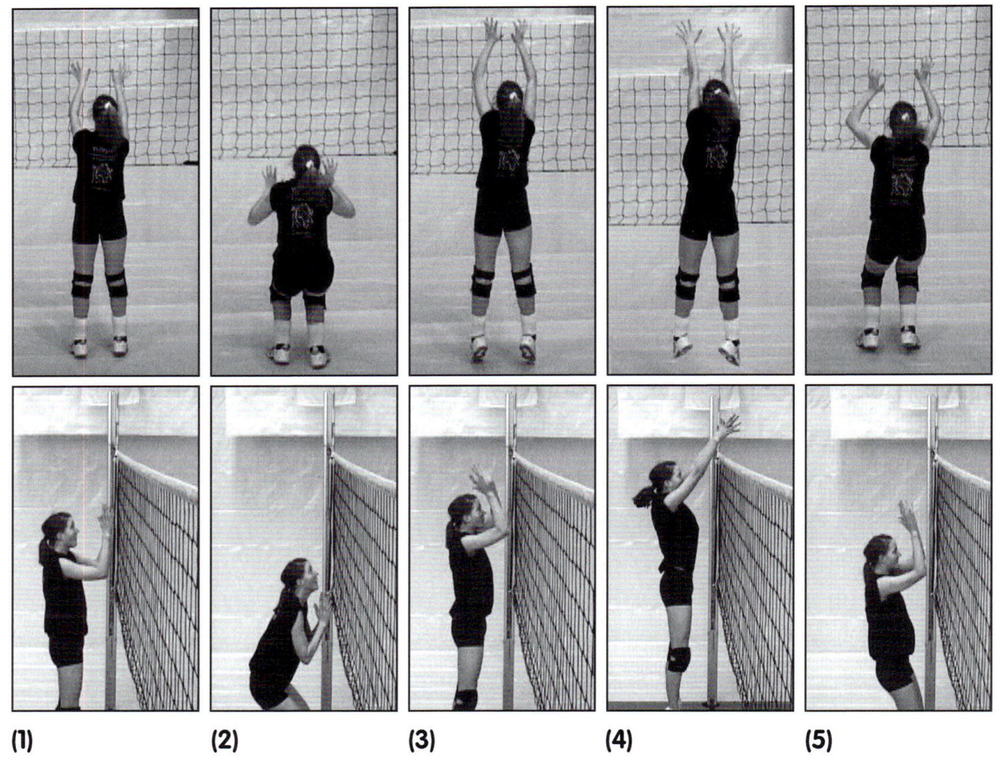

(1) (2) (3) (4) (5)

(1) Hüftbreite Ausgangsstellung in leichter Kniebeuge. Ellbogen zeigen nach unten und sind vor dem Körper als „Abstandshalter" zum Netz positioniert. Hände sind über Schulterhöhe, angespannt und die Finger sind gespreizt. Körperschwerpunkt ist leicht nach vorn verlagert.
(2) Absenken des Körperschwerpunktes (bei ausreichendem Kraftniveau).
(3) Explosiver beidbeiniger Absprung in die Senkrechte und die Schulterachse bleibt parallel zum Netz. Arme und Hände werden wie auf Schienen nach vorn oben geschoben. Die Gesamtkörperspannung (vor allem Schulterspannung) soll unbedingt beibehalten werden.
(4) Die Finger bleiben gespreizt. Die Handgelenke sind fixiert und die Hände werden auf direktem Weg aktiv über das Netz dem Ball entgegen gestreckt. Hände nach vorn drücken. Der Blick fokussiert kurz den Schlagarm des Angreifers und springt zum Ball. Mit dem Ballkontakt einen geringen Schulter- und Handkick nach innen ausüben. Um die Augen beim Blocken geöffnet zu lassen und um den Schutzreflex der Augenlider zu umgehen, die Augen kurz vor dem Ballkontakt etwas „zusammenkneifen" (Schlitzaugen).
(5) Nach dem Block erfolgt eine weiche beidbeinige Landung.

Blockvarianten wie Spreadblock, Reachblock, eingesprungener Block, Fakeblock können hier aus Platzgründen nicht dargestellt werden.

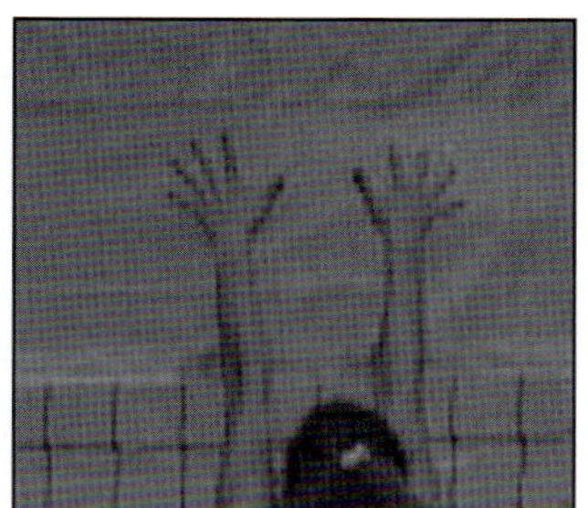

Blockbrett:
Hände sind gespannt und gespreizt; Handgelenke sind fixiert

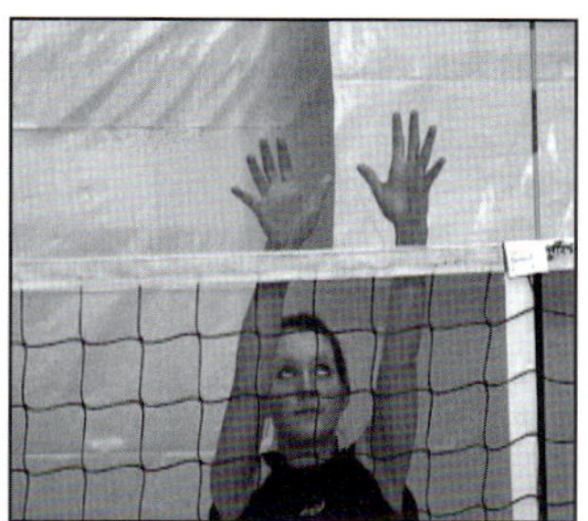

Außenblock:
Handgelenk der Außenhand nach innen und Außenschulter nach innen gerichtet (bzw. komplett eingedrehte Schulterachse)

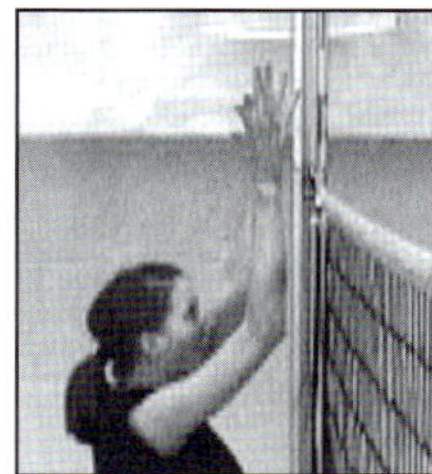

Passiver Block
Bei nicht ausreichender Handlungshöhe beim Blocksprung, bei einem verspäteten Absprungzeitpunkt oder bei instabiler Körperlage während des Sprunges ist ein passiver Block angezeigt. Mit ihm soll der Angriffsball hoch ins eigene Feld abgelenkt werden. Zu diesem Zweck wird das Handgelenk leicht nach hinten abgeneigt, um das Verhältnis von Einfalls- und Ausfallswinkel optimal zu bestimmen.

Ausgangsstellungen und Schrittfolge
(Zusammenschluss eines Doppelblocks):

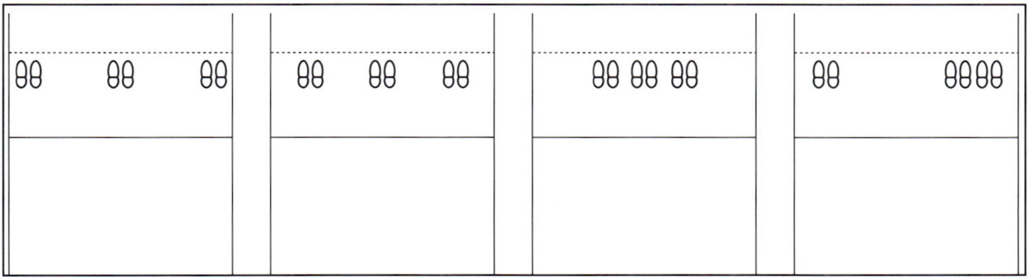

Abb. 14: Taktiken zur Ausgangsstellung

Sofern der Absprungort des Blockspielers sich räumlich nur unwesentlich von seiner Ausgangsstellung unterscheidet, reicht eine kleine Sidestep-Bewegung vor dem Absprung aus. In der Regel hat der Blockspieler genügend Zeit, für die Absenkung des Körperschwerpunkts, um damit den „Schwungweg" zu verlängern. Ist der Absprungort deutlich weiter entfernt von der Ausgangsstellung (langer Blockweg), kann der Blockspieler folgende Varianten der Anlaufschritte nutzen:

weiträumiges Aufdrehen, Stemmschritt, Beistellschritt

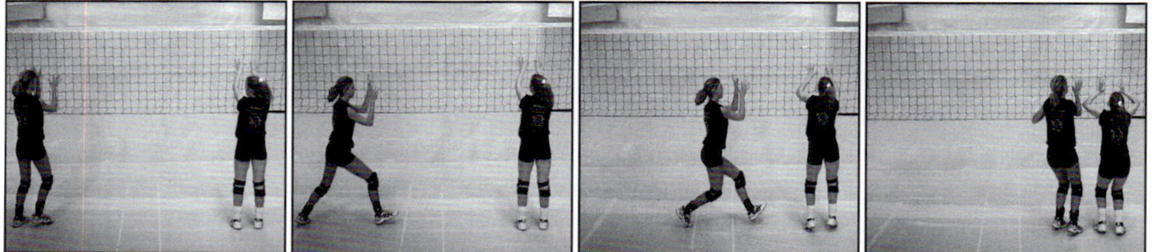

kurzes Aufdrehen, Kreuzschritt, Sidestep

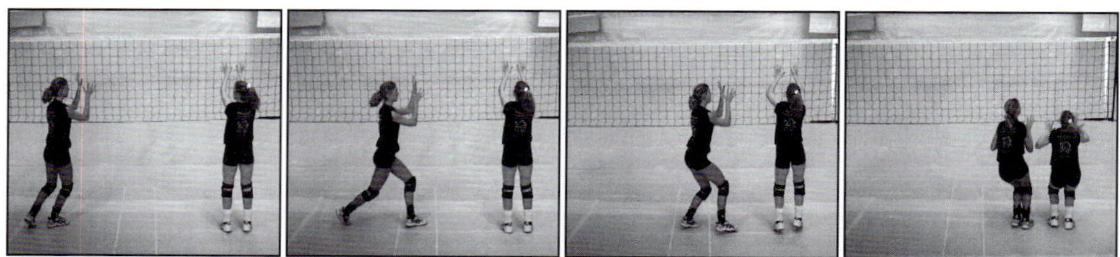

Sidestep, Aufdrehen, Kreuzschritt

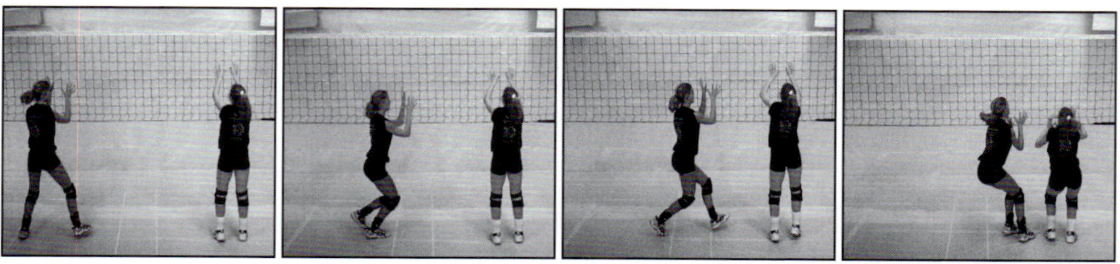

Sidestep, Sidestep

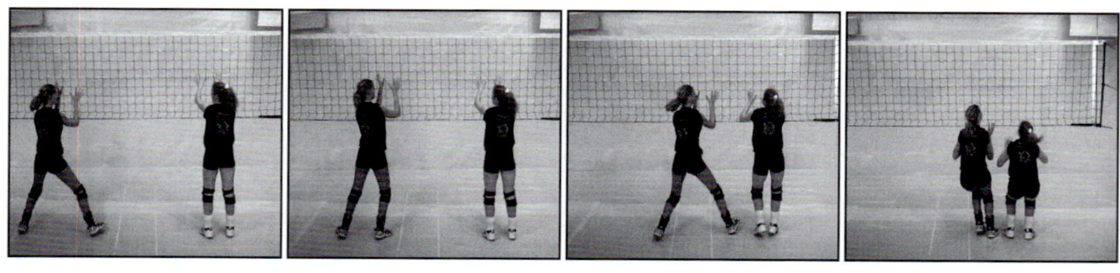

7.4 Spiel- und Übungsformen

Eine Vielzahl der beschriebenen Übungen für den Angriffsschlag können für das Erlernen und Stabilisieren der verschiedenen Blockvarianten eingesetzt werden.

Arm- und Handhaltung
Imitation
T macht im Zeitlupentempo die Blockbewegung (ohne Sprung) vor. Die Spieler stehen ihm am tiefen Netz gegenüber und machen die Bewegung zeitgleich nach.

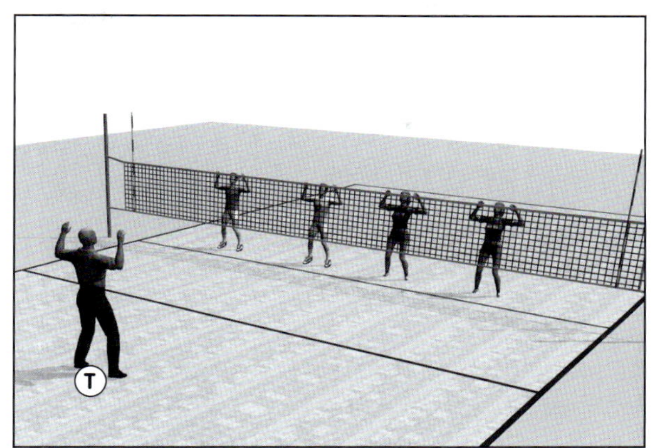

Variation: Bewegung im dichten Abstand (30–40 cm) zu einer Wand in der letzten Phase der „Schienenstreckung" berühren die Finger die Wand

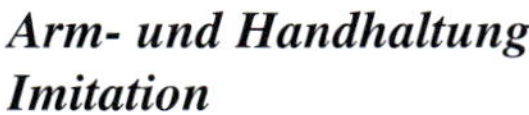

Arm- und Handhaltung
Imitation
Die Spieler stehen nebeneinander am tiefen Netz (etwa kopfhoch) und vollziehen eine langsame „La-o-la-Welle". T schreitet auf Höhe der Welle am Netz entlang und gibt zuvor erläuterte Fehlerrückmeldungen. Die Welle ist zu Ende, wenn T in einer Netzpassage keine Rückmeldung mehr geben muss.

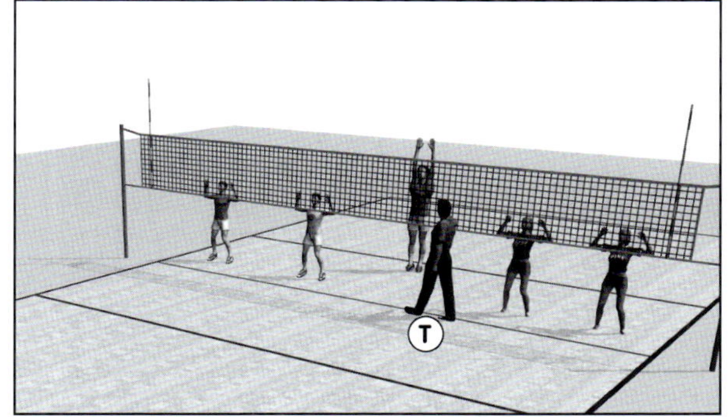

Blockbrett
Materialhilfe
T steht erhöht auf einem Kleinkasten am Netz. Er hält ein Schwimmbrett (Holzplatte usw.) im Winkel von 30–45° von der Netzoberkante über oder neben sich. Die Arme und Hände sollen auf der schiefen Ebene entlang nach oben geführt werden.

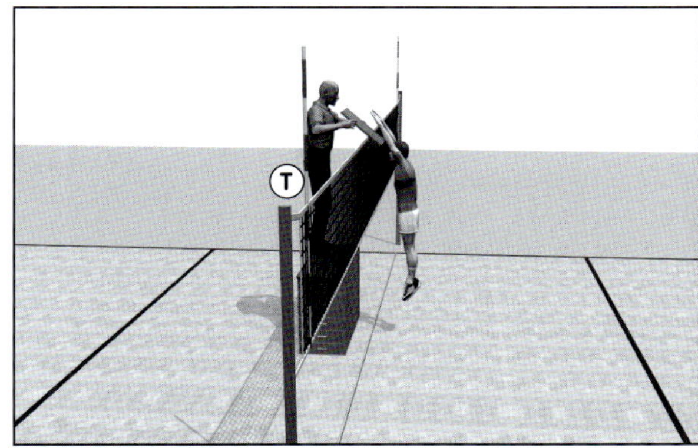

Arm- und Handhaltung
Imitation

A steht auf einem Kasten (Mattenberg usw.) und stellt sein „Blockbrett" am Netz auf. B steht auch erhöht und wirft von der anderen Netzseite einen Ball gegen das Blockbrett. A positioniert das Blockbrett so, dass der Ball in Richtung Feldmitte abprallt.

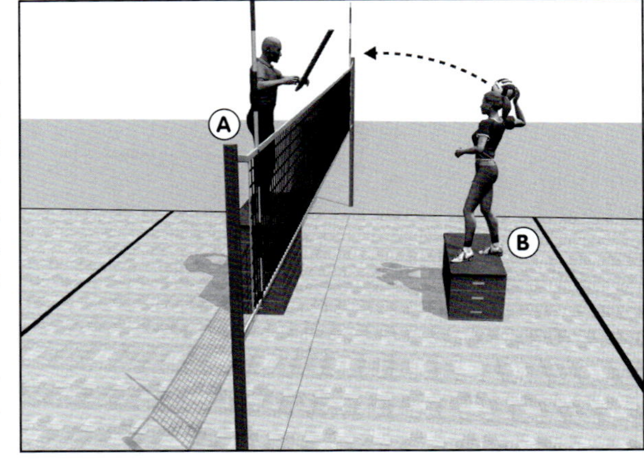

Variation: B wirft (schlägt) unterschiedliche Bälle (Linien-, Diagonalschlag)

Absprung
Vertikale

Die Spieler stehen nebeneinander dicht an der Wand (30–50 cm) und springen senkrecht ab. Absprung- und Landeort sollen identisch sein.

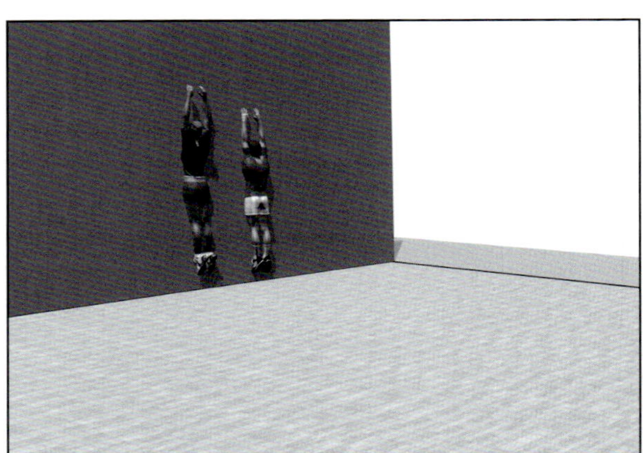

Variation: Aufgabe am Netz lösen lassen in Verbindung mit einer ¼ Körperdrehung

Absprung in Koordination
mit Arm- und Handhaltung

A steht erhöht auf einem Kasten und hält den Ball auf seiner Netzseite oberhalb der Netzkante. B springt aus dem Stand und drückt seine Hände gegen den gehaltenen Ball.

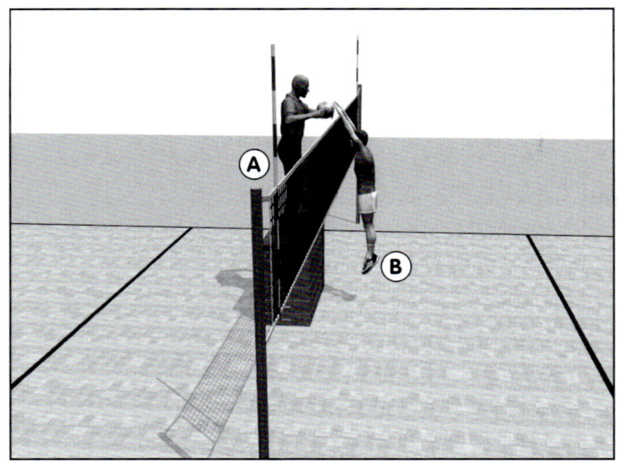

Variation: A führt erst nach dem Absprung den Ball über das Netz B steht seitlich versetzt und springt mit diagonaler Armstellung zum Ball

Arm- und Handhaltung
Timing

A steht erhöht auf einem Kasten und wirft (schlägt) mit unterschiedlicher Entfernung zum Netz einen Ball in einem halbhohen Bogen zu B. B steht am kopfhohen Netz und blockt den Ball. C reicht A Bälle und nach ca. zehn Wiederholungen rotieren die Spieler.

Variation: A wirft (schlägt) in unterschiedlichen Flugkurven den Ball, das Netz wird stufenweise erhöht

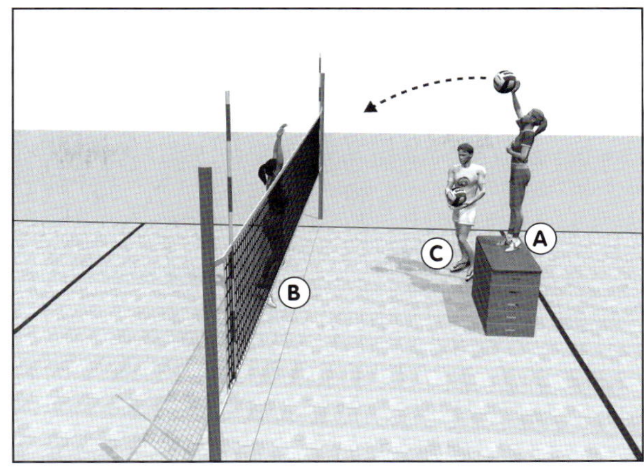

Absprung
Timing

Die Spieler stehen nebeneinander am Netz (etwa kopfhoch). T steht ihnen gegenüber und hält in jeder Hand einen Ball in Schulterhöhe. T lässt die Bälle deutlich nacheinander fallen und die Spieler sollen bei dem jeweils ersten Bodenkontakt der Bälle abspringen (Nachspringen).

Variation: Bälle fallen kurz nacheinander und der Absprung soll beim zweiten Bodenkontakt erfolgen (zeitliche Differenz Blocksprung beim hohen Angriffsball)

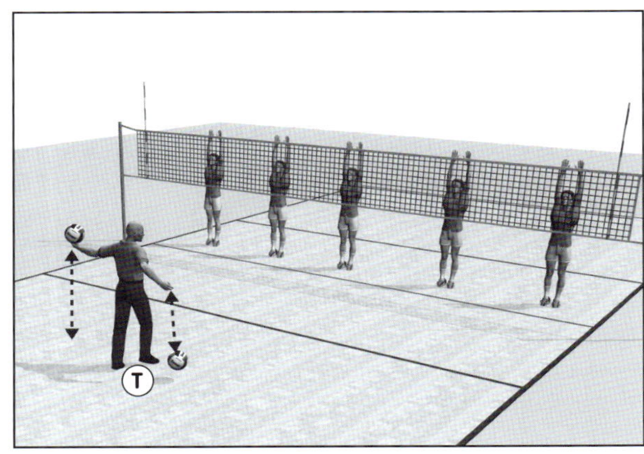

Arm- und Handhaltung
Stabilität

A und B stehen sich am Netz gegenüber. A wirft den Ball hoch zur Netzkante. A und B versuchen den Ball ins gegnerische Feld zu drücken.

Variation: T wirft den Ball von der Seite

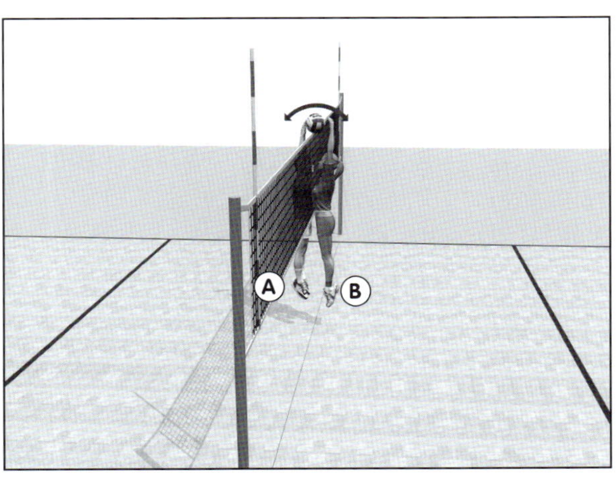

Arm- und Handhaltung
Timing-Absprung

A und B stehen links und rechts von einem Ballbehälter und schlagen abwechselnd in einem halbhohen Bogen Bälle über das Netz. C auf der anderen Netzseite blockt nacheinander ca. acht Bälle. D sammelt die Bälle und legt sie in den Ballbehälter.

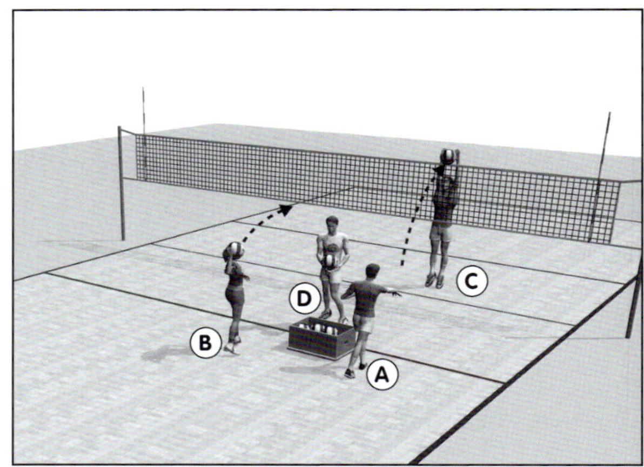

Variation: A und B verändern ihre Distanz zum Netz und ihre Schlaghärte Doppelblockbildung nach seitlicher Bewegung am Netz

Arm- und Handhaltung
Reaktion

A, B und C stehen erhöht (Kasten) auf den drei Netzpositionen und halten jeweils zwei Bälle oberhalb der Netzkante. Die Spieler D bis F befinden sich hintereinander auf der gegnerischen Position III. Nach dem Blocksprung in der Mitte erfolgt ein Blocksprung auf einer Außenposition. Mit dem Absprung wird von den Ballhaltern ein Ball unter die Netzkante abgesenkt. Der jeweilige Blockspieler hat die Aufgabe, beide Hände an den noch blockbaren Ball zu führen.

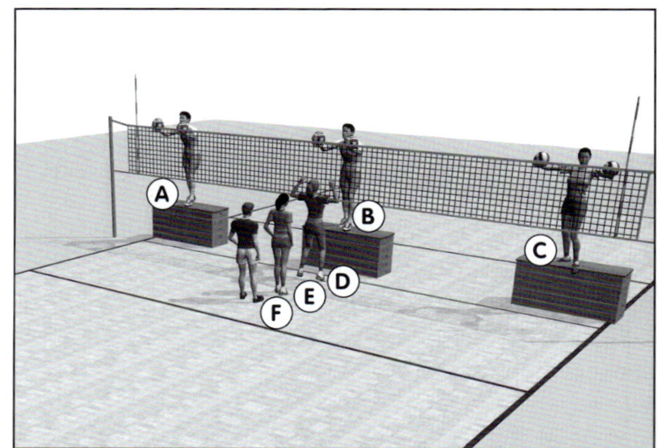

Schrittfolge
Timing

A und B stehen sich am Netz gegenüber. Während einer Netzpassage gibt A den Absprungort und -zeitpunkt vor. B reagiert schnellstmöglich. A und B sollen die Blockhände oberhalb der Netzkante zusammenklatschen. In der nächsten Netzpassage ist B an der Reihe.

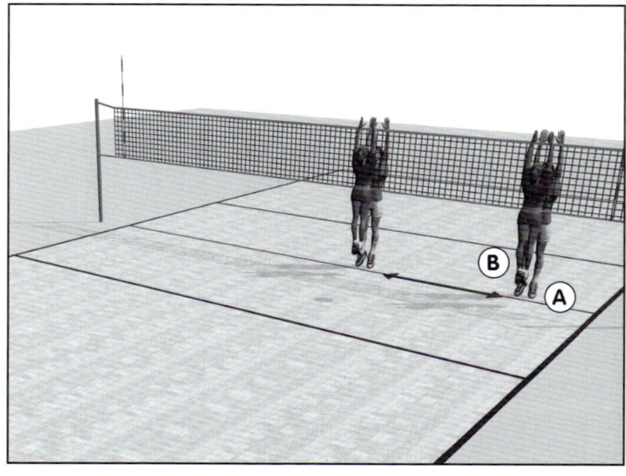

Schrittfolge
Timing-Armhaltung

A und B stehen sich am Netz gegenüber. A hält einen Ball, und macht eine verabredete Seitwärtsbewegung. Er stoppt ab, springt ab und übergibt oberhalb der Netzkante den Ball an B. B „pflückt“ sich den Ball und verfährt wie A zuvor. Vor der nächsten Netzpassage wechseln A und B die Seiten.

Variation: Wurf und Block statt Übergabe

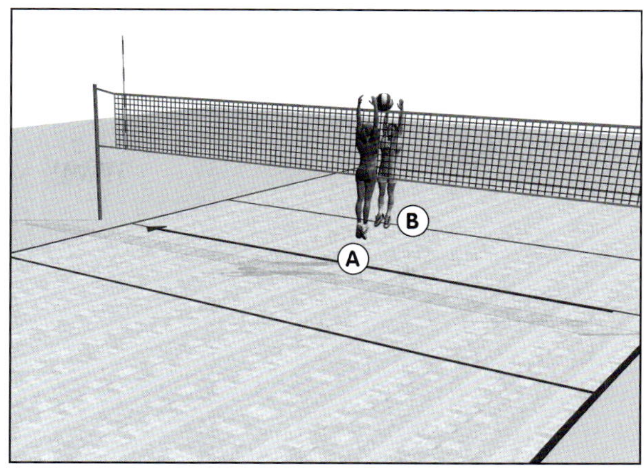

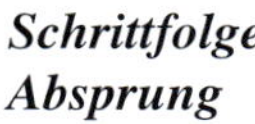

Schrittfolge
Absprung

A übt verschiedene Schrittfolgen entlang des Netzes. An der Netzunterkante sind in verschiedenen Intervallen Markierungen (Parteiband usw.) angebracht. Sie sollen den Absprungort kennzeichnen. Passend zu den unterschiedlichen Distanzen soll A die entsprechenden Schrittfolgen ausführen.
Variation: anstelle von Netzmarkierungen liegen Gymnastikreifen auf dem Boden

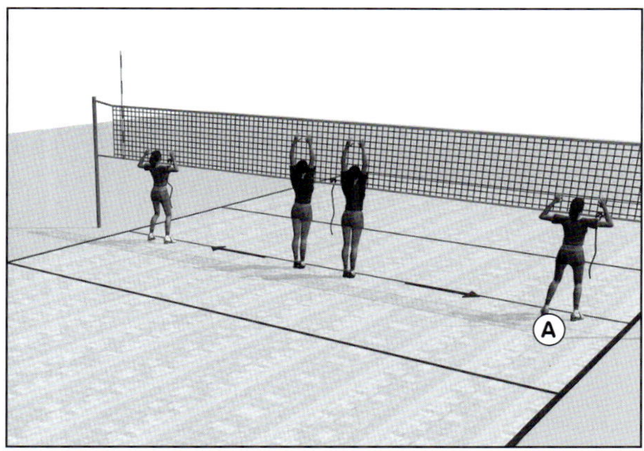

Schrittfolge
Absprung Doppelblock

A und B stehen auf Position III am Netz und springen zum Block ab. Sie landen und bewegen sich mit einer speziellen Schrittfolge zur jeweiligen Außenposition II bzw. IV. Dort schließen sie an die Außenblocker C und D an und springen gemeinsam mit ihnen zum Doppelblock. Danach besetzen A und B die Außenpositionen, während E und F in der Mitte blocken usw.

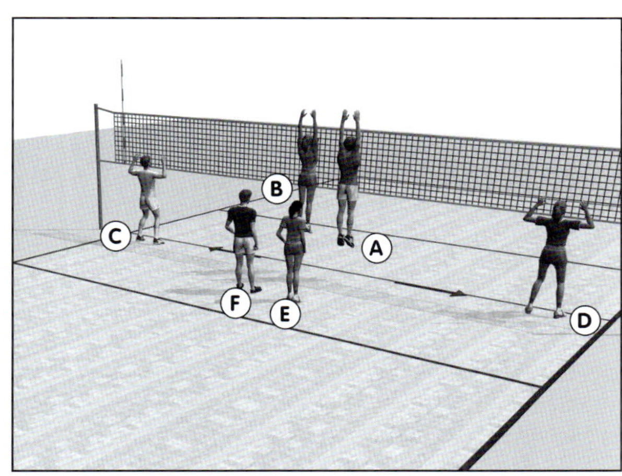

Arm- und Handhaltung
Timing und Absprung

T (oder ein Zuspieler) wirft von der zentralen Netzposition nacheinander Bälle (halbhoch) auf die Außenpositionen II und IV. Dort greifen A, B und C, D in der Hauptschlagrichtung an. E und F beobachten die Anlaufrichtung sowie die Flugbahn des Balles und stellen den Block zur Hauptschlagrichtung.

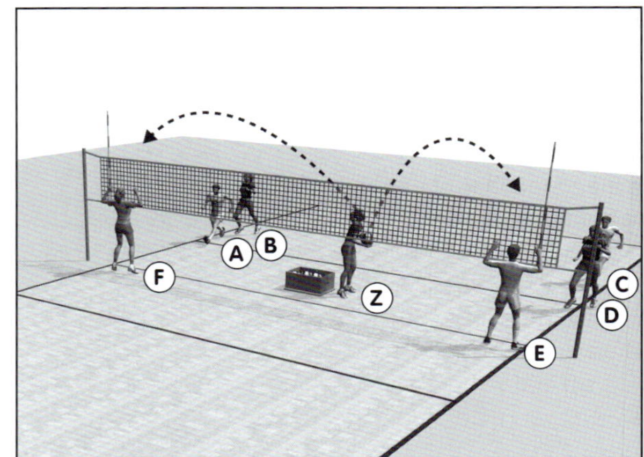

Arm- und Handhaltung
Timing und Absprung

A wirft den Ball in unterschiedlichen Winkeln in Richtung Netz hoch und greift jeweils in der Hauptschlagrichtung an. B beobachtet den Anwurf von A und springt in Anlaufrichtung zum Block ab.

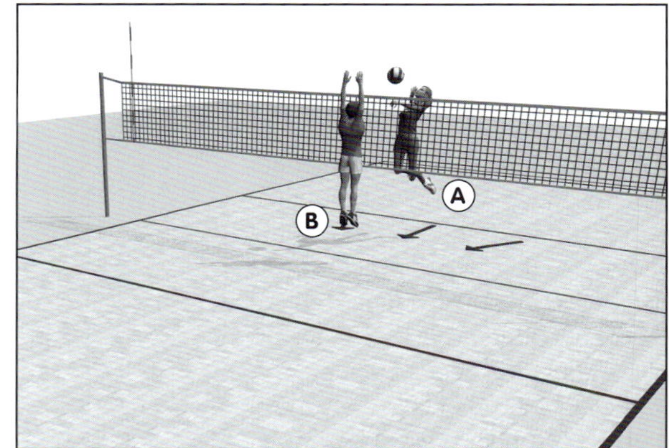

Timing
Absprungort, -zeitpunkt

Zuspieler Z wirft aus der Feldmitte hohe Bälle auf die Außenposition IV. A und B greifen an und sollen den Ball in einen zuvor festgelegten Korridor schlagen. C blockt den Ball und wechselt nach vier Blocksprüngen mit D.

Variation: unterschiedliche Distanzanwürfe von Z bzw. Wegfall des festgelegten Korridors

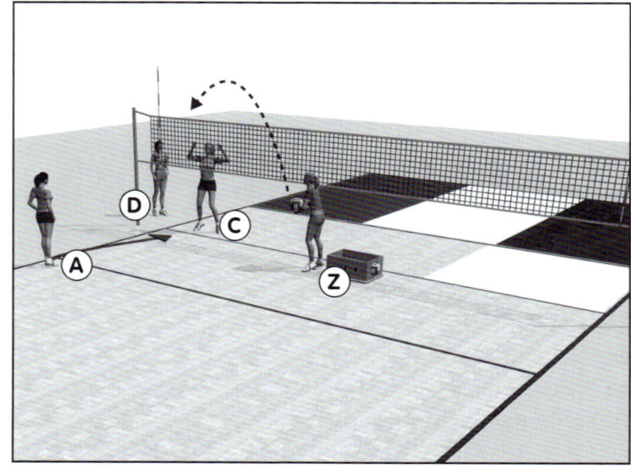

Timing
Absprungort, -zeitpunkt
T wirft den Ball über den Blockspieler B zum Angreifer A auf der gegenüberliegenden Seite. A schlägt den Ball in Anlaufrichtung auf ein zuvor festgelegtes Ziel.

Variation: Wurf auf andere Angriffspositionen; unterschiedliche Distanzwürfe von T; Wechsel der Angriffsziele

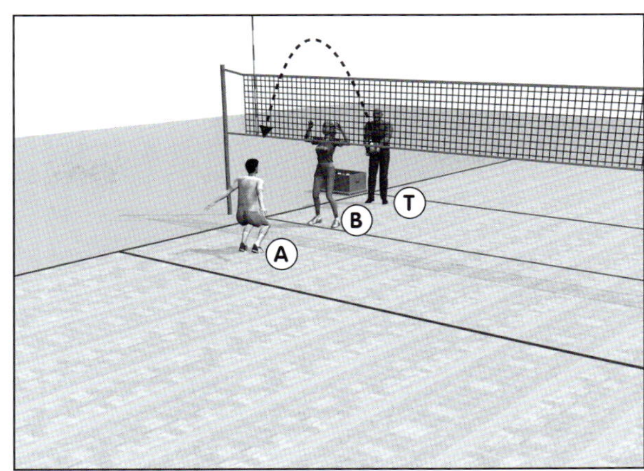

Nachfolgehandlung
Eigensicherung
T steht erhöht (Kasten) auf einer der drei Netzpositionen. Er hält zwei Bälle, einen Ball oberhalb der Netzkante und einen Ball leicht unterhalb der Netzkante. Nachdem Spieler A den hohen Ball berührt hat, wirft T den zweiten Ball im leichten Bogen (als Simulation eines Lobs) rechts, links oder hinter A, der den Ball hoch zu B spielen soll. B rollt oder wirft den Ball zu C, der T mit Bällen versorgt. Rotation nach ca. acht bis zehn Wiederholungen.

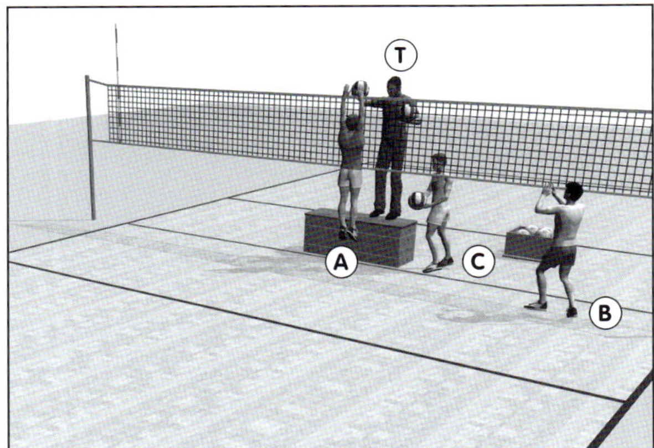

Doppelblock
Zusammenschluss
A und B sowie C und D stehen erhöht auf Kästen (Mattenberge) direkt am Netz. Z stellen Bälle für die Angreifer E bis H auf den Außenpositionen. A und B sowie C und D können sich ohne Absprung ganz auf den Zusammenschluss der Blockbretter konzentrieren.

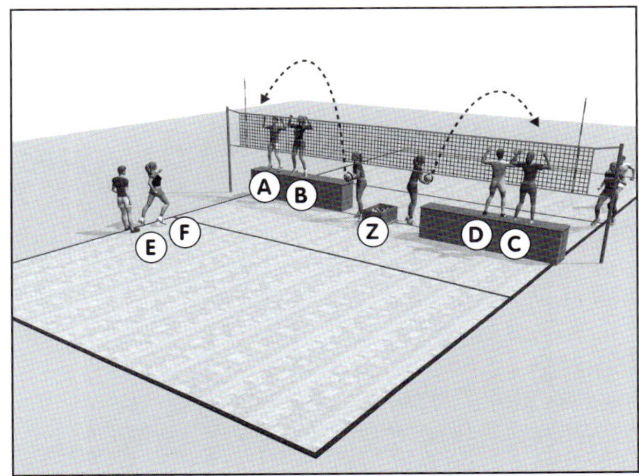

Doppelblock Timing

A, B und C stehen erhöht auf Kästen (netzentfernt) und greifen nacheinander nach einem Eigenanwurf an. Auf der anderen Seite stehen auf den drei Netzpositionen die Blockspieler D, E und F, die jeweils einen Doppelblock bilden sollen.

Variation: Reihenfolge und Anwurfhöhe der Angreifer

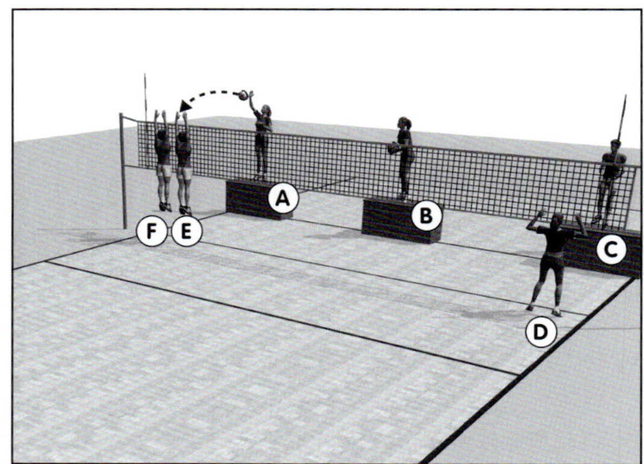

Doppelblock Zeitdruck

A und B stehen auf Position III, C und D auf den Außenpositionen II und IV zum Blocken bereit. Auf der anderen Seite stehen 2,00m bis 3,00m vom Netz entfernt T sowie die beiden Zuwerfer E und F. Die übrigen Spieler G bis J verteilen sich auf den Außenpositionen zum Angriff. T wirft einen Ball zur Netzoberkante, den A und B blocken sollen. Im Moment ihres Absprungs erhalten die Angreifer einen zugeworfenen Ball. G und H sollen sich erfolgreich gegen die Doppelblöcke durchsetzen.

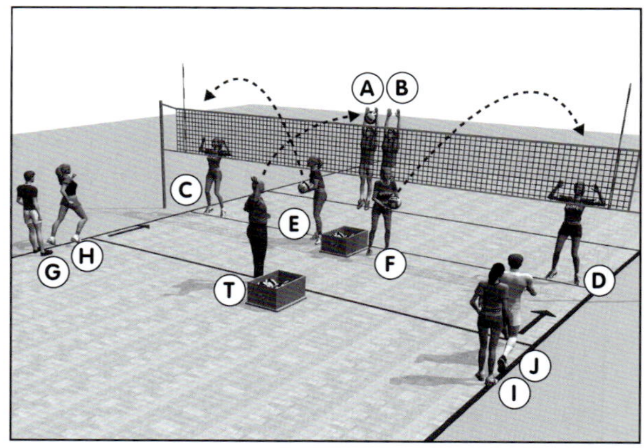

Doppelblock Verzögerter Blicksprung

A und B stehen auf den Positionen III und II, C und D auf den Positionen III und IV zum Blocken bereit. Hinter den Blockspielern steht T mit einem Ballwagen. Er wirft über die Blockspieler hinweg ins gegnerische Feld zu den Angreifern E bis H. Die Blockspieler können sich zunächst nur an der Anlaufrichtung und Schulterachse der Angreifer und erst verspätet am Ball orientieren.

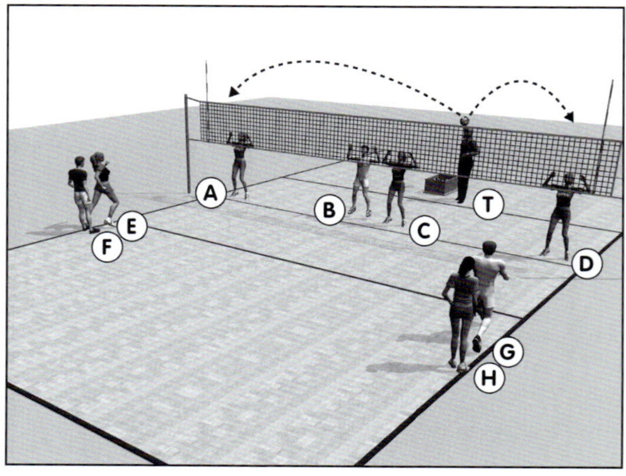

Doppelblock
Blicksprungkontrolle

Die Blockspieler positionieren sich wie in der Übung zuvor. Diesmal steht ihnen T gegenüber, der Bälle auf die zentrale Position Z anwirft. T widmet sich dem Ablauf des Blickverhaltens der Blockspieler: Ballflugkurve auf die Außenpositionen, Angreiferverhalten, Ball.
Variation: Passgeschwindigkeit von Z; Veränderung des Anwurfes von T zu Z.

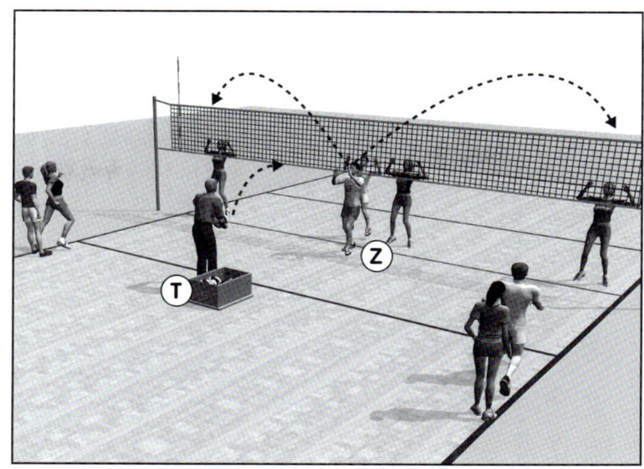

Mittelblock
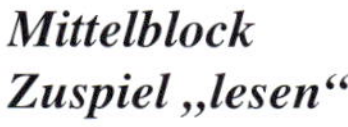
Zuspiel „lesen"

Auf der einen Netzseite stehen Z auf II/III, ein Schnellangreifer und zwei Annahmespieler, von denen einer auf der IV und der andere als Hinterfeldspieler angreift. Die andere Netzseite ist mit drei Blockspielern und einem Aufschläger besetzt. Auch wenn der Schnellangreifer nicht angespielt wird, springt der Mittelblocker mit und muss anschließend einen hohen Angriff der gegnerischen Position IV oder einen Hinterfeldangriff I im Doppelblock abwehren.

Variation: Erhöhung der Angriffsoptionen

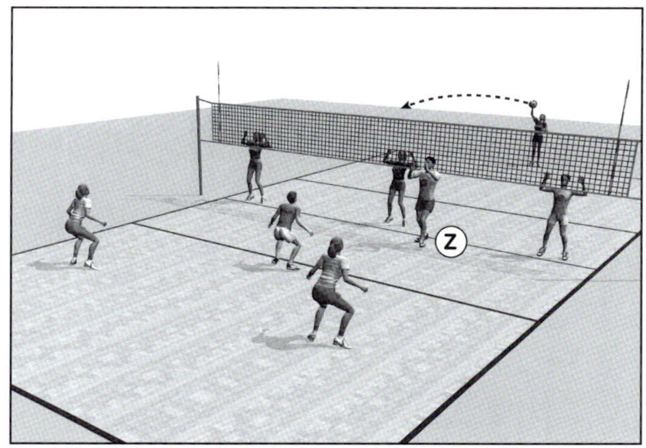

Mittelblock
Zeitdruck

Die Organisation entspricht der vorangegangenen Übung mit einer Ausnahme: Anstelle eines Aufschlägers steht T mit einem Ballwagen in der Mitte des Spielfeldes. Die Annahme soll bewusst auf die Außenpositionen erfolgen, um lange Wege für den Mittelblocker zu schaffen.

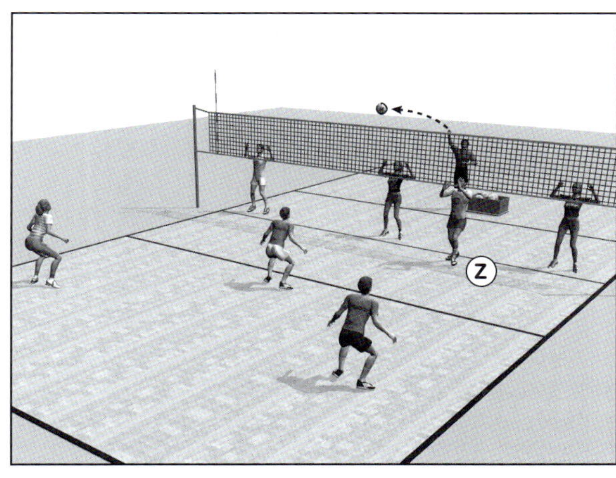

Mittelblock
Zeitdruck

T1 schlägt auf Annehmer A einen Dankeball. A spielt zu Z1, der den Schnellangreifer B einsetzt. D blockt gegen den Schnellangreifer und muss mit E einen Doppelblock auf Position II stellen, da T2 zeitgleich (oder leicht verzögert) mit der Annahme von A einen Ball zu Z2 geworfen hat. Z2 stellt einen Außenpass für C auf Position IV.

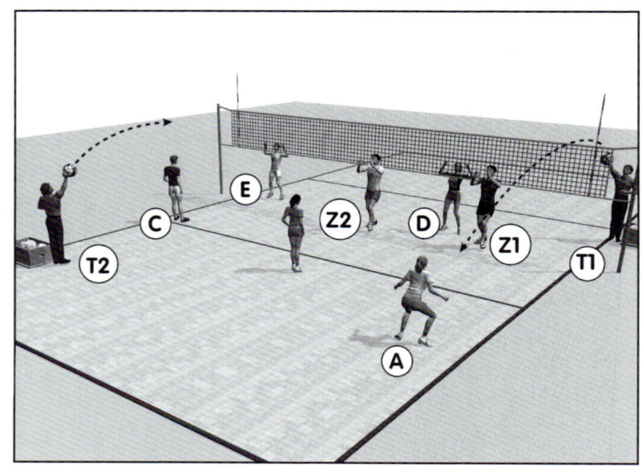

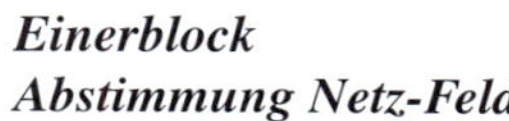

Einerblock
Abstimmung Netz-Feld

Nach dem Zuspiel von Z greift A auf der Außenposition gegen B an. A steht nur ein Längskorridor zur Verfügung. B stimmt sich mit dem Feldverteidiger C ab. Beide versuchen ihrerseits einen Gegenangriff aufzubauen. Nach einer bestimmten Anzahl von erfolgreichen Block- oder Abwehraktionen erfolgt der Wechsel.

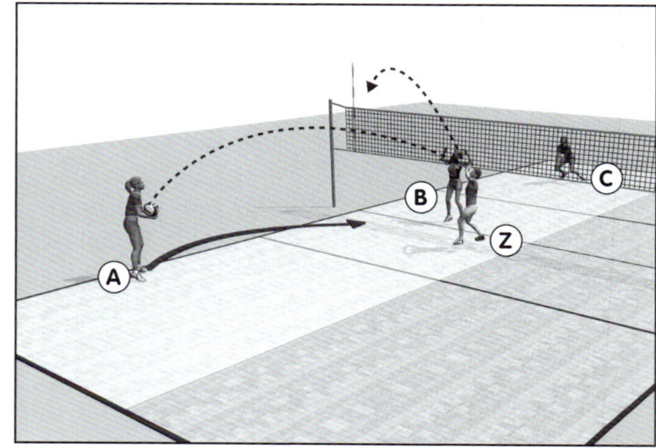

Doppelblock
Abstimmung Netz-Feld

T schlägt Dankeball auf A oder B. Z1 hat drei Optionen: 1 = Außenangriff, 2 = Schnellangriff, 3 = Hinterfeldangriff. Auf der gegnerischen Seite stellen C und D einen Doppelblock. E und Z2 orientieren sich entsprechend in der Feldabwehr und versuchen einen Gegenangriff aufzubauen. Das Netz ist durch Antennen in einen schmaleren Netzkorridor eingegrenzt. T spielt den zweiten Ball dorthin, wo der Fehler gemacht wurde. Ein Team, das drei Punkte hintereinander gewonnen hat, erhält einen Big-Point.

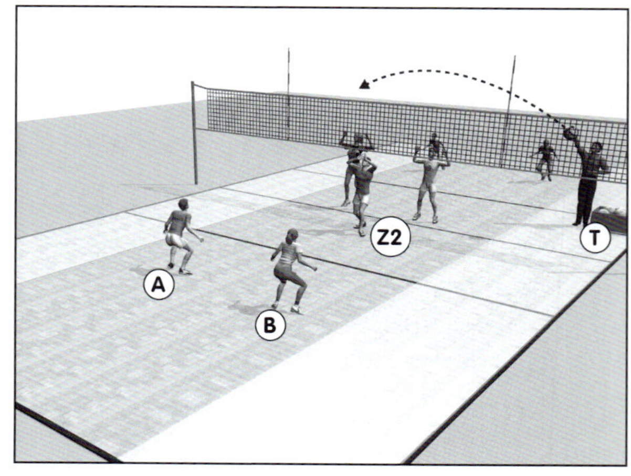

Kapitel

8

Spielereignis Feldabwehr

8.1 Taktische Empfehlungen

8.2 Methodische Ratschläge

8.3 Techniken

8.4 Spiel- und Übungsformen

8.1 Taktische Empfehlungen

Individualtaktische Hinweise für das Spielverhalten

- Beobachte aufmerksam die Bedingungen des gegnerischen Angriffsaufbaues sowie die daraus resultierenden Angriffsoptionen!
- Halte dich diszipliniert an die Vorgaben der Mannschaftstaktik, denn dadurch ist dein Verantwortungsbereich auf dem Feld abgesteckt!
- Bei sehr harten und schwierigen Angriffsbällen lieber den Ball hoch (Zeitgewinn für Angriff) in die Spielfeldmitte abwehren!
- Beende die Fortbewegung auf dem Feld immer unmittelbar vor dem Angriffsschlag des Gegners (vor allem beim Übergang von der Schnellabwehrposition zur Abwehr des 2. bzw. 3. Angriffstempos)!
- Die endgültige Einnahme der Abwehrposition auf dem Spielfeld wird quasi durch Wenn-Dann-Beziehungen beeinflusst:
  Wenn der gegnerische Angreifer nur eine geringe Abschlaghöhe hat, dann weiter hinten die Abwehrposition einnehmen (und umgekehrt nach vorn, wenn der Gegner hoch abschlagen kann);
  Wenn der gegnerische Zuspieler den Ball vom Netz entfernt gestellt hat, dann weiter nach hinten die Abwehrposition einnehmen (und umgekehrt weiter nach vorn je dichter der Ball ans Netz gestellt wurde); Wenn der Ball weiter nach innen gestellt wurde, dann verstärkt die diagonale Schlagrichtung abwehren;
  Wenn der gegnerische Angreifer sehr frühzeitig mit einem gestreckten Arm die Ausholbewegung einleitet, dann weiter nach vorn orientieren, da mit einem Lob zu rechnen ist;
  Wenn der eigene Doppelblock nicht geschlossen ist, dann sich eher in die Lücke orientieren;
  Wenn der eigene Doppelblock eine „hohe und geschlossene Mauer“ bilden konnte, dann sich eher an der Blocknaht orientieren.
- Versuche als Abwehrspieler in der Diagonalen und auf der Linie immer den Ball und den gegnerischen Angreifer im Blickfeld zu haben!
- Nimm vor dem Angriffsschlag eine tiefe Abwehrstellung ein und halte dich mittels Fußballendruck bereit, sofort in jede Richtung starten zu können!
- Strebe eine beidarmige Abwehrbewegung an, kämpfe um jeden Ball, vermeide aber eine hektische Bewegung am Ball!

8.2 *Methodische Ratschläge*

Tipps für die methodische Anfängerschulung

- Am Anfang muss die Grundtechnik (Abwehrbagger frontal im Stand) vor der Entwicklung zu den Spezialtechniken stehen.
- Zur Vorbereitung auf den Technikerwerb können eine Vielzahl von Abwurfspielen und Torwartspielen aus der Ballschule einbezogen werden.
- Neben der Förderung des Spielbrettes und der Beinarbeit sollte viel Zeit für das Lesen von Verrätersignalen (Ballflugkurve, Anlaufwinkel, Absprungtiming, Schulterachse usw.) gewidmet werden, um über die Entwicklung der Antizipationsfähigkeit Vorteile zu erlangen.
- Da die Abwehrleistung auch viel Willensstärke und Einsatzbereitschaft verlangt, erweist sich ein emotional starker Teamgeist als sehr vorteilhaft (Ansporn von außen).
- Für den Technikerwerb ist zunächst die Beachtung der typischen Ballbelastungszyklen wichtiger als das Üben unter hohen Laktatspiegeln.
- Von konstanten zu variierten (Richtung, Distanz, Geschwindigkeit, Technik) und schließlich zu komplexen (Wettkampf-)Bedingungen übergehen. Zu Beginn werden Grundmuster zur Abwehr von Bällen gelernt, diese werden anschließend variabel gestaltet, um der bunten Vielfalt von Abwehrhandlungen situationsspezifisch gerecht zu werden.
- Angriff und Abwehr sind die wesentlichen Säulen der Methodik, d. h. ein Angriffstraining ohne Abwehr zerbricht die Spielkette und isoliert unnötig ein Spielereignis.
- Fast alle vorgestellten Übungen sollten neben dem frontalen Abwehrbagger alle Varianten im Aktionsradius (überkopf, seitlich hoch und tief, körperentfernt, Körperzentrum) einbeziehen.

8.3 Techniken

Es gibt im Volleyball kein vergleichbares Spielereignis, das so viele unterschiedliche (Geschwindigkeit, Distanz, Richtung) Techniken zum Vorschein bringt wie die Abwehrkonstellation. In den folgenden Darstellungen fehlen u. a. Abwehrtechniken wie Hechten (beid- und einarmig), Gleiten („Schraube" im Sinne von Körperlängsdrehungen), Rollen (Japanrolle) und Stützen („Frosch").

Frontal

(Treffpunkt mittig vor dem Körper und harte Angriffsschläge)

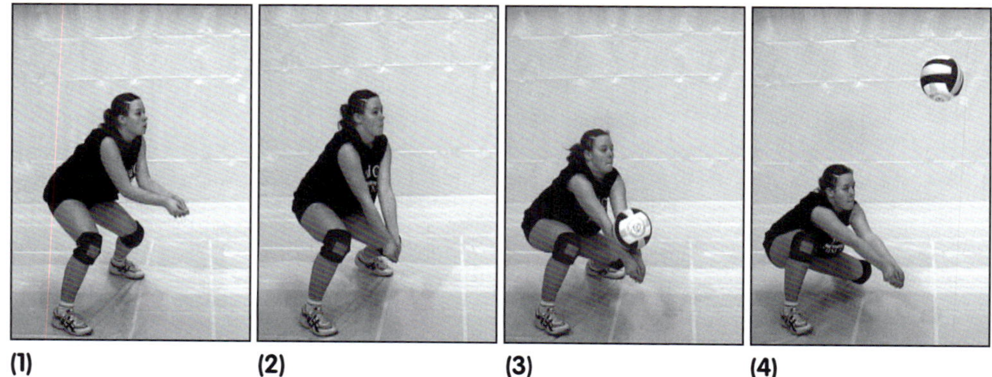

(1) **(2)** **(3)** **(4)**

(1) Schnelle und gleitende Bewegung zum antizipierten Balltreffpunkt und Übergang zu einer stabilen Schrittstellung. Armstreckung zeitlich vor dem Handschluss anstreben.
(2) Etwa schulterbreite (Schritt-)Grätschstellung. Fixiere ständig den Blick auf den Ball. Körperposition hinter den Ball aufbauen. Knie vor die Füße sowie Schultern vor die Knie schieben.
(3) Auftrefffläche sind die Unterarminnenseiten oberhalb der Handgelenke. Angespanntes, aber dennoch bewegliches Schultergelenk.
(4) Winkel zwischen Armen und Oberkörper bleibt relativ konstant. Impulssteuerung über die Schulter. Körperhaltung und Körperstreckung stimmen mit Abspielrichtung überein.

Erwartungshaltung

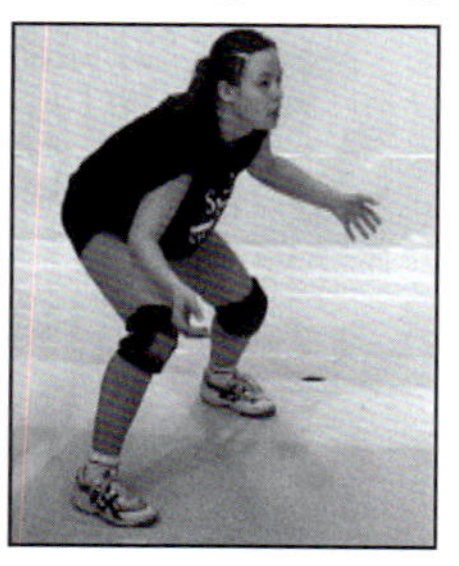

Ziel: Aus der Erwartungshaltung schnellstmöglich Arme und Beine für jede angepasste Abwehrtechnik überführen können! Stabile Grätschstellung. Körpergewicht nach vorn geschoben, Druck auf die Fußballen. Knie sind leicht gebeugt. Arme angewinkelt und weit geöffnet. Unterarminnenseiten nach oben aufgedreht. Abwehr im körperfernen Bereich (vgl. auch die Ausführungen zum Aktionsradius der Annahme auf S. 101)

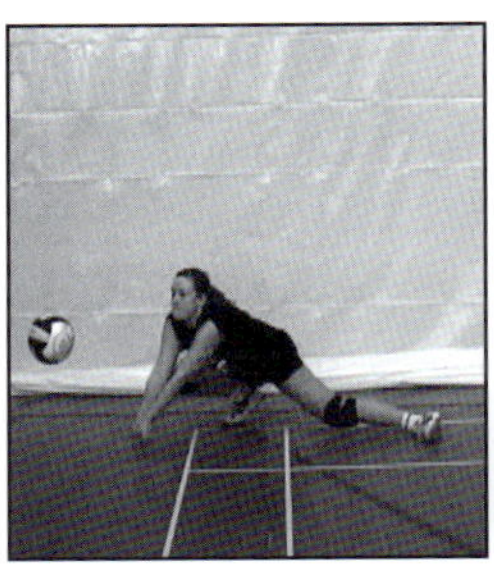
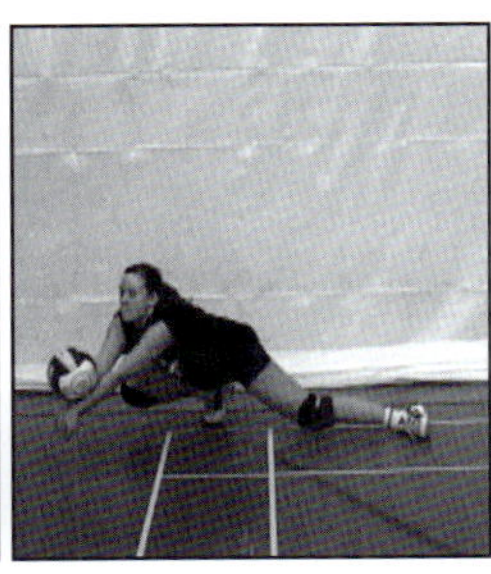
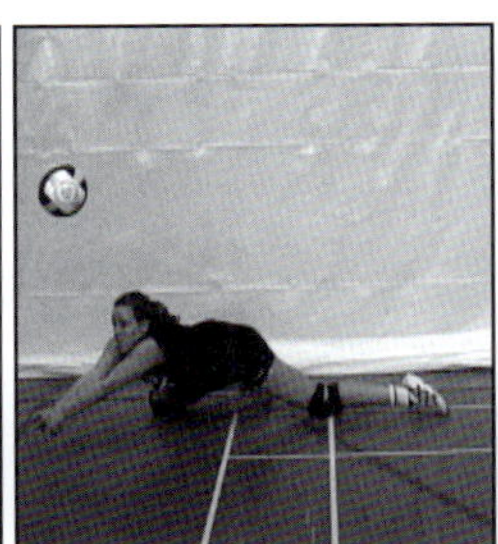
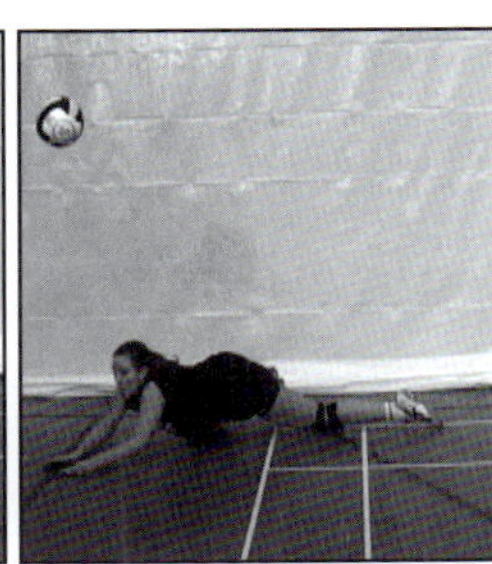

Im Fallen nach vorn beidarmig

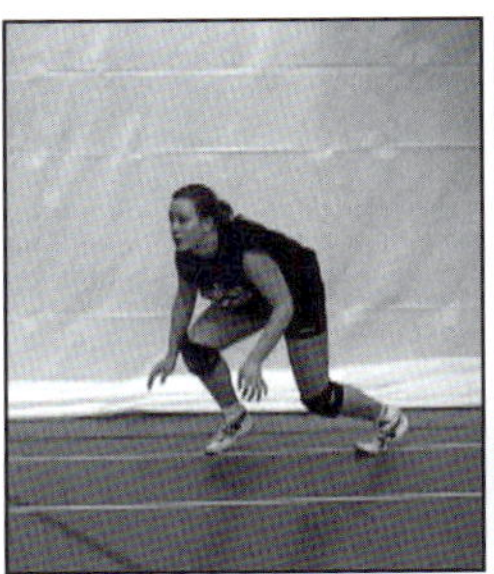
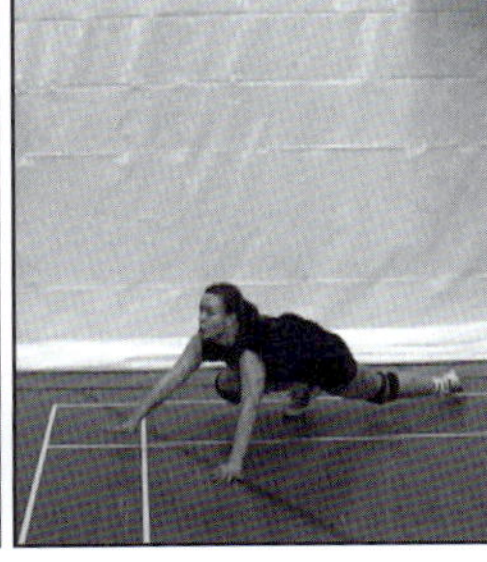
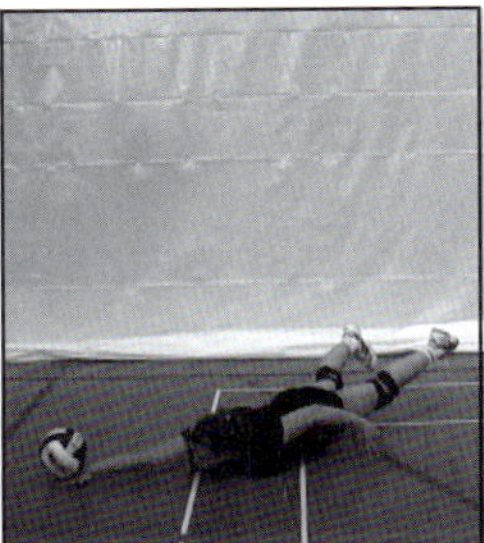
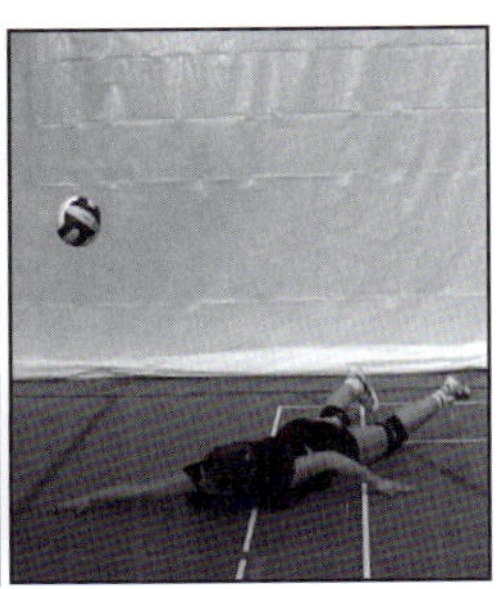

Im Fallen nach vorn einarmig

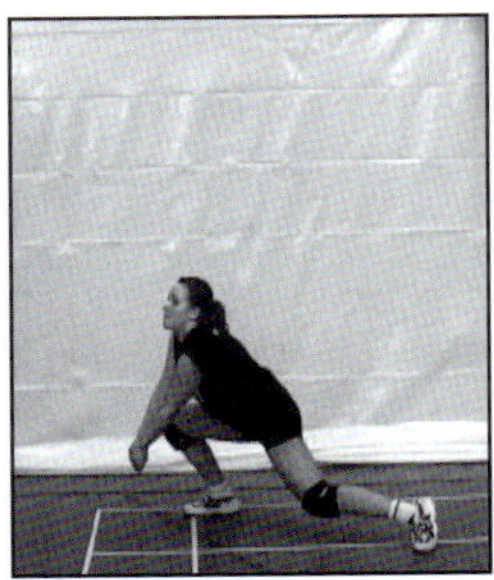
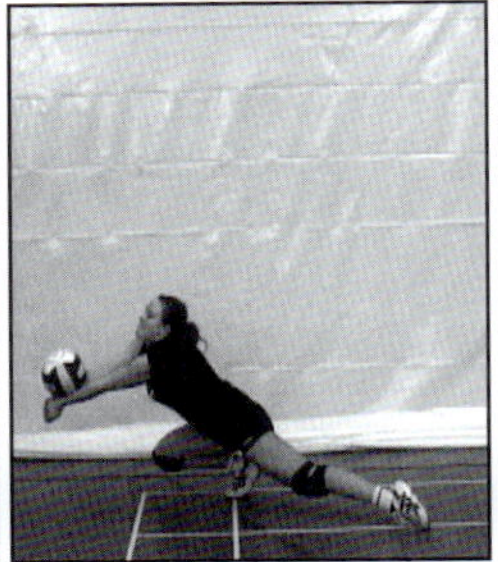
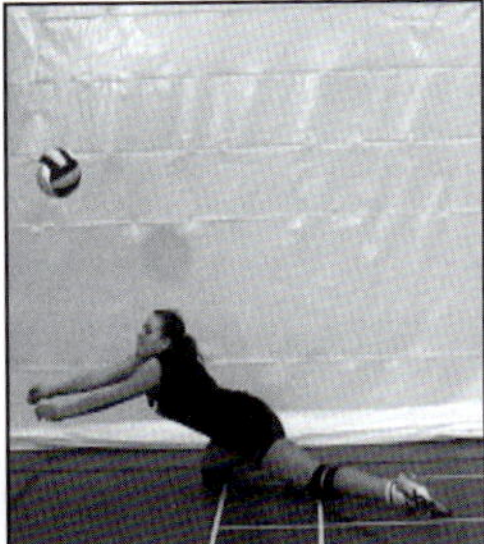
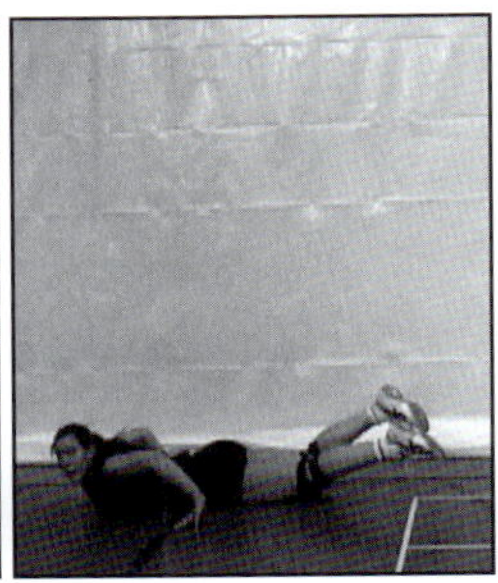

Im Fallen seitlich beidarmig

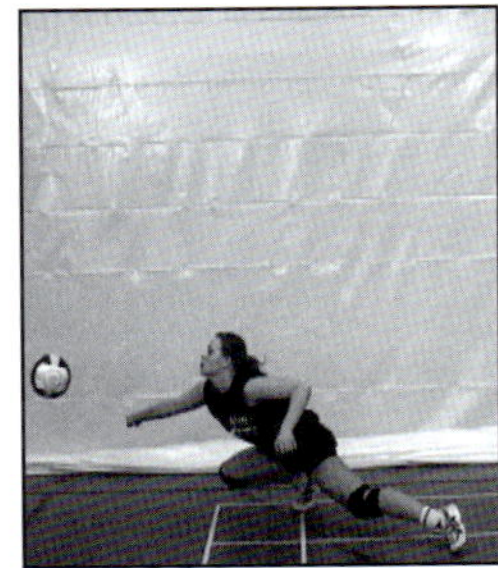

seitlich einarmig

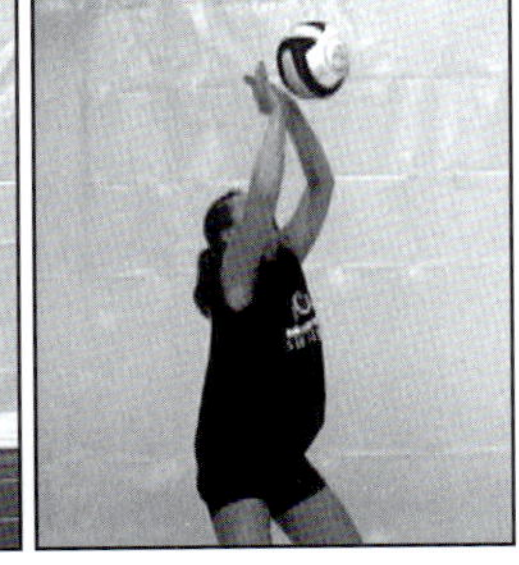

überkopf

8.4 *Spiel- und Übungsformen*

Die Mehrzahl der komplexen Übungen für den Angriff (S. 155–166) kann mit Block- und Feldabwehraufgaben ergänzt werden.

Bewegungsvorstellung
Imitation
Nachahmen der Lauftechniken ohne Ball im Spielfeld: (1) rückwärts-orientierte Gleitschritte in der Nahdistanz (Lösen vom Netz zur Abwehrposition) sowie (2) Kreuzschritte und Sidesteps für längere Distanzen im hinteren Feld.

Variation: Einbezug von Roll-, Gleit-, Hecht- und Stützabwehr

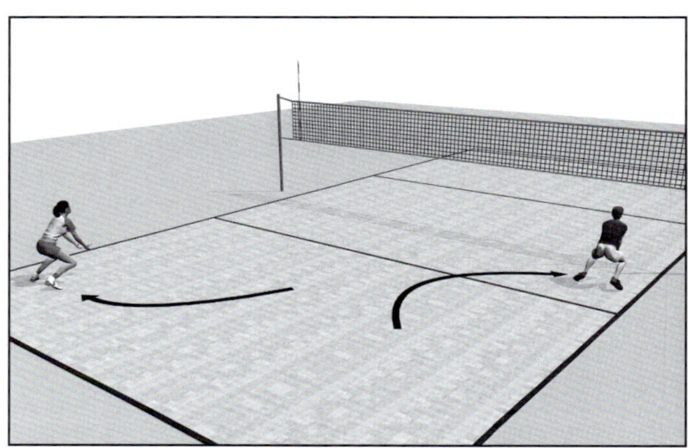

Imitation
Zeit für Lauftechnik
A steht mit dem Rücken am Netz und B ca. 3,00–6,00m vom Netz entfernt. A wirft sich den Ball unterschiedlich hoch an. Während der Ball in der Luft ist, bewegt sich B mittels Gleit-, Kreuz- oder Nachstellschritten im Spielfeld. Er soll in einer abwehrspezifischen Positionsstellung zum Stand kommen, bevor A den Ball gefangen hat.

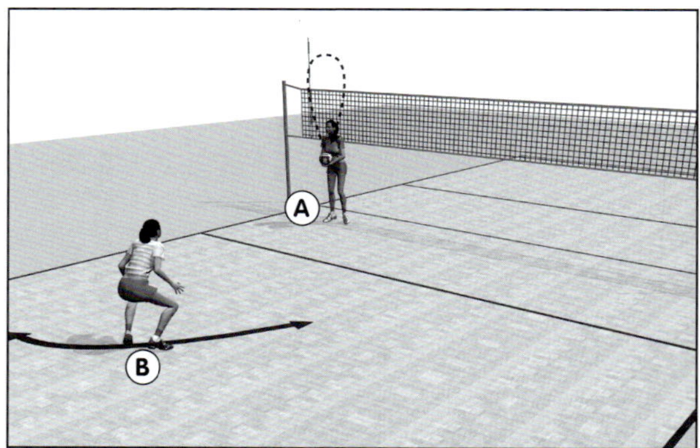

Körpersignale
Ball erlaufen
A steht mit dem Rücken am Netz und B mittig im Spielfeld. A wirft sich den Ball unterschiedlich hoch an und dreht die Schulterachse. Er pritscht den Ball senkrecht zur Schulterachse, so dass er für B gerade noch erreichbar ist. B liest die Abspielrichtung und fängt (bzw. baggert) den Ball.

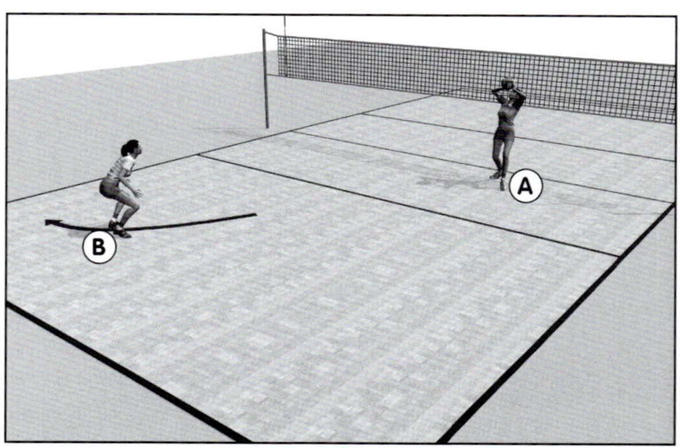

Körpersignale
Ball erlaufen

A steht auf der Position III. B auf einer Außenposition und C mittig zwischen A und B im Spielfeld. A wirft bzw. pritscht zu B. B dreht die Schulterachse und spielt den Ball senkrecht zur Schulterachse ins Spielfeld. C passt sich mit der Lauftechnik der Schulterachsenbewegung an. Er nimmt die abwehrspezifische Position ein, bevor B den Ball spielt und baggert den Ball zu A.

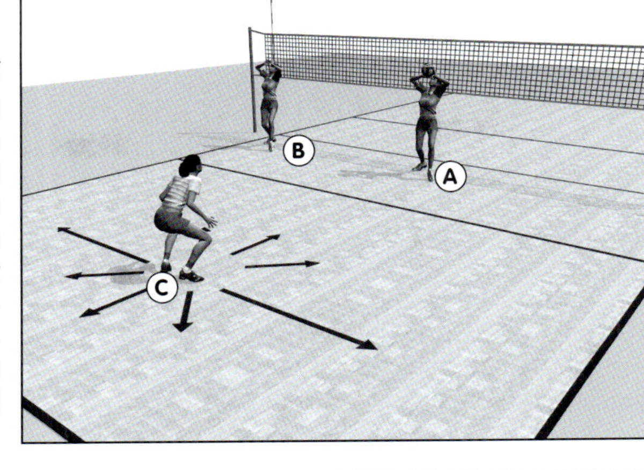

Einschätzung Flugbahn
Ball erlaufen

A steht mit dem Rücken am Netz und wirft den Ball halbhoch in unterschiedliche Richtungen. B steht etwa 5,00m bis 6,00m von A entfernt im Spielfeld und spielt den Ball aus dem Laufen heraus zu A zurück.

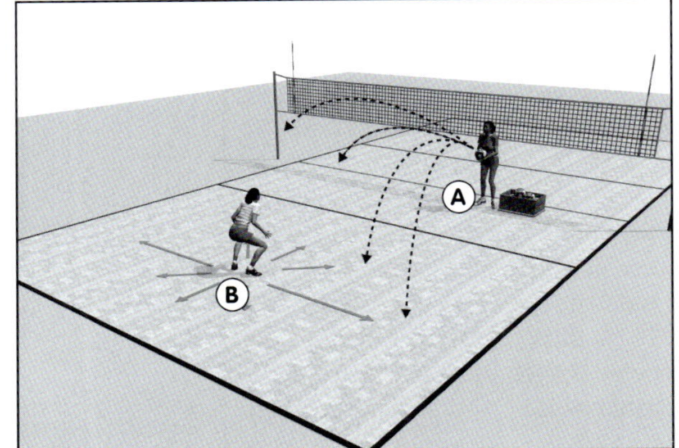

Bewegungsvorstellung
Überkopf-Abwehr

A steht mit dem Rücken am Netz und wirft bzw. schlägt den Ball in einem Bogen auf Kopfhöhe zu B. B spielt den Ball in einer Überkopfabwehr (geschlossen oder offen) zu A zurück. Nach ca. zehn bis zwölf Wiederholungen erfolgt der Wechsel.

Variation: Zur Erleichterung zunächst mit Würfen starten

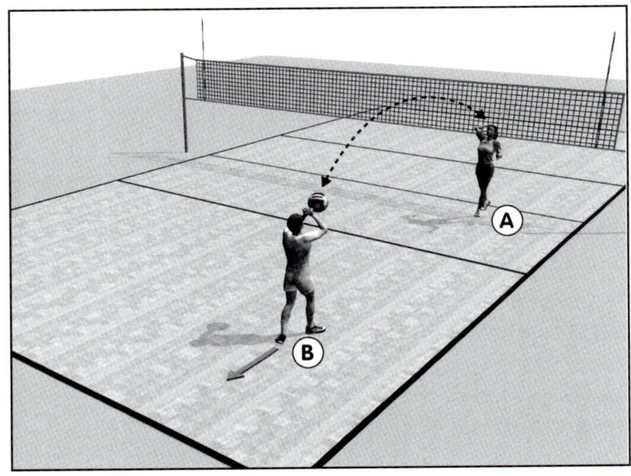

Bewegungsvorstellung
Stützabwehr („Frosch“)
A steht mit dem Rücken zum Netz und wirft bzw. schlägt den Ball steil nach unten zu B. B befindet sich im Kniestütz und schiebt beide Arme in Baggerstellung nach vorn, so dass der Ball zu A zurück gespielt werden kann.

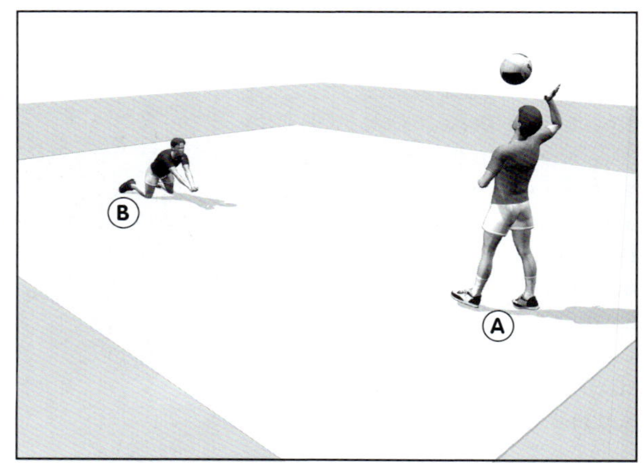

Variation: B steht zunächst in tiefer Abwehrstellung und geht dann in die Froschstellung über

Bewegungsvorstellung
Gleiten
A befindet sich im Einbeinstütz und hat sich über beide Hände einen Strumpf gestülpt. Über das vordere aufgestellte Bein drückt sich der Spieler ab. Er fängt das Körpergewicht mit einer Hand ab und gleitet mit der anderen Hand nach vorne. Dieselbe Gleitbewegung wird aus der tiefen Abwehrstellung und einem weiten Ausfallschritt sowie danach aus einigen Auftaktschritten vollzogen.

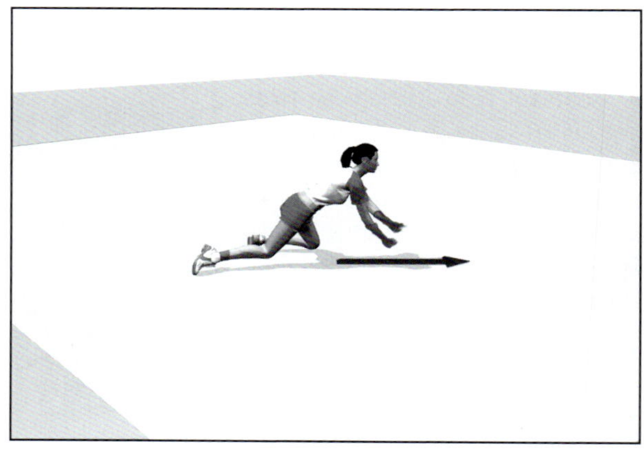

Variation: Japanrolle und Hechtbagger

Bewegungsvorstellung
Gleiten mit Drehung
Die Übung wird wie zuvor beschrieben ausgeführt, nur dass nach dem Handgelenkimpuls das Gleiten über die Längsachse erfolgt („Schraube“ oder „Baumstamm“).

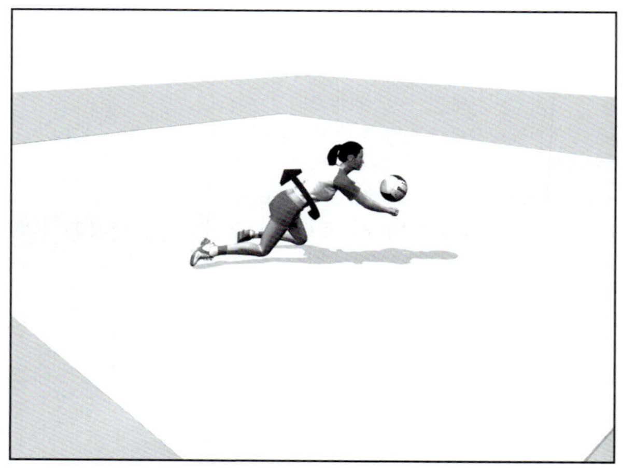

Variation: kurz vor dem Bodenkontakt wirft der Spieler einen Ball nach oben

Einfalls- und Ausfallwinkel
Bewegung zum Ball

A steht mit dem Rücken zu einer hoch aufgestellten Turnmatte, die an der Wand lehnt. B befindet sich ca. 5,00m bis 6,00m von A entfernt, wirft sich den Ball und schlägt in Richtung A. A versucht durch variable Abwehrtechniken den Abspielwinkel (nach oben) einzustellen.

Variation: Verwendung von Softbällen

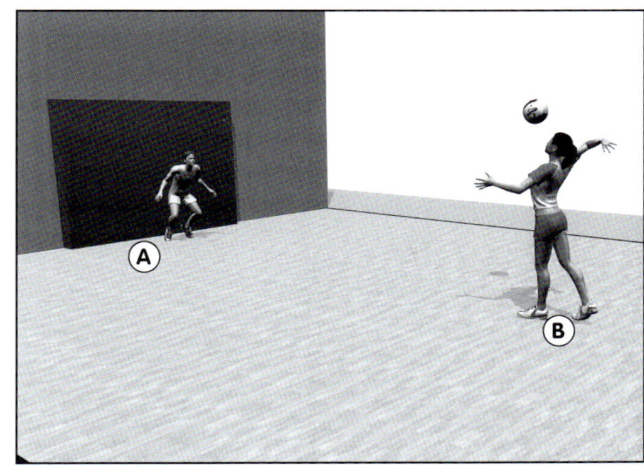

Einfalls- und Ausfallwinkel
Bewegung zum Ball

A befindet sich in einem abgeklebten (bzw. durch Hallenlinien eingegrenzten) Spielfeld. B schlägt – auf einem Kasten am Netz stehend – Bälle in das abzudeckende Spielfeld. Diese muss A nach oben abwehren.

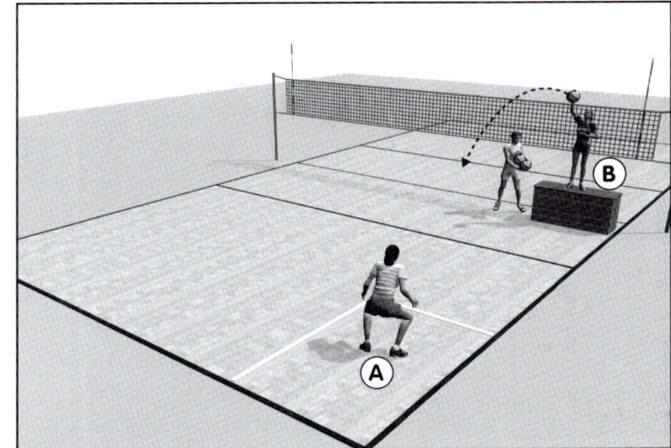

Seitliche Abwehr
Bewegung zum Ball

A befindet sich zwischen zwei Judomatten (bzw. abgeklebte Spielflächen). B schlägt – auf einem Kasten am Netz stehend – Bälle in das abzudeckende Spielfeld. Diese muss A nach oben abwehren.

Variation: Entfernung verringern

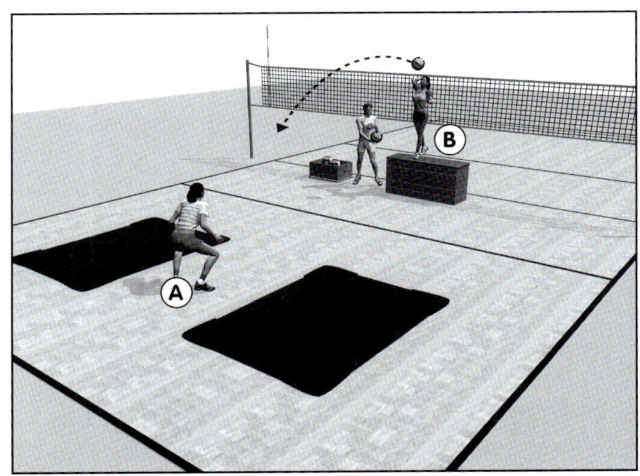

Auftakt-Hop
Bewegung zum Ball
A ist der Ballhalter für B, der den Ball auf Linie erreichbar zu C schlägt. Nachdem C zu A abgewehrt hat, wechselt C mit D, der sich in Wartestellung hinter der Grundlinie befand. Unmittelbar vor dem Angriffsschlag wird ein Auftakt-Hop (Ansprung in tiefer Abwehrstellung) ausgeführt. Der Ball soll im „Bewegungsfluss" gehalten werden. Nach 20 Wiederholungen erfolgt der Wechsel.

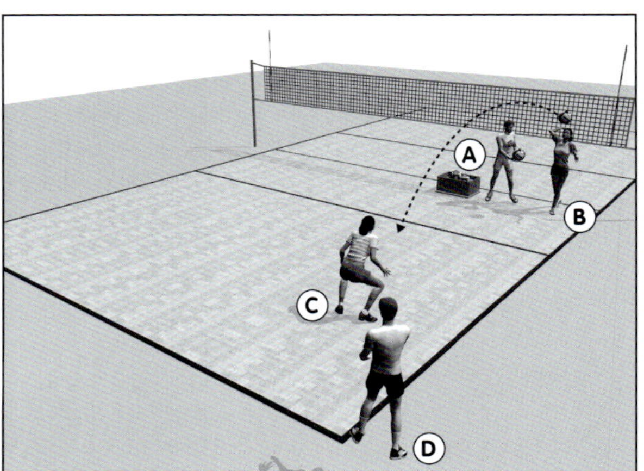

Variation: diagonaler Ballwechsel

Bewegungsgefühl
Reaktionsschnelligkeit
A ist der Ballhalter für B, der den Ball erreichbar auf C oder D schlägt. Beide stehen nebeneinander in der Abwehr. C hält einen Ball und wirft diesen zu D, wenn C den geschlagenen Ball abwehren muss. Dies erfordert eine unterschiedliche Dosierung der Ballhandlungen.

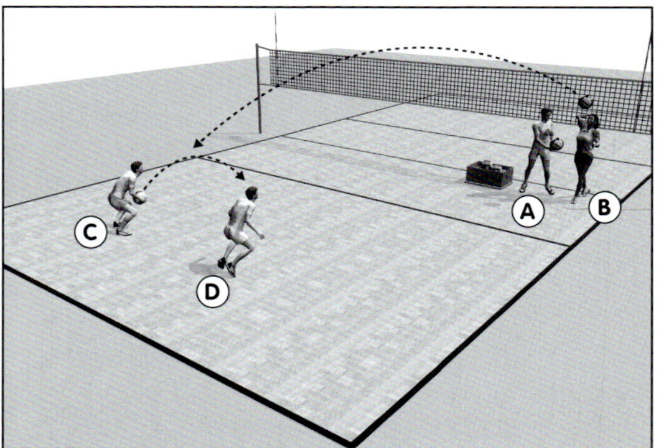

Variation: diagonaler Ballwechsel

Diagonale Abwehr
Bewegungsfluss
Die Spieler wechseln in Rotationsfolge Zuspiel überkopf, Schlag diagonal auf Position V und Abwehr von Position V zur Zuspielposition. Sobald der Bewegungsfluss unterbrochen ist, wird vom T der nächste Ball ins Spiel gebracht.

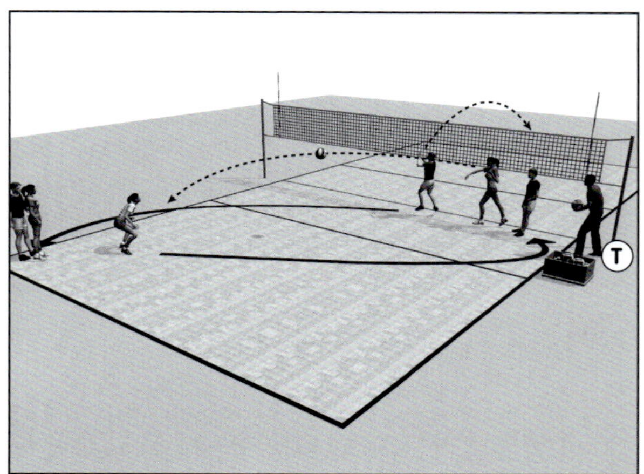

Linienabwehr
Bewegungsfluss
Die Spieler wechseln in der Rotationsfolge Zuspiel frontal, Linienschlag auf Position V und Abwehr von Position V zur Zuspielposition. Sobald der Bewegungsfluss unterbrochen ist, wird vom T der nächste Ball ins Spiel gebracht.

Variation: fester Zuspieler

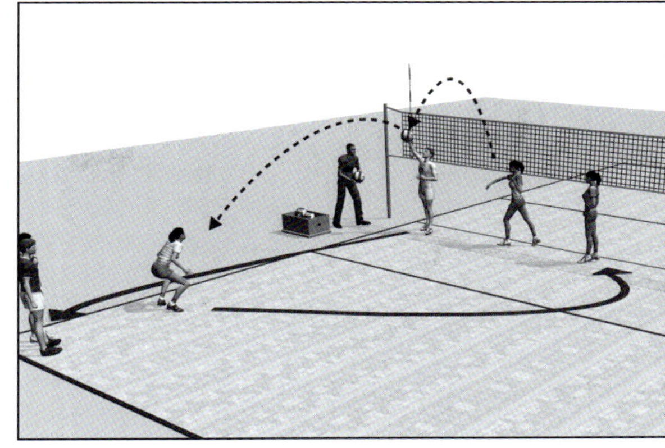

Reaktionsschnelligkeit
Abwehr zur Spielfeldmitte
A schlägt vom Netz diagonal auf C. C wehrt hoch zur Spielfeldmitte ab. Dort ist D hingelaufen und spielt den Ball auf B. B schlägt diagonal auf E und C und spielt den von E abgewehrten Ball auf A. A und B bleiben zunächst auf ihren Netzpositionen. Die Feldspieler wechseln nach dem Zuspiel ihre Positionen.

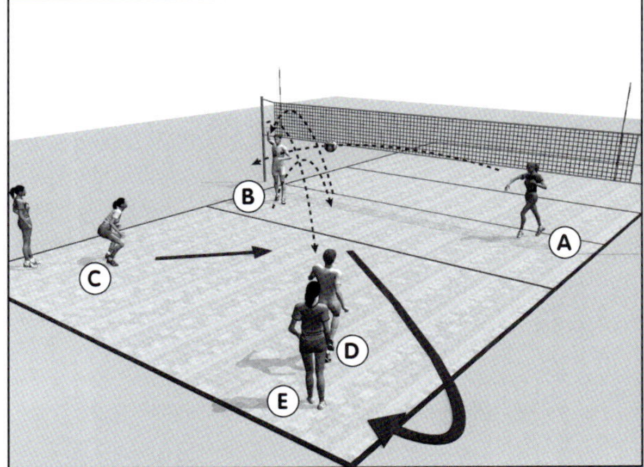

Lauftechnik
Raumgefühl
A spielt den Ball auf B (Position II) oder auf C (Position IV). Von den Außenpositionen soll diagonal geschlagen werden. D orientiert sich von der Spielfeldmitte auf die Hauptschlagrichtung. Der Spieler der am Netz nicht angespielten Außenposition begibt sich auf die extrem diagonale Abwehrposition. D wechselt ständig mit E und F die Position nach der Abwehrhandlung.

Variation: Raumabstimmung mit zwei Feldabwehrspielern

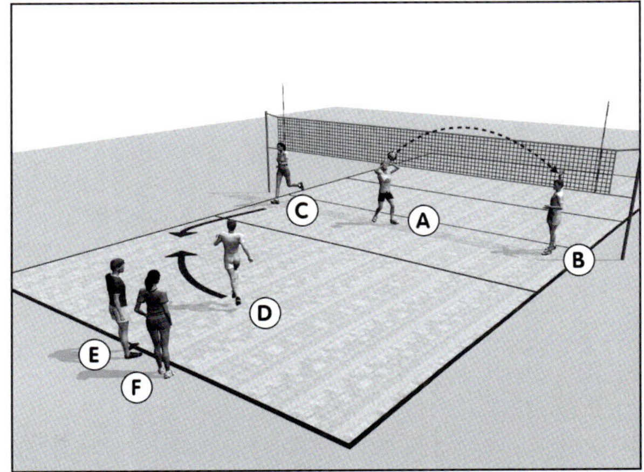

Bodenabwehr
Willensschulung

T wirft oder schlägt Bälle, die ihm über die Hüfte zugesteckt (Spieler D) werden, auf die Positionen I, VI und V. A, B und C wehren die Bälle zum Ballfänger E ab. Die übrigen Spieler sammeln die Bälle und feuern die Abwehrspieler an. A, B und C bleiben ständig in Bewegung, in dem sie drei bis fünf Boxerschritte abwechselnd vorwärts und rückwärts machen.

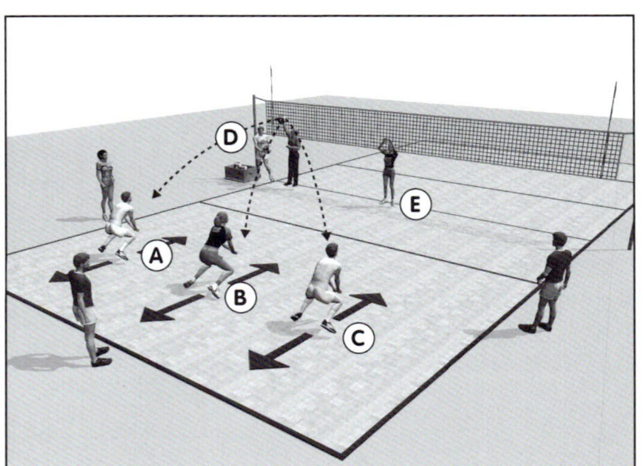

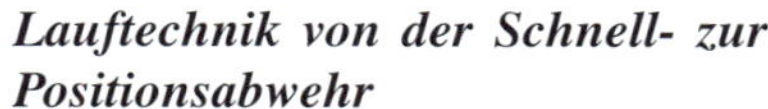

Lauftechnik von der Schnell- zur Positionsabwehr

Auf der gegenüberliegenden Netzseite stehen T1 und T2 erhöht auf einem Kasten und schlagen jeweils einen Linienball auf die Positionen I oder V. A und B bewegen sich schnellstmöglich von der Position zur Abwehr von Schnellangriffen zur jeweiligen Linienabwehrposition und wehren auf die Fänger C und D ab.

Variation: diagonale Angriffsschläge

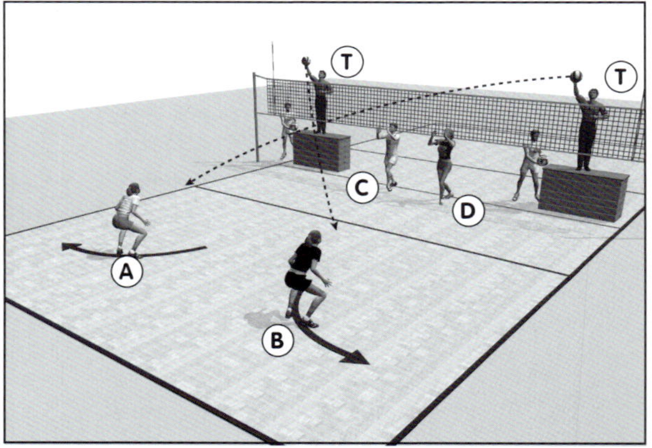

Lauftechnik
Raumabstimmung

Auf der gegenüberliegenden Netzseite stehen T1 und T2 erhöht auf einem Kasten und schlagen jeweils einen Diagonalball auf die Positionen I oder V. A oder B begeben sich schnellstmöglich mit dem freien, nicht blockgebundenen Spieler C oder D in die jeweilige Abwehrposition.

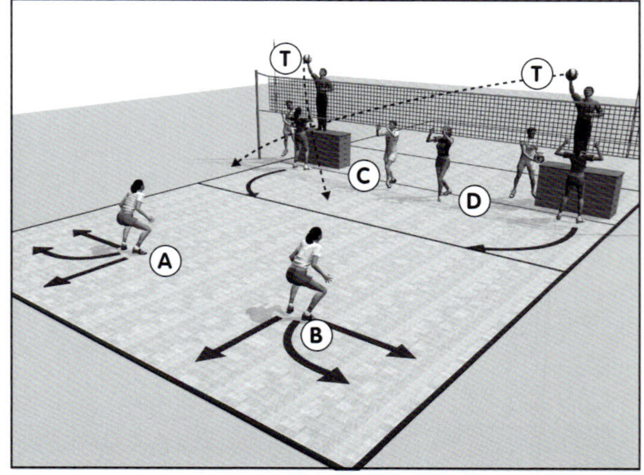

Abwehr auf Position VI
Körpersignale

T steht erhöht auf einem Kasten auf der zentralen Netzposition im gegnerischen Spielfeld und schlägt lange Bälle rechts und links von der Position VI. A, B und C wechseln sich ständig in der Abwehr ab und versuchen den Ball zur Fangposition D abzuwehren.

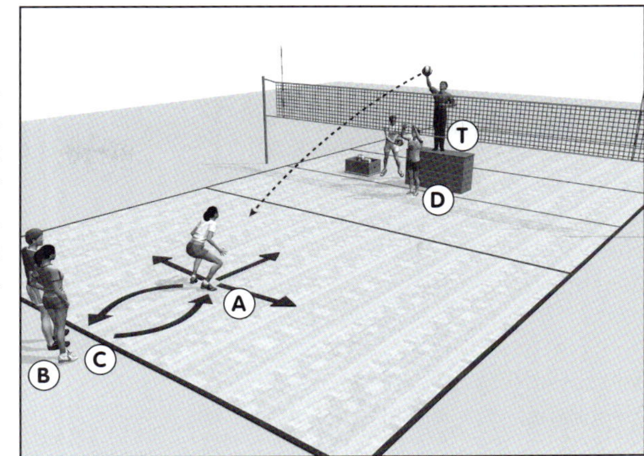

Lauftechnik
Körpersignale

T steht erhöht (Kasten) auf einer gegnerischen Außenposition und wirft sich kurz nacheinander zwei Bälle an. Einer der beiden wird als Lob gespielt. A wechselt sich mit B und C in der Abwehr ab und verteidigt beide Bälle zur Fangposition.

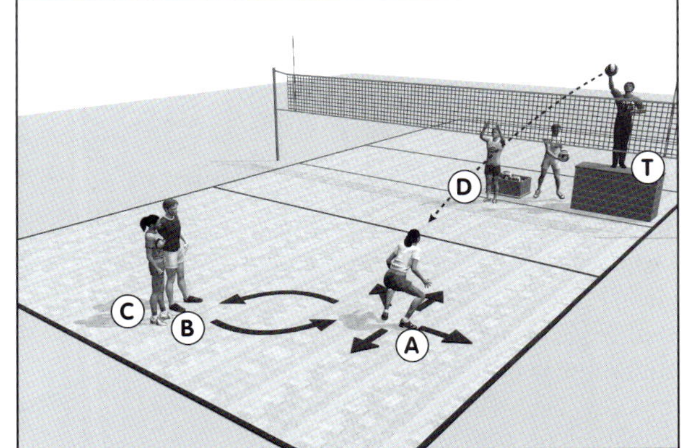

Raumabstimmung
Bewegungsbereitschaft

Z wirft Bälle für A oder B auf den gegnerischen Außenpositionen an. Der blockfreie Netzspieler (C oder D) verteidigt zusammen mit E und F den Ball auf T, der weitere Bälle zur Abwehr schlägt. Wenn der Ballfluss unterbrochen ist, wirft Z den nächsten Ball an.

Variation: drei Feldabwehrspieler

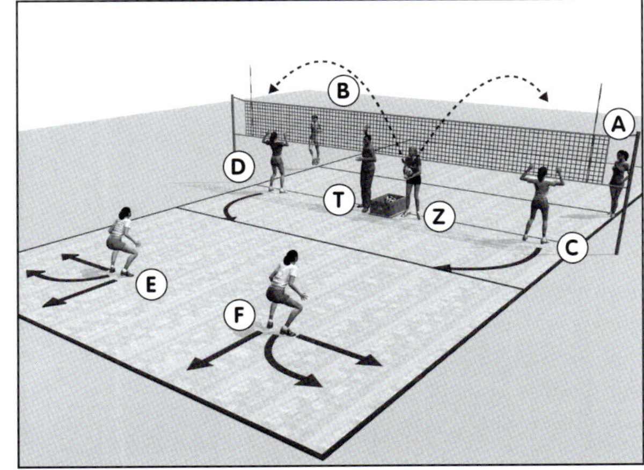

Ballkontrolle
Positionsabwehr

T schlägt Bälle auf die Positionen I oder V. Von dort wird hoch zur Spielfeldmitte verteidigt. C spielt den Ball hoch auf eine der beiden Außenpositionen. Dort erfolgt ein Angriff gegen einen Einerblock. Wenn der Spielfluss unterbrochen ist, wird von T der nächste Ball ins Spiel gebracht.

Variation: drei Abwehrpaare (I, VI, V) rotieren nach jedem Spielzug

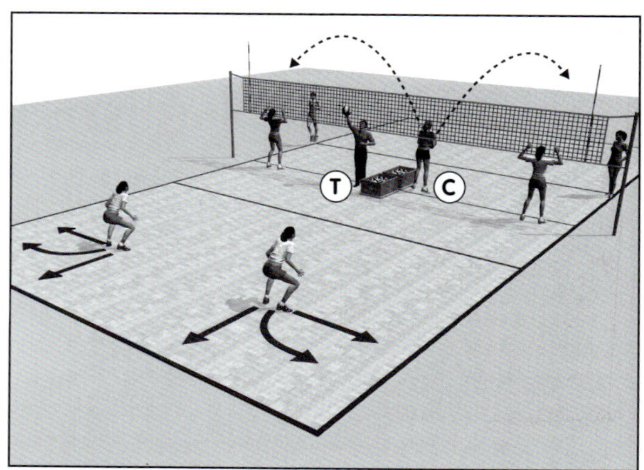

Übergang Positionsabwehr
Körpersignale

Auf der Spielfeldseite A befinden sich zwei Zuspieler und zwei Angriffsreihen auf den Außenpositionen. Auf der Seite B sind zwei Diagonalblocker und zwei Abwehrspieler auf den Positionen I und V in der Erwartungsposition eines Schnellangriffs sowie ein Ballfänger auf der Zuspielposition. Unmittelbar nach dem Zuspiel orientieren sich die Abwehrspieler gemäß Zuspielkurve, Anlaufweg und Absprungposition zu der Positionsabwehr im Liniensektor.

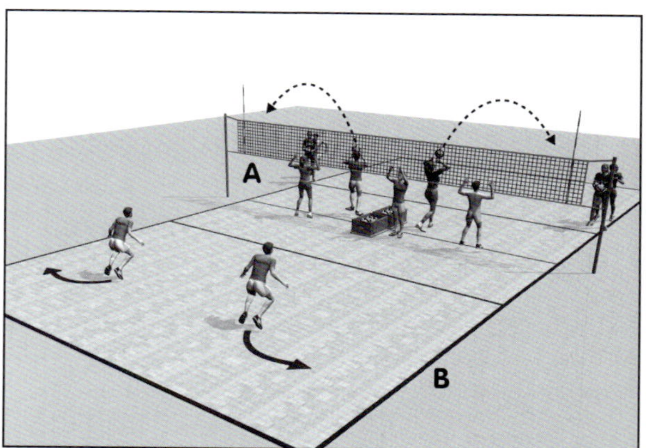

Raumabstimmung
Block-Abwehr-Abstimmung

Mittig auf der Feldseite A steht T (erhöht auf einem Kasten), ein Zuspieler und eine Angriffsreihe auf Position II. Auf der anderen Seite sind zwei Blockspieler und die Abwehrspieler V und VI sowie ein Ballfänger platziert. Unmittelbar nach dem Angriff spielt T einen Ball hinter den Block.

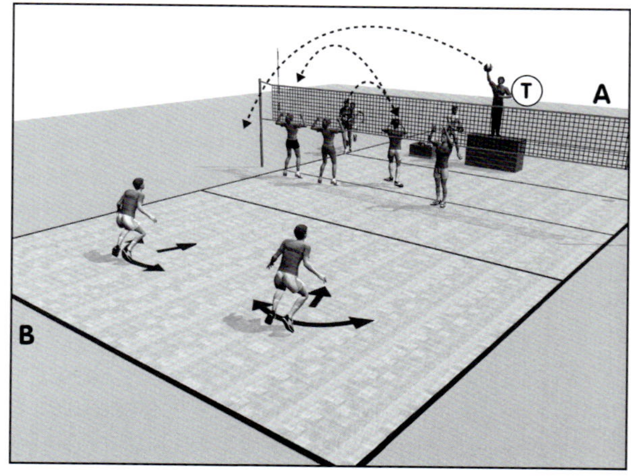

Anhang

Literaturverzeichnis

Literaturverzeichnis

Alberba, J. (1995). Evaluation of the Men`s World Championship in 1994, Greece. In F. Dannemann (Ed.), *Load in Volleyball* (S. 101–115). Frankfurt: DVV.

Alberba, J. & Murphy, P. (1997). Team building. *The Coach, 2* (1), 22–27.

Andresen, R. & Kröger, C. (1983). Allgemeine Prinzipien für den Leistungsaufbau bei jugendlichen Spielern. *Lehre und Praxis des Volleyballspiels, 7* (5), 51–56.

Andresen, R. & Kröger, C. (Eds.). (1989). *Volleyball. Fundamentals and Principles.* Ahrensburg: Czwalina.

Andresen, R. & Kröger, C. (Eds.). (1990). *Volleyball. Training and Tactics.* Ahrensburg: Czwalina.

Baacke, H. (1993). Organisation von Übungen im technisch-taktischen Training. *Volleyballtraining, 17* (1), 9–14.

Brack, R. (1983). *Trainingswissenschaftliche Leistungsdiagnostik im Volleyball*. Ahrensburg: Czwalina.

Bruner, T. (2009). Volleyball in der Grundschule. *Volleyballtraining, 33* (1), 22–25.

Deutscher Volleyball Verband (2005). *Internationale Volleyball Spielregeln* (41. Aufl.). Schorndorf: Hofmann.

Digel, H. (1996). Schulsport – wie ihn Schüler sehen. *Sportunterricht, 45* (8), 324–339.

Drauschke, K., Kröger, C., Schulz, A. & Utz, M. (1987). *Der Volleyballtrainer.* München: BLV.

Fröhner, B. (2002a). Ideenreichtum. Frauen-WM-Analyse, Teil 1. *Volleyballtraining, 26* (11), 30–34.

Fröhner, B. (2002b). Mit Konsequenz. Frauen-WM-Analyse, Teil 2. *Volleyballtraining, 26* (12), 34–37.

Frohreich, H. & Fritzenberg, M. (1995). Zur Lehrweise der Spielfähigkeit im Volleyball für Anfänger. *Körpererziehung, 9* (45), 283–289.

Golf, B. (2003). Männer-EM: Die Abwehrstrategien der Topteams. *Volleyballtraining, 27* (11), 17–21.

Golf, B. & Mattes, M. (2009). Die Nachwuchstrends. *Volleyballtraining, 33* (9), 26–28.

Groß, D. (2005). Wie eine Mauer. *Volleyballtraining, 29* (12), 22–27.

Groß, D. & Tietböhl, J. (2005). Eine Frage der Balance: Maximal fordern und motivieren. *Volleyballtraining, 29* (11), 20–27.

Harbrecht, E. & Warm, M. (2008). Gezielte Vielfältigkeit. *Volleyballtraining, 32* (3), 21–23.

Herzog, K., Voigt, H.F. & Westphal, G. (1985). *Volleyballtraining*. Schorndorf: Hofmann.

Hinz, S. (2009). Die Impulsgebung beim Unteren Zuspiel. *Volleyballtraining, 33* (12), 26–29.

Hoss, B. (2008). Volleyball spielend erlernen. *Sportunterricht, 57* (11), 346–350.

Hossner, E.-J. (1999). Zehn Thesen zum Techniktraining. *Volleyballtraining, 23* (5), 66–71.

Hossner, E.-J. & Szymanski, B. (1994). „Variatio delectat!" Technikvariationstraining zwischen Spezifität und Variabilität. In F. Dannenmann (Red.), *Volleyball-Vielfalt* (S. 9–25). Hamburg: Czwalina.

Jansen, R. (1985). *Zur Literatur-Rezeption im Fach Sport*. Wuppertal: Putty.

Kern, U. & Söll, W. (1995). Modell einer Spielreihe für das Anfänger-Volleyballspiel. *Lehrhilfen für den Sportunterricht, 44* (3), 33–42.

Kirchner, G. (1993). Anforderungsprofile im Sport. *Sportwissenschaft, 23* (4), 396–403.

Kiraly, K. (1996). *Karch Kiraly`s Championship Volleyball.* New York: Fireside.

Klenk, C. (2004). Schulsport in Baden-Württemberg. *Sportunterricht, 53* (8), 233–239.

Kortmann, O. (2001a). Die allerletzte Möglichkeit. *Volleyballtraining, 25* (1), 25.

Kortmann, O. (200b). Auf die Fingerspitzen schlagen. *Volleyballtraining, 25* (9), 32.

Kröger, C. (1985). Darstellung und Durchführung von spielerischen Vorformen mit volleyballspezifischem Bezug. *Sport Praxis, 26* (6), 7–9.

Kröger, C. (1986). Bedeutung der Kleinfeldspiele innerhalb der Einführung des Volleyballspiels. *Lehrhilfen für den Sportunterricht, 35* (8), 123–127.

Kröger, C. (2001). Analyse der Spielrealität. In H. Altenberger u. a. (Hrsg.), *Im Sport lernen – mit Sport leben* (S. 295–302). Augsburg: Ziel.

Kröger, C. & Magnussen, K. (2001). Spielrealität im Schulvolleyball. In P. Kuhn & K. Langolf (Red.), *Vision Volleyball 2000* (S. 9–24). Hamburg: Czwalina.

Kröger, C. & Memmert, D. (2004). Mut zur Vielseitigkeit. *Volleyballtraining, 28* (3), 22–25.

Kröger, C. & Roth, K. (2005). *Ballschule – ABC für Spielanfänger* (3. Aufl.). Schorndorf: Hofmann.

Krüger, W., Gasse, M. & Fischer, U. (2001). *Sportiv Volleyball. Schülerbuch für den Sportunterricht in der Sekundarstufe II.* Leipzig: Klett.

Loibl, J. (2009). Anregen statt verordnen. Zum Problem der Sportspielvermittlung. *Sportunterricht, 58* (5), 137–142.

Mager, R. F. (1972). *Lernziele und programmierter Unterricht.* Weinheim: Beltz.

Mallick, M. (2002). Technikkorientierte Einführung der Sportart Volleyball auf spielerischer Grundlage. In K. Langolf & K. Zentgraf (Red.), *Volleyball-Ansichten 2001* (S. 121–136). Hamburg: Czwalina.

Mallick, M. (2003). Variabel handeln. *Volleyballtraining, 27* (9), 30–32.

Mallick, M. (2006), Kinder wollen spielen. *Volleyballtraining, 30* (12), 22–24.

Menze-Sonneck, A. (2001). Schulsport in Brandenburg und Nordrhein-Westfalen. *Sportunterricht, 50* (9), 259–266.

Meusel, A. (2007). Neue Reize schaffen. *Volleyballtraining, 31* (2), 24–26.

Meyndt, P. (2003). Alleskönner. 2:2 in der E-Jugend. *Volleyballtraining, 27* (2), 30.

Meyndt, P. (2006). Zielgerichtet agieren. *Volleyballtraining, 30* (12), 25–27.

Meyndt, P. (2007). Zu zweit geht es besser. *Volleyballtraining, 31* (1), 27–29.

Meyndt, P. (2007). Das Spielbrett ausrichten. *Volleyballtraining, 31* (2), 27–30.

Neumaier, A. (2003). *Koordinatives Anforderungsprofil und Koordinationstraining* (3. Aufl.). Köln: Strauß.

Nieber, L. (2004). Systematisches Koordinationstraining in der Volleyball-Nachwuchsförderung. In K. Zentgraf & K. Langolf (Hrsg.), *Volleyball-europaweit 2003* (S. 47–65). Hamburg: Czwalina.

Papageorgiou, A. & Spitzley, W. (1992). *Handbuch für Volleyball – Grundlagenausbildung.* Aachen: Meyer&Meyer.

Papageorgiou, A. & Hummernbrum, B. (1988). Sprunghandlungen im Volleyball. In Dannenmann, F. (Red.), *Training und Methodik des Volleyballspiels* (S. 9–35). Ahrensburg: Czwalina.

Papageorgiou, A. & Czimek, V. (2001). Minibreak kann entscheiden. *Volleyballtraining, 25* (3), 25–27.

Paolini, M. (2000). *Volleyball from young players to champions.* Ancona: Humana.

Paschke, M. & Schöllhorn, W. (2008). Kreativität fördern. *Volleyballtraining, 32* (1), 22–24.

Römer, J. u. a. (2009). Differenzielles Lernen im Volleyball. *Sportunterricht, 58* (2), 41–45.

Roth, K. (2005). Sportspiel-Vermittlung. In A. Hohmann, M. Kolb & K. Roth (Hrsg.), *Handbuch Sportspiel* (S. 290–308). Schorndorf: Hofmann.

Roth, K., Kröger, C. & Memmert, D. (2002). *Ballschule Rückschlagspiele*. Schorndorf: Hofmann.

Saile, H. & Vollmer, B. (2008). *Doppelstunde Volleyball*. Schorndorf: Hofmann.

Salomoni, A. (2004). Technisch perfekt: Olympia-Analyse Halle. *Volleyballtraining, 28* (11), 26–27.

Selinger, A. & Ackermann-Blount, J. (1986). *Arie Selinger`s Power Volleyball*. New York: St. Martin´s Press.

Schöllhorn, W. & Paschke, M. (2007). Entdecke die Möglichkeiten. *Volleyballtraining, 31* (12), 33–36.

Sonnenbichler, R. (2001a). Wirkung erzielen. *Volleyballtraining, 25* (4), 30–31.

Sonnenbichler, R. (2001b). Immer hinter dem Ball stehen. *Volleyballtraining, 25* (5), 26–27.

Sonnenbichler, R. (2001c). Den Block zum Laufen bringen. *Volleyballtraining, 25* (6), 25–27.

Sonnenbichler, R. (2001d). Immer mit Vollgas voran. *Volleyballtraining, 25* (10), 28–29.

Sonnenbichler, R. (2002a). Zur rechten Zeit. *Volleyballtraining, 26* (1), 28–29.

Sonnenbichler, R. (2002b). Jeder Ball ist zu erreichen. *Volleyballtraining, 26* (2), 24–25.

Tietböhl, J. (2006). Athletisch wie Männer. *Volleyballtraining, 30* (1), 25–27.

Velasco, J. (1997). The Point Phase Philosophy. *The Coach, 2* (1), 4–8.

Voigt, H. F. (2000). Volleyball verstehen – (Meine) Wege zu einer Philosophie für Vermittlung und Training. In K. Langolf & P. Kuhn (Red.), *Volleyball in Lehre und Forschung 1999* (S. 9–32). Hamburg: Czwalina.

Voigt, H. F. (2003). *Koordinationstraining im Volleyball.* Köln: Strauß.

Voigt, H. F. & Jendrusch, G. (1993). Zur Bedeutung von Wiedererkennensleistungen im Volleyball. In H. F. Voigt (Red.), *Bewegungen lesen und antworten* (S. 88–129). Ahrensburg: Czwalina.

Voigt, H. F. & Richter, E. (1991). *betreuen, fördern, fordern. Volleyballtraining im Kindes- und Jugendalter.* Münster: Philippka.

Warm, M. (2003a). Die ersten Spezialisten. *Volleyballtraining, 27* (2), 34–35.

Warm, M. (2003b). Angriff mit Anwurf. *Volleyballtraining, 27* (3), 30–33.

Warm, M. (2003c). Die hohe Schule. *Volleyballtraining, 27* (11), 24–27.

Warm, M. (2003d). Grundmuster. *Volleyballtraining, 27* (12), 24–27.

Warm, M. (2003e). Kleines Ein-mal-Eins. *Volleyballtraining, 27* (12), 28–30.

Warm, M. (2004a). Hände hoch. *Volleyballtraining, 28* (1), 24–28.

Warm, M. (2004b). Der Weg ist das Ziel. *Volleyballtraining, 28* (11), 22–25.

Warm, M. (2005). Schaltzentrale. *Volleyballtraining, 29* (1), 18–21.

Warm, M. (2007). Aufschlag als Aufgabe. *Volleyballtraining, 31* (11), 18–19.

Warm, M. (2008). Volleyball-Deutsch. *Volleyballtraining, 32* (11), 17–20.

Warm, M. & Harbrecht, E. (2008a). Gesamtkunstwerk Angriff. *Volleyballtraining, 32* (4), 24–25.

Warm, M. & Harbrecht, E. (2008b). Präzision unter Zeitdruck. *Volleyballtraining 32,* (4), 26–27.

Warm, M. (2009). Auf das Spielbrett kommt es an. *Volleyballtraining, 33* (11), 22–28.

Weiner, L. (1995). Trainingsmethoden „am Ball" für die Praxis. *Volleyballtraining, 19* (3), 33–41.

Westphal, G. (1984). Untersuchung über unterschiedliche Spielfeldgrößen im Minivolleyball. *Lehre und Praxis des Volleyballspiels, 8* (6), 61–62.

Westphal, G. (1985). 6 gegen 6 oder 4 gegen 4. *Leistungssport, 15* (4), 5–12.

Westphal, G. (1986a). Sportmotorische Grundausbildung – wichtige Grundlage für das Jugendtraining. *Volleyballtraining, 10* (5), 57–59.

Westphal, G. (1986b). Zur Struktur des Volleyballspiels bei 11–13jährigen Jungen und Mädchen. In E. Christmann & H. Letzelter (Red.), *Spielanalysen und Trainingsmaßnahmen im Volleyball* (S. 119–130). Ahrensburg: Czwalina.

Westphal, G., Gasse, M. & Richtering, G. (1987). *Entscheiden und Handeln im Sportspiel.* Münster: Philippka.

Wilhelm, A. (2006). Gruppen. In M. Tietjens & B. Strauß (Hrsg.), *Handbuch Sportpsychologie* (S. 197-204). Schorndorf: Hofmann.

Windhövel, M. (1996). Zu welchen Themen wünschen Mitglieder Fortbildung. *Sportunterricht, 45* (7), 288–291.

Wolf, J. (2001). Organisationsformen im Volleyball in Hinblick auf Eigenorganisation, Fairness und Kooperation im Sportunterricht unter Berücksichtigung der neuen Regeln. In P. Kuhn & K. Langolf (Red.), *Vision Volleyball 2000* (S. 137–144). Hamburg: Czwalina.

Wolters, P. & Kolb, M. (2002). Sportspiele und evasives Unterrichten. In K. Ferger, N. Gissel & J. Schwier (Hrsg), *Sportspiele erleben, vermitteln, trainieren* (S. 160–185). Hamburg: Czwalina.

Wurzel, B. (2008). Was heißt hier spielgemäß? *Sportunterricht, 57* (11), 340–345.

Wydra, G. (2001). Beliebtheit und Akzeptanz des Sportunterrichts. *Sportunterricht, 50* (3), 67–72.

Zimmermann, B. (2001a). Quo vadis, Jungs? *Volleyballtraining, 25* (5), 21–23.

Zimmermann, B. (2001b). Einfache Strickmuster gesucht. *Volleyballtraining, 25* (6), 30–31.

Zimmermann, B. (2001c). Erfolgsrezept: Druck machen. *Volleyballtraining, 25* (7), 25–27.

Zoglowek, H. (2001). Volley 2000 – eine „neue" Einführung ins Volleyballspiel. In P. Kuhn & K. Langolf (Red.), *Vision Volleyball 2000* (S. 111–121). Hamburg: Czwalina.

Volleyball-Bücher

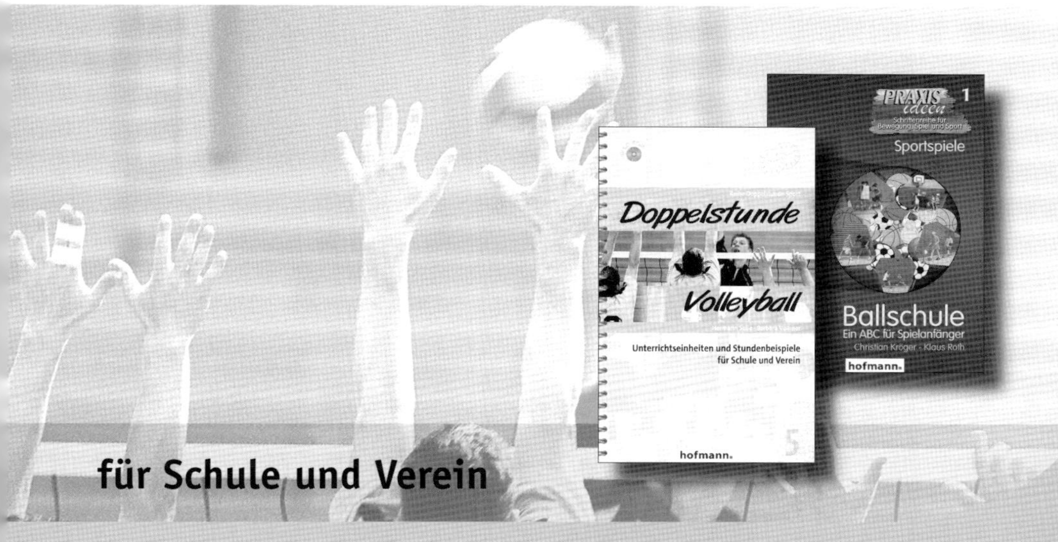

Doppelstunde Volleyball

Unterrichtseinheiten und Stundenbeispiele für Schule und Verein

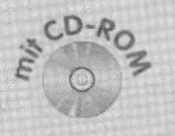

von Hermann Saile / Barbara Vollmer

In diesem Buch wird ein Weg aufgezeigt, wie Volleyball ab Klasse 5, auch unter schwierigen Rahmenbedingungen, heute erfolgreich unterrichtet werden kann. Das Buch enthält zwischen 6 und 8 Übungseinheiten für Unter-, Mittel- und Oberstufe, die jeweils auf einen Zeitraum von etwa 80 - 85 Minuten zugeschnitten sind. Sie können ohne großen Aufwand für die Unterrichts- und Trainingsvorbereitung verwendet werden. Jedem Buch liegt eine CD-ROM bei, auf der Techniken und taktische Abläufe in Videoclips dargestellt werden.

15 x 24 cm, 176 Seiten + CD-ROM, ISBN 978-3-7780-0551-4, **Bestell-Nr. 0551** **€ 19.90**

Ballschule

Ein ABC für Spielanfänger – 3. Auflage 2005

von Dr. Christian Kröger / Prof. Dr. Klaus Roth

Das ABC für Spielanfänger beruht auf drei methodischen Grundkomponenten: Einem spielerisch-situationsorientierten (A), einem fähigkeitsorientierten (B) und einem fertigkeitsorientierten Zugang (C). Geschult wird dementsprechend der Umgang mit generellen Taktik-, Koordinations- und Technikbausteinen. Die drei Säulen der Ballschule werden mit einer Vielzahl von Praxisbeispielen verdeutlicht.

DIN A5, 212 Seiten, ISBN 978-3-7780-0011-3, **Bestell-Nr. 0013** **€ 16.80**

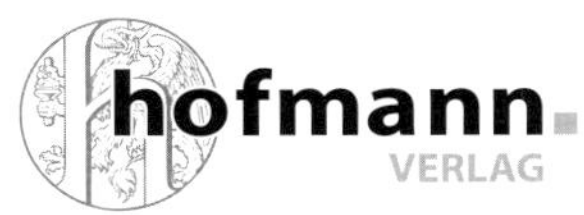

Steinwasenstraße 6–8 · 73614 Schorndorf
Telefon (07181) 402-125 · Telefax (07181) 402-111
E-Mail: bestellung@hofmann-verlag.de · www.hofmann-verlag.de

Volleyball-

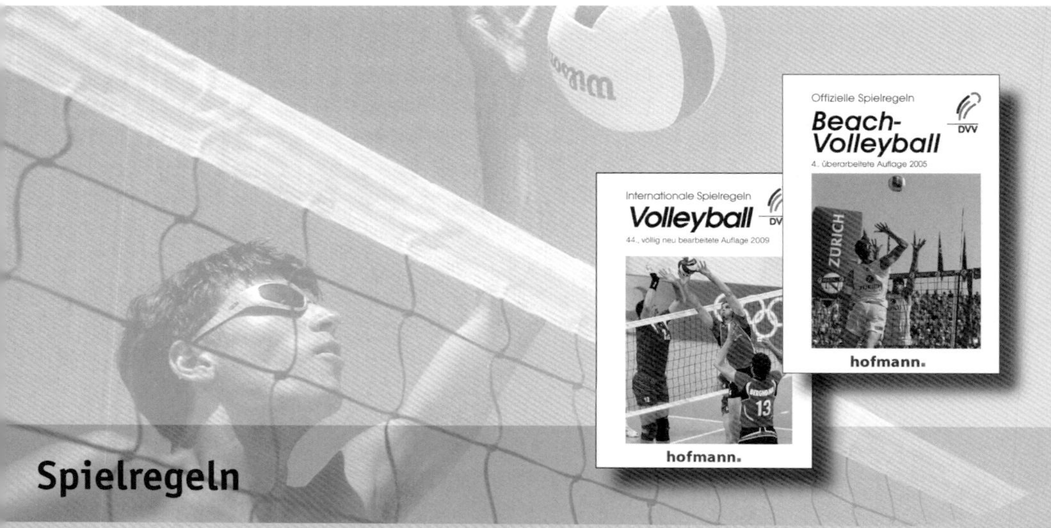

Spielregeln

Internationale Spielregeln Volleyball

44., völlig neu bearbeitete Auflage 2009

Zusammengestellt und bearbeitet vom Bundesschiedsrichterausschuss des Deutschen Volleyball-Verbandes

Die FIVB hat eine Reihe von auch inhaltlich bedeutsamen Regeländerungen beschlossen, insbesondere Neuerungen bezüglich der Netzberührung, des Übertretens der Mittellinie, des Wechselvorgangs sowie der Zusammensetzung von Mannschaften. Im Anschluss an den offiziellen Wortlaut werden einige Regeln und Begriffe zusätzlich erläutert bzw. den Gegebenheiten im DVV-Bereich angepasst.

DIN A6, 160 Seiten, ISBN 978-3-7780-3734-8, **Bestell-Nr. 3734** **€ 7.90**

Offizielle Spielregeln Beach-Volleyball

4., überarbeitete Auflage 2005

Beach-Volleyball-Ausschuss und Bundesschiedsrichterausschuss des Deutschen Volleyball-Verbandes

Auch in jüngster Zeit hat die FIVB wieder eine Reihe von Veränderungen am Beach-Volleyball-Regelwerk vorgenommen. Die 4. Auflage des Regeltextes ist überarbeitet und inhaltlich auf den neuesten Stand gebracht. Der Anschriften-Teil enthält insbesondere Adressen der Landesverbände, an die sich Beach-Volleyballer jederzeit wenden können.

DIN A6, 104 Seiten, ISBN 978-3-7780-3004-2, **Bestell-Nr. 3004** **€ 7.90**

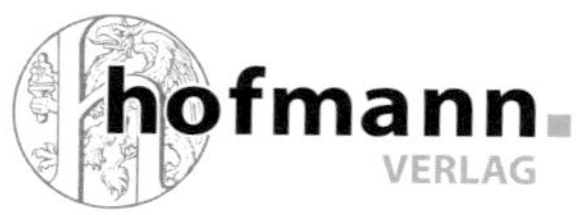

Steinwasenstraße 6–8 · 73614 Schorndorf
Telefon (07181) 402-125 · Telefax (07181) 402-111
E-Mail: bestellung@hofmann-verlag.de · www.hofmann-verlag.de